첫째는 어떻게 세상의 리더로 키워지는가
첫째아이 심리백과

Copyright © 2008 by Kevin Leman
Originally published in English under the title
The Firstborn Advantage: Making Your Birth Order Work for You by Revell,
A division of Baker Publishing Group
P.O. Box 6287, Grand Rapids, MI 49516, U.S.A.
All rights reserved.

Used and translated by the permission of Baker Publishing Group
through rMaeng2 Agency, Seoul, Republic of Korea.
Korean Copyright © 2012 by Sallim Publishing Co., Ltd.

이 한국어판의 저작권은 알맹2 에이전시를 통하여
Baker Publishing Group과 독점 계약한 ㈜살림출판사에 있습니다.
신 저작권법에 의하여 한국 내에서 보호받는 저작물이므로 무단 전재와 무단 복제를 금합니다.

첫째아이 심리백과 1

FIRSTBORN ADVENTAGE

첫째는 어떻게 세상의 리더로 키워지는가

케빈 리먼 지음 · 이재경 옮김

살림

맞아 알아맞히기!

둘씩 묶은 인물 중 한 명은 맏이다. 누굴까?

1. 제니퍼 애니스톤 Jennifer Aniston(영화배우) / 커트니 콕스 Courtney Cox(영화배우)
2. 해리슨 포드 Harrison Ford(영화배우) / 마틴 쇼트 Martin Short(코미디언)
3. 율리시스 S. 그랜트 Ulysses S. Grant(미국 남북전쟁 시 북군 총사령관) / 로버트 E. 리 Robert E. Lee(남북전쟁 시 남부동맹 총사령관)
4. 엘런 드제너러스 Ellen DeGeneres(코디미언, 토크쇼 진행자) / 오프라 윈프리 Oprah Winfrey(토크쇼 진행자)
5. 빌 코스비 Bill Cosby(코미디언) / 체비 체이스 Chevy Chase(코미디언)

애니스톤, 포드, 그랜트 장군, 윈프리, 코스비를 뽑았다면 만점이다. (참고로 그랜트 장군은 남북전쟁을 사실상 종결지었을 뿐 아니라 군인으로서는 유일하게 50달러 지폐에 얼굴이 새겨졌다.)

계속해서 다음 인물 중에서도 맏이를 가려 보자.

1. 빌 클린턴 Bill Clinton(제42대 미국 대통령) / 로널드 레이건 Ronald Reagan(제40대 미국 대통령)
2. 스티브 마틴 Steve Martin(코미디언, 영화배우) / 제이 레노 Jay Leno(코미디언, 토크쇼 진행자)
3. 재클린 케네디 Jacqueline Kennedy(제35대 미국 대통령 존 F. 케네디의 부인) / 우

피 골드버그Whoopi Goldberg(코미디언, 영화배우)
4. 마틴 루터 킹 주니어Martin Luther King Jr.(인권운동가) / 짐 캐리Jim Carrey(코미디언, 영화배우)
5. 매튜 페리Matthew Perry(영화배우) / 아널드 슈워제네거Arnold Schwarzenegger(영화배우, 정치인)

클린턴 전 대통령, 마틴, 케네디 부인, 킹 목사, 페리가 답이다. 어떤가? 당신의 맏이 감별 능력은 어느 정도인가?

여러분의 반박이 들리는 것 같다. "잠깐만요, 리먼 박사님. 스티브 마틴이 왜 맏이죠? 제가 듣기로 스티브 마틴은 막내라던데요. 그리고 킹 목사도 맏이가 아니에요. 누나가 있었다고요."

하지만 그들도 엄연히 맏이다. 그리고 당신도 첫째로 태어나지는 않았지만 어쩌면 맏이일지 모른다. 이 책에 그 이유가 있다.

감사의 글 … 11
들어가는 글_ 맏이는 티가 난다? … 12

제1장_ 출생순서가 뭐길래 … 20

출생순서는 정말 중요하다 / 모든 것은 진즉에 결정되었다 / 깨지지 않는 백인백색의 신화 / 그런데 좀 이상한데요……?

제2장_ 맏이의 정체 … 37

출생순서에 영향을 미치는 변수들 / 엄마 뱃속에서 나온 순서가 아니라 어떤 부모 밑에서 컸느냐가 관건이다 / 탐정 게임 / 맏이 알아맞히기

제3장_ 맏이 성격은 따로 있다 … 64

출생순서 ID / 완벽한 맏이의 이면 / 예스맨 혹은 지배자

제4장_ 맏이 성격은 어디서 왔나 … 81

맏이의 탄생 / 생색 안 나는 일 / 위험한 기대 / 건전한 완벽주의자인가, 실패한 완벽주의자인가 / 당신은 어떤 게임을 벌이고 있는가?

제5장_ 맏이를 사려면 어디로 가야 하나요? … 101

완벽을 바라는 이에게 / 그건 내 책임이야…… 정말? / 모든 것은 균형에 달렸다

제6장_ 비판적 시선이 맏이에게 미치는 영향 … 121

그때의 쓰라린 기억 / 악마 같은 부모 / 건설적인 비판? 과연 그럴까? / '내가 대신 해 줄게' 증후군 / 걱정 마, 내가 네 마음을 정해 줄게 / 왜 맏이가 가장 피해를 보는가? / 비판적인 아버지 / 위험한 기대 / 이제는 떠나보내야 할 시간 / 극복의 시간 / 부모와 화해하는 법 / 흠잡는 병

제7장_ 맏이가 가정에서 잘나가는 법 … 165

당신의 인생관에 가정의 행복이 달려 있다 / 배우자의 출생순서 / 자기 할 말만 하기 vs. 소통하기 / 부부가 연합하면 천하무적이다 / 피는 같아도 성격은 다르다 / 두 가지 특별한 사이 / 자녀 모두에게 맏이의 책임을 지우자 / 똑같은 취급은 말썽을 부른다 / 이기는 관계

제8장_ 맏이가 학교에서 잘나가는 법 … 206

약간의 경쟁은 약이 된다? / 패밀리 트리 / 맏이의 IQ / 빨리 시작하는 게 중요한 게 아니라 잘 시작하는 게 중요하다 / 완벽하지 않은 세상의 완벽한 아이 / 비교 게임 / 강점과 약점 / 숙제 전쟁 / 전투에 나서야 할 때 / 맏이 격려하기 / 만학도 되기 / "내가 이겼어!"

제9장_ 맏이가 직장에서 잘나가는 법 … 246

책임감이 너무 강해도 탈이다 / 실패에 대처하는 자세 / 절이 싫으면 중이 떠나라? / 의견 개진은 한 템포 쉬었다가 / 관건은 인간관계 / 달라는 것을 정확히 주기 / 고객을 대하는 옳은 방법 / 그대 안의 리더 / 모든 것은 접근법의 문제 / 리더의 의리

제10장_ 맏이가 인간관계에서 잘나가는 법 … 284

의외의 우정 / 친구 사귀기 / 질이냐 양이냐 / 유유상종? / 스스로 벽을 쌓고 있지는 않나? / 맏이 자질을 십분 활용하라! / 천생연분의 비밀 / 새로운 색의 창조

제11장_ 맏이의 진짜 잠재력 … 303

타고난 리더/ 위대한 분석가/ 똑똑한 학구파/ 체계화의 달인 / 앞서 나가는 솔선수범형

주(註) … 311

사랑하는 우리 딸 홀리 크리스틴 리먼에게 이 책을 바친다.

너의 탄생은 멋지고 소중한 선물이었단다. 의지만 앞선 신참 부모가 다 그렇듯, 우리도 온갖 실수를 다 저질렀지. 인정하마. 우리가 널 데리고 연습했다고 보면 돼. 맏이로 태어나는 바람에 너는 우리의 '실험용 쥐' 노릇을 했지. 하지만 우리가 너의 아빠고 엄마인 것은 늘 기막힌 특권이었다. 너는 값을 매길 수 없는 품위와 열정과 지혜를 두루 갖춘 사람으로 너무나 잘 자라 주었다. 네가 너무나 자랑스럽구나.

감사의 글

래머나 터커^{Ramona Tucker}에게 감사한다. 래머나의 헌신과 노력이 아니었으면 이 책은 제대로 세상에 나오지 못했을 것이다. 래머나와 함께 일할 수 있었던 것은 행운이었다. 나를 다그쳐 가며 꿋꿋이 밀고 나가 준 것과 강직한 여성의 전형이 되어 준 것에 경의를 표한다.

'맏이로 태어난 여자들의 모임^{First Born Girls Social}(Club, www.firstborn-girls.com)'의 창립자 로라 카터^{Laura Carter}에게 감사의 말을 전한다. 맏딸들에 대해 값으로 따질 수 없는 통찰을 주었다. '커스터머스 포 라이프컨설팅^{Customers for Life Consulting}(www.cflconsulting.com)'의 창립자이자 대표인 밥 섀프^{Bob Shaff}에게도 고마움을 표한다. 그는 '고객 충성도를 높이는 14가지 행동수칙'이라는 놀라운 혜안을 제공해 주었다.

들어가는 글 ___

맏이는 티가 난다?

'맏이 알아맞히기'에서 몇 명이나 알아맞혔는가? 맞힌 문제 수를 더해 보자. 자, 점수가 나왔나?

내 아내와 아이들과 그 손주들을 걸고 여러분이 10점 만점은 아니더라도 최소한 90퍼센트는 맞았을 거라고 믿는다.

맏이는 왜 이렇게 맏이 티가 날까? 맏이를 구분짓는 특징은 무엇인가? 이런 차이는 왜 생길까?

심리학 박사학위가 있어야 맏이들을 분간하는 것은 아니다. 맏이들은 잘나가기 위해 태어났다. 맏이들은 리더의 자리에 오른다. 맏이들은 무엇이나 마음먹은 것을 달성한다.

여러분 나라의 최고행정가와 국회의원들, 여러분이 사는 도시의 시장과 교육청장, 그리고 여러분이 일하는 회사의 대표를 생각해 보라. 이들 모두 맏이일 가능성이 크다.

혹시 비행기나 출근하는 전철 안에서 이 책을 읽고 있는가? 그리고 혹시 맞은편에 앉은 사람이 크로스워드 퍼즐이나 스도쿠를 풀고 있는가? 그럼 그 사람도 맏이일 가능성이 농후하다. 모험심이 허락한다면 대놓고 한번 물어보라. "혹시 맏이세요?" 또 아는가? 그 질문을 시작으로 유쾌한 대화가 시작될지?

유난히 맏이가 많은 직업도 있다. 예를 들어 보자. 내가 사는 애리조나 투손에 마취전문의들의 모임이 있는데, 멤버 열두 명 중에 아홉 명이 맏이다. 그리고 나머지 셋은 외동아이다. 기본적으로 외동아이는 정서적 측면에서 맏이와 대동소이하다. 이게 우연일까? 아니면 맏이에게는 마취전문의처럼 고도의 정확성을 요하는 직업에 잘 맞는 뭔가가 있는 걸까?

인류 최초로 달에 착륙한 우주비행사 닐 암스트롱Neil Armstrong은 세 아이 중 첫째였다. 1959년 인간을 지구궤도로 보내는 머큐리 계획을 위해 선발된 7인의 우주비행사들 역시 모두 맏이였다. 그뿐이 아니다. 최초로 지구대기권 밖을 탐험한 우주비행사 23명 중 21명이 맏이였고, 다른 두 명은 외동아이였다. 중간아이나 막내는 어디에도 없었다.

역대 미국 대통령들도 대부분 맏이였다.[1] 『타고난 반항아: 출생순서, 가족관계 그리고 창조성(Born to Rebel: Birth Order, Family Dynamics and Creative Lives)』을 쓴 MIT의 저명한 학자 프랭크 설로웨이Frank Sulloway에 따르면, 맏이들은 나중에 태어난 아이들보다 성실하고, 보수적이고, 책임감이 강하고, 성공지향적이고, 조직적이다. 상대적으로 융통성이 있고, 위험을 감수하는 것을 두려워하지 않고, 마음속에 품은 아이디어와 이론을 뜨겁게 분출하는 동생들에 비해 맏이들은 현상유지에 힘쓰고, 현실에 대한 믿음이 강하다. 맏이들이 분야를 막론하고 최고지도자 자리를 휩쓰는 데는 다 이유가 있다.²

2008년의 미국 대통령 선거를 되돌아보자. 최종 대권후보 3인 중 한 명은 외동아이였고(버락 오바마$^{Barack\ Obama}$, 오바마를 외동아이로 보는 이유는 나중에 설명한다), 한 명은 맏딸이었고(힐러리 클린턴$^{Hillary\ Clinton}$), 나머지 한 명은 맏아들이었다(존 맥케인$^{John\ McCain}$).

맏이에겐 정말이지 뭔가 특별한 것이 있다. 맏이는 무리를 이끈다. 당신도 맏이인가? 어쩌면 맏이면서도 아직 그 사실을 모르고 있을 수 있다. (이 문제에 대해서도 차차 다룰 것이다.) 그건 그렇고, 맏이들은—그리고 당신은—어떻게 이런 성향을 지니게 되었을까?

여러분의 형제를 떠올려 보자. 각각의 성격은 어떤가? 첫째와 둘째가 서로 판이하게 다르지 않나? 부모라면 자녀들을 생각해 보자. 첫아이가 이 산으로 가면 둘째아이는 저 산으로 가지 않는가? 이런 차이들은 모두 출생순서에 기인한다.

여러분이 이 책을 읽는 것은 본인이 맏이거나, 또는 아는 사람이 맏이인데 그 사람 때문에 돌아 버릴 지경이기 때문일 가능성이 높다. 맏이들은 세상을 사로잡는다. 그리고 여러분이 가능하다고 상상하는 것 이상을 달성한다. 그들은 엄밀하고 정확하기 때문이다.

하지만 자칫하면 맏이는 외골수 기질과 지나친 완벽주의 성향을 가진 비판적인 사람이 되기 쉽다. 맏이들이 모여 부엌을 도배한다고 상상해 보자. 30분도 안 돼 주도권 전쟁이 벌어져서 부엌 바닥이 피로 흥건할 것이다. 그래서 세상에는 나 같은 막내도 절실히 필요한 거다. 맏이들은 중간아이와 막내가 가진 마음의 여유가 부족하고 일을 제대로(또는 '자기 방식대로') 해내야 한다는 의지만 불타서 인간관계를 망치기도 한다. 그렇게 되면 본인 인생은 물론이고 남의 인생까지 괴로워진다.

어릴 적 내가 속한 보이스카우트 유년단 분대의 지도자였던 마커트 부인도 전형적인 맏이였다. 부인은 내게 대놓고 유년단에서 나가라고 했다. 부인은 평소 나의 '막내짓거리'를 좋게 보지 않았고, 그러다 결국 안 그래도 부족한 인내심이 폭발한 것이다. 어떻게 된 일이냐고? 우선 여러분께 묻고 싶다. 사내아이들이 집에 떼거지로 놀러 올 예정이다. 그 아이들에게 초코칩 쿠키를 대접할 생각이다. 그럴 때 여러분 같으면 할머니에게 물려받은 귀중한 도자기 접시에 과자를 내놓겠는가?

아니나 다를까, 나는 접시를 와장창 박살내고 말았다. 하지만 내가 한 짓이라고는 초코칩 쿠키를 가장 먼저 집으려 돌진한 것뿐이다. 그게 왜 잘못인가?

마커트 부인의 논리로는 그것이 엄청난 잘못이고 허물이었다. 그리고 우리 어머니에게도 단도직입적으로 내 죄상을 알렸다. 나는 유년단으로 복귀하지 못했다.

여러분도 눈치챘다시피 마커트 부인은 맏이였다. 부인은 '똑바로' 하지 않으면 직성이 안 풀리는 사람이었고, 자신의 방법만이 올바른 방법이었다. (맏이로 태어난 내 아내의 경우도 크게 다르지 않다. 아내는 토요일에 오는 손님 맞을 준비를 목요일부터 한다.)

어떤 사람은 이렇게 말할지 모른다. "저기요, 리먼 박사님. 저는 맏이가 아닌데도 딱 그렇게 행동하거든요? 그리고 정작 맏이인 우리 누나는 그렇지 않은데요? 그건 왜 그런 거죠?"

실제로는 막내인 스티브 마틴을 왜 나는 맏이라고 할까? 그리고 누나가 버젓이 있는 마틴 루터 킹 주니어 목사는 또 왜 맏이라는 걸까? 하지만 우리 어머니처럼 아홉 남매 중 여덟째인 사람도 알고 보면 맏이일 수 있다. 다섯째도 맏이 성격을 가질 수 있다. 킹 목사처럼 누나나 형이 위에 버티고 있다고 해서 맏이가 되지 말란 법은 없다.

여러분이 황당해하는 소리가 들린다. "음, 리먼 박사님. 순서 셀 줄 모르세요? 맏이로 태어나지 않았는데 맏이라니요? 그게 무슨 말도 안 되는 소립니까?"

아니다. 너무나 말이 된다. 이 책을 통해 그 이유를 말해 주겠다. 출생순서와 관련해 항간에 여러 미확인 통설들이 떠돈다. 이 책에서 그것들의 실체를 밝히려 한다. 출생순서 관련 이론들도 다수 존재한다. 그 뒤에는 오랜 세월에 걸쳐 쌓인 조사 자료와 연구 결과가 있다. 하지만 거기서 얻은 원칙들을 여러분 같은 실제 사람들에게 실질적으로 적용할 수 없다면, 그래서 여러분이 자신을 이해하고 삶을 개선하는 데 도움을 주지 못한다면 아무런 의미가 없다. 그래서 내가 그 일을 하려 한다. 사실 그것이 내가 가장 잘하고 좋아하는 일이다.

이제 형제간 출생순서에 대해 얘기해 보자. 세상사람 모두를 한 명의 예외도 없이 칼같이 분류할 수는 없다. 하지만 중간아이와 막내에게 전형적으로 나타나는 성향이 있듯, 맏이로 태어난 사람들이 대체로 보이는 특징이 있다. 태어난 순서는 매우 중요하다. 출생순서는 형제간 서열상 위치만 결정짓는 것이 아니라 그 사람의 일생을 좌우한다.

그런데 출생순서 자체도 중요하지만, 거기에 결정적인 영향을 미치는 다른 변수들도 존재한다. 앞으로 이 변수들을 짚어 볼 것이다.

그러면 여러분은 본인의 형제들과 배우자, 또는 자녀를 떠올리며 무릎을 치게 될 것이다. "아하! 내가 누나와 왜 상극인지 이제야 알겠어요." "남편이 왜 그런지 알겠어요." "그럼 그렇지. 우리는 아들이 첫째인데요, 이제 녀석이 설명되네요."

또 맏이 성격의 강점과 약점을 따져 보고, 맏이 성격이 왜 그런지 알아볼 것이다. 부모의 유전자 조합 중 가장 먼저 선택된 조합엔 남다른 힘이 있나? 또는 후천적 양육방식 때문에? 아니면 이런 모든 인자들의 결합이 낳은 결과일까?

'서열상' 그리고 '기능적' 출생순서가 성격에 미치는 영향을 알고 나면 자신의 강점과 약점이 눈에 보인다. 그리고 현명한 선택이든 잘못된 선택이든, 자신이 살면서 왜 그런 선택 패턴을 보이는지 알게 된다. 그것을 알면 더 나은 사람이 될 수 있다. 취약했던 부분에서 두각을 나타낼 수 있고, 좋은 성격은 더욱 강화시킬 수 있다.

'맏이로 태어난 여자들의 모임'의 창립자 로라 카터는 이렇게 말한다. "맏이에겐 균형이 관건입니다. 맏이들은 허락에 연연합니다. 허락을 얻어야 비로소 마음이 편해지죠. 우리 맏이들은 일정에 집착하고, 스트레스에 시달리고, 우선순위와 씨름합니다. 그건 모두 많은 짐을—솔직히 너무 많은 짐을—지는 성향 때문이지요."[3]

맏이들이여, 남의 얘기 같지 않을 것이다. 나는 이 책에서 맏이의 삶에서 균형이 얼마나 중요한지 설명하고, 더불어 '맏이로 태어난 여자들의 모임' 회원들의 통찰도 빌릴 예정이다. 당신이 여자 맏이라면 '맏녀모' 회원들이 남 같지 않고 '가슴친구 bosom friend (소설 『빨강머리 앤』에 나오는 표현—옮긴이)'처럼 느껴질 것이다. (또 아는가? 여러분 중 누군가 '만남모' 창단을 꿈꿀지? 하지만 내 생각에 막상 나서는 남자 맏이는 없을 것 같다. '관계지향성'은 남자 맏이들의 주특기가 아니어서 말이다.)

또한 맏이들은 '비판적 시선'에 유난히 민감하다. 앞으로 그 이유도 살펴볼 것이다. 맏이들에게 천적이 있다면 그건 '흠잡는 사람'이다.

맏이여, 행여 비판적인 부모 밑에서 자랐는가? (부모가 모두 그럴 필요도 없다. 부모 중 한 사람만 비판적이어도 맏이의 삶에 두고두고 영향을 미친다. 양친이 모두 비판적이었다면, 이 책의 6장을 정말로 열심히 읽어야 한다.) 비판적인 부모의 영향으로 완벽주의자가 되었고, 그 완벽주의 성향 때문에 애를 먹고 있는가? 혹시 당신도 걸핏하면 주위 사람들의 흠을 잡는 편은 아닌가? '비판적 시선'은 단독으로도 맏이의 성공 또는 실패에 결정적 영향을 미칠 수 있는 커다란 변수다. 그래서 '비판적 시선'에 6장을 통째로 할애했다.

비판적인 부모 밑에서 자란 맏이는 '예스맨'이 되거나(모두의 요구에 부응하느라 정작 자신이 하고 싶은 것은 하지 못한다), 반대로 '지배자'가 되기 쉽다("이건 내 소관이야. 그러니 내 방식대로 해. 그게 제대로 하는 거야"). 하지만 죽을 때까지 고달픈 예스맨의 스트레스를 안고 살아가지 않아도 된다. 미움 받는 지배자로 1년 365일 패권다툼에 시달릴 필요도 없다. 이 책에서 그 지옥을 비껴가는 방법을 알려 줄 것이다.

본인의 맏이 성향을 이해했다면—자신의 성격과 그 성격의 원인이 된 변수들을 파악했다면—이제 당신은 '맏이 성격'을 가정과 학교와 직장에서 그리고 대인관계에서 유리하게 활용해 자신 있게 성공을 향해 나아갈 준비가 되었다.

맏이는 자신과 출생순서가 다른 사람과 결혼하고, 자신과 출생순서가 같은 사람과는 친구하는 경향이 있다. 왜 그럴까? 자녀가 공부를 잘하도록 이끄는 방법은 무얼까? 자녀의 기를 꺾거나 숙제 전쟁에 녹초가 되지 않고도 자녀에게 동기를 부여하려면? 사무실 공용 냉장고에서 풍기는 고약한 냄새에 신경 쓰는 사람은 왜 늘 당신뿐일까? 당신이 비즈니스에서 항상 승리하려면 어떻게 해야 할까? 이 모든 비밀이 이제 차근차근 밝혀진다.

맏이인 당신은 남의 기대에 부합하는 데 너무 많은 시간을 보낸다. 그 와중에 정작 자신의 꿈들은 어찌 되었나? 당신이 하고 싶은 것은 무엇이며, 되고 싶은 것은 무엇인가? 타고난 맏이 자질을 잘 활용하면 그 꿈들을 이루고도 남는다. 하지만 어떻게?

그 방법을 알려 주는 것이 이 책의 존재 목적이다.

책장을 넘기기 전에 마지막으로 할 일이 있다. '맏이 알아맞히기'에 다시 도전해 보자. 둘씩 묶은 사람 중 누가 맏이일까?

1. 맷 데이먼$^{\text{Mat Damon}}$(영화배우) / 벤 애플렉$^{\text{Ben Affleck}}$(영화배우)

2. 플로렌스 헨더슨$^{\text{Florence Henderson}}$(배우 겸 가수) / 마사 스튜어트$^{\text{Martha Stewart}}$(살림전문가, 경영인)

3. 리즈 위더스푼$^{\text{Reese Witherspoon}}$(영화배우) / 셰릴 크로$^{\text{Sheryl Crow}}$(가수)

4. 벤 스틸러$^{\text{Ben Stiller}}$(코미디언, 영화배우) / 빌리 크리스털$^{\text{Billy Crystal}}$(코미디언, 영화배우)

5. 안젤리나 졸리$^{\text{Angelina Jolie}}$(영화배우) / 브래드 피트$^{\text{Brad Pitt}}$(영화배우)

답은 63쪽에 있다.

제1장

출생순서가 뭐길래

> 출생순서는 형제간 서열만 결정하는 것이 아니다.
> 그 사람의 일생을 좌우한다.

비행기에서 내 옆 좌석에 앉은 여자가 스도쿠 책을 꺼내는 순간 나는 그 여자가 몇째로 태어났는지 간파했다. 그리고 아는 티를 내지 않을 수가 없었다.

나는 그쪽으로 몸을 숙이고 물었다. "맏딸이시죠?"

여자가 놀라 쳐다보았다. "왜 제가 맏딸일 거라고 생각하시는데요?"

나는 미소를 지었다. "대답해 주시면 말씀드릴게요."

"네, 맏딸 맞아요."

나는 맏이의 전형적인 성격을 죽 댔다.

여자의 입이 떡 벌어졌다. "제 성격이 딱 그래요. 그걸 어떻게 아셨죠?"

나는 다시 미소를 지었다. "다 출생순서에 달려 있습니다." 그리고 잠깐 멈췄다가 물었다. "여동생이 있습니까?"

여자가 고개를 끄덕였다.

"제가 동생분 성격을 대 볼 테니 맞는지 보실래요?"

여자는 다시 고개를 끄덕였다.

난 이번에는 막내의 전형적인 성격을 죽 읊었다. "인생이 파티고 생활이 사교죠. 학교 성적은 그리 좋지 않았지만 친구들 사이에서 인기 많고, 야무지게 하는 일은 하나도 없지만 맏언니를 속 썩이는 데는 선수고, 낯가리는 법 없이 외향적이고, 넉살 하나는 끝내줍니다."

여인은 벌어진 입을 다물 줄 몰랐다. "지금까지 이렇게 놀라운 대화는 처음이에요."

내가 특출하게 놀라운 사람이어서가 아니었다. 출생순서라는 것 자체가 놀라운 개념이다. 세상에 출생순서가 없는 사람은 없다. 그리고 출생순서는 형제간 서열을 결정할 뿐 아니라 그 사람의 일생을 좌우한다.

출생순서는 정말 중요하다

학교에서 교사 연수 프로그램을 진행할 때, 초반 서먹함을 깨는 방법으로 내가 즐겨 하는 실험이 하나 있다. 이때 연수자들의 반응을 보는 재미가 이만저만이 아니다. 여러분도 여럿이 모였을 때 한번 해 보라.

교사들이 강당에 줄지어 들어와 자리를 잡으면, 나는 참가자들에게 출생순서에 따라 나눠 앉으라고 한다. 맏이와 외동아이는 의자를 들고 한쪽 구석으로 가고, 중간아이들은 다른 구석으로, 막내들은 또 다른 구석으로 간다. 같은 출생순서끼리 모이면 자리에서 일어나 둥글게 선다. 그룹별로 원이 완성되면 약간의 조정에 들어간다. 맏이의 경우는 헷갈릴 게 없기 때문에 나는 중간아이들의 원과 막내들의 원을 중점적으로 살핀다.

중간아이들에게 묻는다. "바로 위의 형이나 언니와 다섯 살 넘게 터울 지는 분?" 그런 사람이 있으면 중간아이 그룹에서 솎아낸다. 그런 사람은 진정한 중간아이가 아니다.

다음으로 막내들에게 묻는다. "외딸이나 외아들인 분? 또는 바로 위의 형이나 언니와 다섯 살 이상 터울 지는 분?" 그런 사람은 막내 그룹에서 뺀다. 그런 사람은 진짜 막내가 아니다. (이 점에 대해서는 나중에 설명할 것이다.)

맏이, 중간아이, 막내의 그룹들이 최종적으로 완성되면 나는 방을 한 바퀴 돌면서 종잇조각을 각 그룹의 가운데에 놓는다. 일단 바닥에 종이를 놓고 나면 그 다음은 아무것도 하지 않는다. 그룹들은 잠시 그대로 서 있다가 어리둥절한 눈길로 서로를 쳐다본다. 내가 어떤 스타일의 강사인지 아직은 오리무중이다. 할 일을 언제 얘기해 주려나?

하지만 나는 아무 말도 해 주지 않을 거다.

오래지 않아 맏이와 외동아이 그룹에 속한 사람이 가장 먼저 바닥의 종이를 집어 든다. 아주 가끔은 중간아이 그룹이나 심지어 막내 그룹에서 가장 먼저 종이를 집기도 하지만, 그런 일은 내가 살고 있는 투손에 눈이 내릴 확률만큼 드물다.

특히 사교성이 좋은 막내 그룹은 잡담과 친목에 너무 몰두해서, 세미나에 온 목적조차 까맣게 잊은 게 아닐까 싶을 정도다.

내가 종이에 적은 내용은 다음과 같다.

축하합니다! 당신은 이 그룹의 리더입니다. 그룹 사람들에게 자기소개를 하시고, 다른 사람들에게도 자기소개를 하라고 하십시오. 이야기를 나누면서 모두가 공통적으로 가진 성격 특성을 찾아 적으십시오. 그 내용을 전체 앞에서 발표해야 하니 준비하시기 바랍니다.

맏이와 외동아이들은 순식간에 달려들어 전나무를 쪼는 딱따구리들처럼 열렬히 토론을 시작한다.

그러면 (눈치가 발달한) 중간아이들이 뭔가 벌어지고 있는 낌새를 챈다. 그리고 진열을 가다듬고 조심스레 종이를 집어 든다.

그렇다면 막내들은? 막내들의 원은 원이라기보다 협곡을 꼬불꼬불 흐르는 강이 되어 사방을 꿈틀꿈틀 기어 다닌다. 이들은 수다를 떨고, 서로 하이파이브를 하면서 인생을 즐긴다. 스무 걸음 떨어진 곳에서 다른 그룹이 무슨 과제를 하든 말든 관심 없다.

나는 20분 정도 기다렸다가 모두에게 알린다. "이제 5분 남았습니다. 그 안에 작업을 마쳐 주시기 바랍니다."

그러면 이때쯤 이미 공통점 리스트를 작성중인 맏이 그룹에서는 작업 속도가 한층 빨라진다. (중간아이들 그룹은 그때그때 다르다. 하지만 빠릿빠릿한 사람들이 있는 경우 중간아이 그룹도 맏이들과 같은 움직임을 보인다.) 반면 막내들은(그리고 가끔은 중간아이들도) 미치광이 보듯 나를 멍하니 쳐다보거나, 내 말을 아예 무시하고 계속 잡담만 한다.

시간이 되면 나는 각 그룹에게 발표를 부탁한다. 맏이와 외동아이 연합 팀은 언제나 잘 준비되어 있다. 중간아이 팀은 중간 정도 한다. 어떤 때는 준비돼 있고 어떤 때는 헤맨다. 문제는 막내 팀이다. 당황한 막내들은 항상 민망한 웃음과 함께 변명을 늘어놓는다. 할 일을 정확히 설명해 주지 않아서 아무것도 하지 않았다는 얘기다. 내가 바닥에 종이를 놓는 것을 보기는 봤지만, 그게 뭔지 따로 설명해 줄 걸로 생각한 거다.

이 실험은 출생순서에 따른 사람들의 성격 차이를 보여 준다. 그 설명을 듣고 나면 참가자들은 왁자지껄 난리가 난다. 이런 간단한 실험에서도 맏이들은 리더의 자질을 보인다. 이들은 무엇을 처리할지 빨리 파악하고 그 즉시 착수한다. 맏이들은 늘 선두에 있고, 그에 따른 위험부담을 각오한다. (출생순서 전문가 프랭크 설로웨이의 연구에 따르면, 맏이들은 위험부담을 각오하면서도 현상을 유지하려 애쓴다.) 반면 이들의 동생들은 할 일을 말해 줄 때까지 기다린다.

주도권을 잡는 것은 첫째들의 천부적 자질이다. 이런 자질이 이들을 사회에서 리더의 자리에 올려놓는다. 앞서 말했듯, 지도자 위치에서 두각을 나타내는 인물 중에 유난히 맏이가 많은 것은 놀랄 일이 아니다.

그런데 리더 자질이 맏이에게 유리하게 작용하는 한편, 반대로 이들을 환장하게 만들기도 한다. 이게 무슨 말일까? 정작 맏이는 리더가 되기를 원치 않는다는 말인가? 아니다. 말해 주기 전에는 알아서 하는 사람이 없다는 사실이 짜증나긴 하지만 환장할 정도는 아니다. 어차피 맏이는 태어나던 날부터 그런 상황에 익숙하다. 맏이를 정말 미치게 만드는 것은, 자신이 문제를 지적해 주고 필요한 일을 하나하나 일러 준 다음에도 여전히 눈만 멀뚱거리고 어깨만 움츠리고 있는 인간들이다.

맏이 아닌 사람들의 태도는 기본적으로 이거다. "음, 네 말이 맞아. 여기 손 좀 봐야겠네. 근데 누가 해?"

맏이들은 하루에도 열두 번씩 다짐한다. '이번에는 절대 먼저 나서서 일을 맡지 말자. 이제 다른 인간도 제 몫을 할 때야.'

하지만 마감기한이 다가오고, 프로젝트는 여전히 제자리걸음이다. 일이 이렇게 돼도 신경 쓰는 사람은 책임감이 강하고 완벽주의자인 맏이밖에 없다. 맏이는 결국 어떻게 반응할까? 맏이는 넌더리를 내며 말한다.

"에이, 젠장. 내가 하고 말지."

그리고 그 일을 한다. 그리고 아주 잘 해낸다.

일이 끝나고 맏이가 집에 간다. 집에도 할 일이 사방에 널렸다. 그게 눈에 딱 들어오고, 지레 골치가 아프다. 그리고 또 다짐한다. '안 할 거야. 쓰레기도 내다놓지 않았네? 하지만 나는 절대 안 할 거야. 그럼 다른 사람이 하겠지.'

'더는 못 참아. 에라, 두 손 들었다. 내가 치우고 말지.'

사흘 동안 맏이는 집 안을 둘러보며 혼잣말을 한다. '내가 쓰레기를 내놓나 봐라. 쓰레기 내놓는 게 어려워서가 아니라 하는 놈만 하

> '더는 못 참아. 에라, 두 손 들었다. 내가 치우고 말지.'

는 게 문제야.' 얼마 안 가 온 집 안의 쓰레기통이란 쓰레기통은 차고 넘치고, 부엌 바닥엔 음식쓰레기로 가득한 봉지 세 개가 뒹굴며 기막힌 냄새를 풍긴다. 가족 중 누구도 신경 쓰는 것 같지 않다. 하지만 맏이는 너무나, 너무나 신경 쓰인다. 그래도 끝까지 버티려 입을 악문다. 악물고, 악물고, 또 악문다. 그러다 마침내 포기한다. '더는 못 참아. 에라, 두 손 들었다. 내가 치우고 말지.'

자, 이 여인에게 쓰레기를 치우라고 강요한 사람이 있었나? 없었다. (맏이 아닌 사람들에게는 부엌에 쓰레기가 뒹구는 것이 마음속 우선순위에서 높지 않을 뿐이다.) 모든 압박은 그녀의 내부에서, 맏이 특유의 완벽주의 성향에서 비롯되었다. 그녀의 머릿속에서 어릴 적 아버지의 목소리가 들린다. "빅토리아, 이런 난장판을 보고 어떻게 가만있니?" 머릿속에서 이 음성녹음장치가 돌고 도는 바람에 결국 그녀는 난장판이 된 부엌을 더 이상 두고 볼 수 없었던 거다.

맏이는 솔선해서 쓰레기 치우듯 세상에 임한다. 언젠가 아메리칸에어라인의 승무원이 내게 이런 말을 했다. "우리는 남에게 쓰레기를 받는 훈련을 받지요. 그것도 미소 짓고 감사하다고 말하면서요." 맏이의 마음도 다르지 않다.

개밥 줄 때가 되었거나, 햄스터 우리를 청소하고 물을 갈아 줄 때가 되었을 때 이를 가장 먼저 알아차리는 사람은 십중팔구 맏이다. 맏이 중에는 방이 깔끔하지 않으면 못 참는 사람이 많아서 정리정돈 못하는 동생과 방을 쓰는 경우 매일 혈전이 벌어질 가능성이 높다.

맏이는 나중에 결혼하면 철철이 페인트칠을 다시 하고, 가구 바꾸고 잔디 깎을 때를 꼼꼼히 챙기는 배우자가 된다.

맏이와 중간아이, 막내는 왜 이렇게 다를까? 그리고 무엇이 그런 차이를 만드는 걸까?

모든 것은 진즉에 결정되었다

같은 집 아이들도 다 제각각이다. 신기한 일이다. 본인의 형제들을 생각해 보라. 맏이인 당신과 막내 동생은 성격이 천양지차다. 그렇지 않나? 혹시 자녀가 있는가? 맏아이와 막둥이는 완전 딴판이다. 왜 그럴까?

같은 환경에서 자란 아이들이 각기 다른 행동을 보이는 이유는 무엇일까?

맏이들이 입버릇처럼 하는 말

"모두들 나만 의지해."
"힘든 일은 모두 내 차지야."
"맏이로 사는 건 너무 고달파."
"난 아이 때도 아이로 살지 못했어."
"내가 안 하면 되는 일이 없어."
"내가 안 하면 제대로 되는 일이 없어."
"내가 언제 남들 롤모델이 되고 싶다고 했나?"
"야, 내가 너처럼 행동했으면 벌써······."
"나 때는 꿈도 못 꾸던 일이야. 엄마가 그냥 놔뒀을 것 같아?"
"왜 내가 해야 돼? 남들은 아무것도 안 하는데."

한 가정 아이들이라고 해서 같은 환경에서 자란다고 생각하는 것은 오산이다. 실상은 전혀 그렇지 않다. 부모가 같고, 집이 같고, 이웃이 같고, 다니는 학교까지 같을지 몰라도, 가족 내에서 차지하는 위치는 완전히 다르다.

리사라는 아이가 있다. 리사는 둘째지만 딸 중에서는 만딸이다. 어느 날 엄마는 리사에게 집 근처 슈퍼에 갈 때 자전거를 타지 못하게 했다. 어기면 외출 금지를 각오해야 한다. 그런데 이날따라 심통이 난 오빠가 리사에게 자전거 타고 얼른 슈퍼에 가서 초코바를 사 오라고 한다. 시키는 대로 안 하면 한 대 맞을 줄 알라면서 말이다. (착한 오빠라면 여동생을 정말로 때리지는 않는다. 하지만 동생에게 이런 공갈협박을 한 번도 하지 않았다는 오빠 있으면 나와 보라.) 불쌍한 리사는 진퇴양난에 빠졌다.

이것이 둘째이자 만딸인 리사가 매일같이 겪는 상황이다. (오빠가 성질부리지 않을 때도) 오빠 심기를 건드리고 싶지는 않고, 남동생은 남동생대로 챙겨야 하고(형의 폭력에서 지켜 줘야 하고), 거기다 부모가 정한 규칙도 준수해야 한다.

그렇다면 리사의 남동생은 어떨까? 녀석의 환경은 형이나 누나와의 관계뿐 아니라 그들이 남긴 족적에 의해서도 크게 좌우된다. 녀석이 학교에 들어가면 선생님들이 이런 말을 한다. "너도 형과 누나처럼 훌륭한 학생이 될 것으로 믿는다." 또는 반대로 뒤에서 이렇게 수군댄다. "쟤는 형 같은 말썽꾼이 안 돼야 할 텐데."

어떤 경우든 막내는 남을 기준으로 미리 판단받는다. 사람들은 막내에게 미리 특정 행동을 기대한다. 막내는 개별적 존재로 인정받기가 쉽지 않다.

같은 가정의 아이들이라도 자라는 환경은 전혀 다르다는 말이 이제 이해가 되는가?

저명한 성격심리학자 알프레드 아들러Afred Adler는 출생순서가 사람의 인생에 미치는 영향을 다음과 같이 말했다.

> 형제 중에 차지하는 위치는 그 사람의 삶의 방식에 지워지지 않는 도장을 찍는다. 성장발달상의 어려움은 모두 형제간 경쟁의식과 협조 부족에 기인한다. 조금만 생각해 보면 사회를 움직이는 가장 명백한 힘은 경쟁과 경쟁의식이라는 것을 알 수 있다. 경쟁은 개인의 사회생활뿐 아니라 전 세계를 움직이는 힘이다. 사람이 추구하는 목표는 어디서나 똑같다. 정복자가 되고, 남을 능가하는 것이다. 그런 일방적 목표 설정은 어린 시절에 받은 훈련의 결과다. 아이들은 가족 내에서 평등한 일원이 아니라는 자의식을 가지고 경쟁의식과 경쟁구도 속에 고군분투한다. 그것이 커서도 계속 이어지는 것이다.[1]

> 한 가정 아이들이라고 해서 같은 환경에서 자란다고 생각하는 것은 오산이다.

출생순서만큼 인생에 영향을 미치는 것도 없다. 나는 수년간 출생순서를 연구하고 이를 널리 알리려 노력해 왔다. 그리고 기쁘게도 그 노력이 결실을 맺어 전국적인 관심을 모으면서 최근엔 「타임」지도 커버스토리로 출생순서의 힘을 다뤘다.[2] 뭐, 사실 「타임」지가 이제야 그걸 취재했다는 것이 더 놀랍다. 내가 출생순서 연구에 몸담은

지 40년이 넘었고, 『출생순서 백서: 당신의 성격에 얽힌 출생의 비밀(The Birth Order Book: Why You Are the Way You Are)』를 펴낸 것도 이미 1985년의 일이다.

> 그 집의 첫째가 어떤 성격이든 둘째는 첫째와 정반대의 성향을 보인다. 한편 막내는 어느 집에서나 날라리 가능성이 다분하다.

「타임」지의 수석편집자이자 작가인 제프리 클루거 Jeffrey Kluger는 이 기사에서 한 가정에서 자랐지만 전혀 다르게 성장한 형제 또는 자매들에 대한 사례를 소개했다. 시어도어 루스벨트 Theodore Roosevelt의 남동생 엘리엇은 알코올과 모르핀 중독에 빠졌고 우울증에 시달렸다. 반면 형 시어도어는 여러 권의 책을 쓰고 급기야 제26대 미국 대통령이 되었다. 제37대 대통령 리처드 닉슨 Richard Nixon의 남동생 도널드는 억만장자 하워드 휴즈의 돈을 떼먹어 빈축을 사고 형의 명성에 타격을 입혔다. 빌 클린턴 전(前) 대통령의 동생 로저는 코카인 소지로 1년간 감옥살이를 했다. 야구선수 칼 립켄 Calvin Edwin Ripken은 명예의 전당에도 이름을 올린 슈퍼스타다. 반면 메이저리그 내야수 빌리는 형에 비하면 별다른 주목을 받지 못했다. 여배우 티사 패로는 1979년 〈좀비〉라는 영화에 출연했지만 아는 사람이 별로 없다. 심지어 그녀가 유명 여배우 미아 패로 Mia Farrow의 동생이라는 것도 모른다.[3]

잘난 형을 둔 동생들이 두각을 나타내지 못하거나 심지어 말썽꾸러기가 되기 일쑤인 이유는 무얼까? 여러분의 가족을 떠올리면 답이 보인다. 형제 중 책임감이 강한 사람은 누구였나? '날라리 끼'로 가득했던 사람은 누구였나? 누가 뭐래도 자신의 길을 간 반항아는?

34년간 가정문제 전문 상담사로 일하면서 나는 이런 결론에 도달했다. 그 집의 첫째가 어떤 성격이든 둘째는 첫째와 정반대의 성향을 보인다. 한편 막내는 어느 집에서나 날라리 가능성이 다분하다.

　형제간 출생순서가 이런 차이를 만든다. 모두 태어난 순서 때문이다. 부모는 자녀가 늘어 가면서 놀랍게 변화한다. 우선 첫아이 때는 생짜 초보다. 첫아이를 대상으로 부모 연습을 한다. 맏이가 '실험용 쥐' 역할을 한 덕분에 둘째가 태어날 즈음에는 부모 스킬이 일취월장해 있다. 또는 솔직히 살짝 지쳐 있다. 그러다 막내가 태어날 무렵엔 육아 전문가가 따로 없다. (또는 완전히 지쳐 있다.) 예전보다 긴장감이 떨어지는 건 당연하다.

　아이들은 명민한 동물이다. 아이들은 족보상 자기 위에 있는 사람을 주시한다. 맏이나 외동아이는 부모의 신호에 따른다. 둘째아이는 첫째의 눈치를 본다. 그럼 막내는? 막내는 맏형과 작은형이 하는 걸 지켜보면서 상황 돌아가는 분위기를 살살 살핀다. 막내가 눈치 백단이 되는 건 시간문제다.

깨지지 않는 백인백색의 신화

　나는 오로지 출생순서에 대해서만 이야기하는 책을 썼다. 제목도 『출생순서 백서』다. (사실은 제목을 '아벨은 당해도 쌌다(Abel Had It Coming)'로 하고 싶었지만 그 제목을 민감하게 받아들이는 사람이 많아서 결국 편집자들이 '좀 더 독창적'인 제목을 지었다.) 나는 그 책에 출생순서에 따른 성격 차이를 자세히 설명했다. 독자 본인뿐 아니라 가족과 친구, 동료와 이웃을 이해하는 데 크게 도움이 될 것으로 믿는다. 이미 그 책에 엄청난 자료를 실었기 때문에 여기서 출생순서별 성격을 자세히 언급할 필요는 없을 것이다. 다만 맏이의 특징을 중간아이와 막내의 특징과 대조하기 위해 각각의 성격을 간단히 요약해 보았다.

본인의 형제들을 떠올려 보자. 자녀가 있는 독자라면 자녀들을 떠올려 보자. 각각 어떤 성격과 재능을 지녔는가? 강점과 약점은? 다음에 요약해 놓은 특성들과 얼마나 맞아떨어지는가?

맏이와 외동아이

책임감 있고 성실하다. 언제나 할 일 목록을 만들고, 생각에 흑백 논리가 강하다. 옳고 그른 것에 대한 견해가 뚜렷하고, 무엇에나 '정도(正道)'와 '정답'이 있다고 믿는다. 타고난 리더이며 성과를 추구한다.

외동아이도 이와 비슷하지만 한술 더 뜬다. 책이 가장 친한 친구다. 나이에 비해 어른스럽다. 7~8세만 되도 이미 애어른이다. 혼자 알아서 한다. 그리고 다른 집 아이들이 서로 아웅다웅하는 이유를 이해하지 못한다.

중간아이

맏이나 막내에 비해 딱히 어떤 성격이라고 말하기 어렵다. 하지만 이 점은 확실하다. 중간아이는 여러 면에서 바로 위 아이와 정반대다. 첫째가 규범에 충실하다면 둘째는 탈규범적이다. 중간아이는 바로 위의 아이와 전혀 다른 장단에 춤추는 경향이 있다. 경쟁심 강하고, 충직하고, 우정을 중시한다. 도널드 트럼프Donald Trump(미국 부동산 재벌), 스티브 포브스Malcolm Stevenson Forbes Jr.(미국 기업인이자 정치인,「포브스」지 발행인), 빌 게이츠Bill Gates(마이크로소프트 창업자)가 중간아이다.

샌드위치 신세가 되는 것은 피크닉 가는 기분과는 다르다. 중간아이는 맏이나 막내보다 관심을 덜 받기 마련이다.

맏이는 가장 먼저 태어났다는 이유만으로 이미 특별한 존재다. 매일 밤 엄마아빠는 잠든 맏이를 바라보며 요람 곁을 떠날 줄 몰랐다. 둘의 결합이 이런 생명을 낳았다는 것이 믿어지지 않았다. 거기다 얼마나 아름다운 생명인가. 부모 역할은 하나부터 열까지 새로웠고, 모든 것이 흥분의 도가니였다.

그렇다면 막내는? 막내도 특별하다. 왜냐면 나이가 제일 어리니까. 막내는 영원히 아기다. 키가 190센티미터에 몸무게가 100킬로그램이 넘어도 여전히 아기다.

반면 중간아이로 사는 것은 익명의 흐릿한 바다를 헤엄치는 것과 같다. 하지만 그게 다 나쁜 것은 아니다. 흐릿하다 보니 숨기에 그만이다. 게으름을 피우거나 심드렁한 태도를 보여도 욕먹지 않고 넘어갈 때가 많다. 첫째아이처럼 부담스러운 기대를 받거나 더 잘하라는 채근을 당하지도 않는다. 다만 스트레스를 받지 않으니 가진 잠재력을 충분히 발휘하지 못하고 끝나기 쉽다. 하지만 지나치게 간섭받고 역량 이상을 해내도록 요구받는 것보다는 낫다. 그게 바로 맏이들에게 자주 일어나는 불상사다.

중간아이는 종종 가족의 평화를 유지하는 중재자 역할을 한다. 또

자라서 정신적으로 안정되고, 애인이나 배우자를 잘 배신하지 않는 어른이 되기도 한다.

막내

사교적이고 활달하고 넉살이 좋아서 주위에 모르는 사람이 없다. 마음이 복잡하지 않고, 즉흥적이고, 유머감각 있고, 대인관계 기술이 좋다. 막내는 인생이 파티다. 막내들은 저지당하거나 처벌받는 법 없이 하고 싶은 대로 산다. 그리고 흔히 별명으로 불린다. 내 아내 샌디는 나를 리미라고 부른다. 반면 샌디는 맏이다. 나는 아내가 너무 권위적으로 나온다 싶으면 정식이름(샌드라)을 또박또박 불러 준다.

하지만 막내에게도 남모르는 고충이 있다. 가족이라는 별무리에서 가장 작고 귀여운 별이지만, 그렇다고 마냥 행복하게 반짝거리는 것은 아니다. 가장 어리다는 이유로 입는 불이익도 만만치 않다. 한창 자랄 때 다 해지고 유행에 뒤진 데다 때로는 몸에 헐렁하기까지 한 헌옷을 물려받아 입는 게 다반사고, 형과 누나들은 들들 볶으며 기분 나쁜 별명을 지어 부르기 일쑤다. 우리 형과 누나들은 나를 '분화구 대가리'로 불렀다. 어릴 때 수두를 앓아서 그 자국이 남았기 때문이었다. 그리고 형에게 얻어터진 걸로 치면 나도 어느 집 막내 못지않다. 나는 비꼬는 의미로 형을 '하느님'으로 부르곤 했다. "하느님 귀가하셨네." "어이, 하느님, 전화 왔어!" 꼬마 적에 나는 늘 어깨가 아팠다. 형은 내 어깨를 샌드백으로 생각했고, 기회가 오면 놓치지 않고 내 어깨에 펀치를 날렸다.

하지만 솔직히 막내여서 좋은 점도 있었다. 우선 형들은 자기는 동생을 괴롭히면서도 남이 자기 동생 괴롭히는 꼴은 절대 못 본다. 학교에서 못살게 구는 녀석이 있는가? 형을 풀어라. 그럼 문제가 싹 해결된다. 내 경우는 큰누나를 동원했다. 그때 샐리 누나는 열두 살이었다. 나는 그날을 지금도 생생히 기억한다. 누나는 그 집 현관으로 기세 좋게 걸어가 초인종을 눌렀다. 그리고 자기 막내 동생을(그러니까 나를) 괴롭히는 녀석의 엄마인 서른여덟 살 여자에게 으름장을 놓았다. "이 집 아들이 자기 나이의 반밖에 안 되는 꼬마를 괴롭히는 짓을 당장 그만두지 않을 경우 내가 직접 나서서 묵사발을 만들어 놓을 계획입니다."

이게 맏이다. 엄마아빠는 자신들이 집에서 실세라고 생각한다. 하지만 맏이는 그렇지 않다는 것을 알고 있다. 그리고 막내도 그것을 알고 있다.

막내에게는 많은 것이 허용된다. 자기가 하고 싶은 대로 해도 태클이 적다. 왜 그럴까? 막내에겐 기대하는 것이 적기 때문이다. 엄마아빠는 막내한테는 그리 엄격하지 않다. 거기에는 큰애들을 혼내고 길들이느라 지쳐 버린 이유도 있다.

그런데 좀 이상한데요……?

누군가 이렇게 말할지 모른다. "리먼 박사님, 우리 집 애들은 저 내용과 거리가 멀어요. 우리 집은 가운데아이가 맏이 같고요, 맏이는 오히려 막내 같아요. 맏이가 다 저렇다는 건 수긍하기 어렵네요. 너무심한 일반화 아닌가요? 말도 안 돼요."

　핵심을 제대로 짚은 말이다. 위의 내용이 항상 맞아떨어지지는 않는다. 보이는 출생순서가 다가 아니기 때문이다. 여덟째로 태어난 사람도 맏이 성격을 가질 수 있다. 셋째도 첫째 같을 수 있다. 왜냐고? 계속 읽어 주기 바란다. 그럼 퍼즐 조각이 하나하나 맞춰질 것이다.

제2장

맏이의 정체

> 첫째로 태어나면 다 맏이일까?
> 그럴 수도 있고 아닐 수도 있다.

한번은 세미나 중에 한 여성이 나에게 다가와서 자신은 내가 말한 '출생순서 이론'이 영 당황스럽다면서 불만을 토로했다. "통 이해가 안 된단 말이죠, 리먼 박사님. 저희 집은 아홉 남매예요. 오빠가 맏이인데 오빠는 박사님이 말씀하신 맏이 성향이랑은 전혀 안 맞아요. 그럼 우리 집에선 누가 맏이인 건가요?"

멋진 도전이었다. 그리고 나는 도전을 좋아한다. 나는 이 여성의 형제들을 태어난 순서대로 받아썼다.

1. 아들
2. 딸

3. 딸(나와 얘기한 여성)

4. 아들

5. 딸

6. 아들

7. 아들

8. 아들

9. 아들

"끝의 네 남동생이 일종의 '막내 그룹'을 형성했겠네요?" 내가 물었다.

여인이 고개를 끄덕였다.

"그럼 그룹별로 나눠 보시겠어요? 선을 그어 보세요." 내가 요청했다. 여인은 다음과 같이 선을 그어서 자신의 형제들을 세 그룹으로 나눴다.

1. 아들

2. 딸

3. 딸(나와 얘기한 여성)

_____

4. 아들

5. 딸

_____

6. 아들

7. 아들
8. 아들
9. 아들

예상한 결과였다. 아이 많은 집에서 자란 사람에게 자기 형제들을 '맏이 그룹,' '막내 그룹,' 그리고 '자신이 속한 그룹'으로 나누라고 하면 무슨 말인지 금방 알아듣고 망설임 없이 쓱쓱 나눈다.

아이가 많은 집에는 맏이 기능을 하는 아이가 보통 한 명 이상이다. 여인의 형제들을 예로 들어 보자.

첫 번째 그룹에는 중간아이가 없다.
1. 큰아들이자 첫째로 태어났지만, 여인의 말에 따르면 맏이 성향이 없었다.
2. 딸 중에서 첫째, 즉 맏딸이었고, 맏이 성향이 있었다.
3. 나와 얘기한 여성. 이 딸은 아빠에게 눈에 넣어도 아프지 않는 자식이었다. 결과적으로 막내처럼 컸다.

두 번째 그룹에도 중간아이는 없다.
4. 맏이 성향이 강한 아들
5. 맏이 성향이 강한 딸

세 번째 그룹에는 중간아이가 한 명뿐이다. 그게 누굴까?
6. 맏이 성향을 보이는 아들

7. 아들

8. 아들

9. 막내 성향을 보이는 아들

    마지막 그룹은 네 아들로 구성된다. 이 그룹에서 중간아이는 둘째 아니면 셋째다. 이중 누가 진짜 중간아이인지는 쉽게 알 수 있다. 둘 중에 험한 바다를 잔잔히 재우는 중재자 기질이 있는 아이가 중간아이다. 나머지 아이는 형을 따라 다니거나, 떼쓰고 돌아다니거나 둘 중 하나다. (내 기준에 응석받이 백이면 백 막내다.) 여기서 기억해야 할 것은 마지막 그룹의 둘째가 어떤 성격이든 셋째는 그와 딴판이 된다는 점이다. 이렇게 해서 이 집의 6남3녀 중 중간아이는 결과적으로 딱 한 명밖에 없다.

    여러분 가족의 맏이는 누구인가? 출생순서로는 셋째인 사람이 사실은 맏이일 수도 있다.

    학자들 중에는 출생순서 이론을 말도 안 되는 소리로 조롱하는 사람도 많다. 이는 단순히 엄마 뱃속에서 나온 순서, 다른 말로 '서열상' 출생순서만 염두에 두고, '기능적' 출생순서 개념은 도외시하기 때문이다.

    출생순서 이론을 다년간 연구하면서 내가 반복적으로 깨닫고 확인하는 사실이 있다. 그것은 '출생순서는 단순히 서열상의 위치뿐 아니라 기능적 위치까지 포함한다'는 점이다.

    아이가 형제 중에 차지하는 기능적 위치는 여러 변수에 영향을 받는다. 이제 그 변수들을 살펴보자.

출생순서에 영향을 미치는 변수들

대가족

내가 세미나에서 만난 여성이 이 경우에 속한다. 형제 수가 많으면, 두 개 이상의 그룹으로 나눠질 가능성이 크다.

아들이냐 딸이냐

아들 넷에 딸 하나인 경우를 생각해 보자. 이 경우 딸이 유별난 대접을 받으리란 건 굳이 심리학자가 아니어도 충분히 예상 가능하다. 형제간 성별 구성에 주목할 필요가 있다. 아빠는 딸을 특별하게 대한다. 엄마는 아들을 특별하게 생각한다. 만약 아빠가 맏이를 딸이라는 이유로 과잉보호하면 그 딸은 막내 성향을 갖게 될 공산이 크다. 마찬가지로 엄마가 큰아이를 아들이라는 이유로 오냐오냐 키우면 그 아들이 막내가 된다.

또는 두 아이 모두 맏이의 성향을 가질 수도 있다. 이때 한 아이는 맏아들로서, 다른 한 아이는 맏딸로서 각자 맏이의 기능을 한다. 우리 아들 케빈이 그런 경우다. 케빈은 누나와 여동생 네 명에 둘러싸여 자랐지만 맏이 성격을 지녔다. 맏아들이자 외아들이기 때문이다.

5년 이상의 터울

같은 성별의 형제라 해도 5년 이상 터울이 있는 경우에는 그 사이에 심리적 경계선이 있다고 봐야 한다. 그리고 그 선을 기점으로 별개의 그룹이 형성된다.

애나, 12세(맏딸)

클레어, 5세(또 다른 맏딸)

메리, 2세(막내딸)

신체적/지적 차이나 장애

아들이 둘인 집이 있다. '큰'아들 플레처는 키가 150센티미터를 겨우 넘고, '작은'아들 무스는 170미터에 육박한다. 거기다 플레처는 평범한 외모에 운동도 잘 못한다. 반면 무스는 잘생기고 못하는 운동이 없다. 인정하기 싫지만 우리가 사는 세상은 얄팍한 곳이어서 세상이 두 아이를 대하는 태도는 사뭇 다르다. 사람들은 키가 작은 쪽을 동생으로 생각한다. 그리고 평범한 외모에 운동을 못하는 사람들은 잘생기고 운동 잘하는 사람들의 그늘에 가려 눈에 띄지 않는다. 이런 경우 세상이 두 아이를 인식하는 방식 때문에 둘의 출생순서는 실제와 반대가 되기 쉽다. 세상의 잣대로 봤을 때 둘째딸이 맏딸보다 훨씬 예쁜 경우도 마찬가지다.

첫째가 다운증후군이면 어떨까? 이때도 출생순서가 실제와 달라질 가능성이 높다. 다운증후군 아이가 첫째인 경우 그 밑의 아이가 맏이 성격을 보이는 것은 물론이고, 다운증후군 형에게 강한 보호본능을 보인다. 이때 둘째아이, 즉 실질적 맏이는, 다운증후군 아동의 순수함과 아름다움을 모르고 지적장애아로만 보는 세상의 무자비함에 몹시 민감하다. 하지만 막상 다운증후군 아이들은 세상에 대해 아무런 비판적 시선도 선입견도 없다. 이들은 거리낌 없는 사랑으로 손과 마음을 내미는 존재다.

나는 몇 년 전 스페셜올림픽Special Olympics(지적발달장애우 올림픽으로 4년마다 개최함—옮긴이)에서 있었던 일을 잊지 못한다. 해맑게 웃는 얼굴의 선수들이 100야드 달리기 출발선에 섰다. 출발신호가 떨어졌고 선수들은 결승선과 메달을 향해 일제히 출발했다.

그런데 선수 중 한 명이 모퉁이를 돌다가 넘어지고 말았다. 속상하고 맥 빠져서 트랙에 주저앉은 선수의 두 뺨에 눈물이 주르르 흘렀다.

다음에 일어난 일은 스포츠 역사를 통틀어 가장 잊지 못할 순간 중 하나로 남았다. 앞서 달리던 선수들이 모두 넘어진 선수를 향해 돌아섰다. 그리고 넘어진 선수 주위로 몰려와 서로서로 팔짱을 끼고 다함께 결승선으로 걸어 들어왔다.

경기장에는 눈물을 흘리지 않는 사람이 없었다.

이 순간이 이토록 감동을 준 이유는 무엇일까? 그것은 남을 누르고 자신의 목표를 이루려는 인간의 이기적 본성에 반대되는 모습이었기 때문이다. 그날 달리기 선수들은 아무도 메달을 따지 못했다. 하지만 메달리스트가 되는 것에 비할 수 없는 중요한 일을 해냈다. 바로 함께 경주를 펼친 것이다. 그것이 그들 모두를 승리자로 만들었다. 그들은 남의 시각에서뿐 아니라 그들 자신의 마음속에서 우승자가 되었다. 진짜 승리는 내 마음이 인정하는 승리다.

신체적 또는 지적 장애가 있는 아이는 형제간 출생순서만 바꾸는 것이 아니다. 가족 개개인이 인생을 바라보는 방식까지 바꿔 놓는다. 다운증후군 아동인 열한 살 테이트의 엄마 셰리는 이런 말을 했다.

"우리 부부와 다른 두 아이 모두 더 나은 인간이 됐어요. 모두 테이트라는 선물 덕분이죠."

혼합가족

남다른 가족 구성도 출생순서의 변수로 작용한다. 혼합가족이 대표적인 경우다. 이혼이나 사별 후 다른 배우자를 만나 두 가족이 하나로 합쳐진 경우 이들을 혼합가족이라고 한다.

> 맏이들 입에서 "알았어. 네 말대로 해." 또는 "네가 알아서 해. 나는 시키는 대로 할게."라는 말은 아예 기대하지 않는 게 좋다. 그런 일은 절대 없을 테니까.

미국 버락 오바마 대통령의 가족을 예로 들어 보자. 오바마에게는 아버지가 같은 형제 일곱 명과 어머니가 같은 여동생 한 명이 있다. (형제 중 한 명은 사망했다.) 오바마의 아버지 버락 오바마 시니어는 케냐에서 결혼한 여인과의 사이에서 두 아이를 두었다. 그 여인과 이혼한 후 오바마 시니어는 미국 여성과 결혼했고 오바마가 태어났다. 오바마 시니어는 오바마의 어머니와도 이혼했고, 다른 미국 여성과 결혼해서 두 아들을 낳았다. 이 결혼 역시 이혼으로 끝나고, 오바마 시니어는 처음 결혼했던 여성과 다시 만나 두 아들을 낳았다. 그는 이후에도 다른 여인에게서 아들 한 명을 더 낳았다. 한편 오바마의 어머니는 재혼해서 딸을 낳았다.[1]

혼합가족은 혼합가족만의 특별한 문제들이 있다. 그리고 그런 문제들은 맏이에게 어김없이 그리고 빠짐없이 영향을 미친다.

"한번 해병은 영원한 해병"이라는 영국 속담이 있다. 이 말은 출생순서에도 해당된다. 한번 맏이는 영원한 맏이다. 한 집의 열세 살짜리 맏이와 다른 집의 열두 살짜리 맏이가 만나면 단박에 전쟁이 터진다. 그건 심리학자가 아니어도 충분히 예상할 수 있다. 두 아이 중 누구도 자신의 장자권을 순순히 포기하려 들지 않을 것이다. (이삭의 맏아들로 태어났지만 죽 한 그릇에 아우 야곱에게 장자권을 팔아넘긴 에서의 후예가 아니라면 말이다. 하지만 이후에 벌어진 형제의 난을 생각하면 에서도 장자권을 순순히 포기했다고는 할 수 없다.)

맏이들 입에서 "알았어. 네 말대로 해." 또는 "네가 알아서 해. 나는 시키는 대로 할게."라는 말은 아예 기대하지 않는 게 좋다. 그런 일은 절대 없을 테니까. 이들은 영역 싸움을 하는 산양 두 마리마냥 다퉈 대고, 뿔이 충돌하는 소리가 몇 킬로미터 밖까지 울려 퍼진다.

이런 궁금증이 든다. "어떻게 된 걸까요? 우리가 재혼하기 전에는 서로 친하게 지내던 아이들이었어요." 그런데 웨딩마치가 울리고 두 집이 합쳐지자 모든 것이 바뀌어 버렸는가? 그것도 아주 나쁜 쪽으로?

설명하자면 이렇다. 양쪽 아이들 모두 부모의 이혼이나 결별로 이미 상처를 받았다. 엄마나 아빠와 사별한 경우는 더욱 그렇다. 이때 재혼 부부의 아이들 나이가 엇비슷하면 더 많이 덜컹거린다. (예를 들어 여자 쪽 자녀들은 13세와 10세고, 남자 쪽 아이들은 12세, 11세, 9세라면 일이 복잡해진다.) 반면 여자 쪽 아이들은 16세와 17세고, 남자 쪽 자녀들은 4세와 5세라면 전자에 비해 쉽게 융합한다. 아이들이 부모의 시간과 관심을 놓고 아옹다옹할 일이 적기 때문이다.

한쪽 자녀들이 헤어진 부모 사이를 오가며 생활하는 경우는 문제가 더욱 커진다. 예를 들어 여자 쪽 자녀들이 주말이나 여름방학 때만 엄마와 지낸다고 치자. 자신들은 엄마를 어쩌다 한 번씩만 보는데, 남의 집 아이들은 매일 엄마와 사는 것에 질투를 느끼고 상처 받기 쉽다.

이혼가정의 아이가 겪을 마음의 고통을 생각해 보라. 부모의 이혼을 겪은 아이들이 부모의 재혼으로 새로 생긴 가정을 믿지 못하고 시험해 보려는 것은 어찌 보면 당연한 일이다. 아이가 보내는 메시지는 이것이다. "당신들, 이번에는 진짜야? 이번엔 헤어지지 않고 잘 살 거야? 난 다시는 부모의 이혼을 경험하고 싶지 않아. 그건 두 번 경험할게 못 돼."

그럼 부모 중 한쪽을 여읜 아이는 어떨까? 부모를 또 잃을까 봐 두렵다. 이때 아이의 생각은 이렇다. 내가 의붓아버지를 사랑하지 않으면, 의붓아버지가 없어졌다고 슬플 일도 없을 거야. 난 다시는 죽어라 슬프고 싶지 않아.

재혼가정의 이면에는 분노와 쓰라림, 질투와 경쟁심, 상처와 분노가 층층이 도사리고 있다. 내가 여기 나열한 단어들을 유심히 봐 주기 바란다. 나는 분노를 두 번 썼다. 한 번은 맨 앞에, 한 번은 맨 뒤에. 혼합가족의 구성원은 모두 마음의 상처와 선입견의 짐을 진 사람들이다.

하지만 이런 특수 상황을 수용하고 자녀의 심리상태를 이해한다면 재혼부부는 누구보다 견고한 부모가 될 수 있다. 부모가 실패한 부부인지 견고한 부부인지는 다른 아이보다 맏이에게 큰 영향을 미친다.

부모의 결혼이 무너질 때 그 파편을 가장 가까이서 그리고 가장 많이 맞는 아이가 누구일까? 바로 맏이다. 얼어붙은 강이나 호수를 누비는 쇄빙선을 본 적 있는가? 쇄빙선은 밭을 갈듯 수면을 덮은 얼음을 깨고 뱃길을 만든다. 그 과정에서 선체는 얼음에 부딪혀 수없이 패이고 긁힌다. 부모의 파경을 겪는 맏아이는 얼어붙은 인생의 호수를 맨 앞에서 헤쳐 가는 쇄빙선과 같다. 맏아이는 자녀 중에서 가장 많은 상처를 받는다. 아이가 자신의 심정을 말로 설명하지 못한다 해도, 아이가 입은 상처는 새로운 가족 구성원과 상호작용하는 방식에서 반드시 드러나게 돼 있다.

양쪽 자녀들의 사이가 나쁘면 어떻게 될까? 엄마곰과 아빠곰이 자기 새끼부터 챙기는 것은 인지상정이다. 하지만 혼합가족에서 부모가 각자의 아이들 편을 들기 시작하면 그걸로 끝이다. 그 가족은 한 집에 살면서 영토분쟁을 벌이는 별개의 두 가족일 뿐이다.

혼합가족이 성공적으로 한 가족을 이루려면 3년에서 7년은 인내심과 융통성과 유머감각과 의지력을 발휘하며 노력해야 한다. 그리고 인생이 다 그렇듯 혼합가족의 성공적 융합도 제대로 된 문제 인식에 달려 있다.

자녀가 있는 상황에서 재혼을 생각한다면 다음 내용을 고려하기 바란다.

1. 돌다리도 두드려 보고 건너는 것이 좋다. 자녀들이 새아빠나 새엄마 후보와 잘 지낸다고 해서 그 사람을 아빠나 엄마로 기꺼이 받아들인다는 보장은 없다.

2. 양쪽 아이들의 나이를 고려하자. 아이들 간에 나이가 비슷한가? 나

이 차가 많이 나는가? 아이들 간의 경쟁 정도는 전적으로 나이 차이에 달려 있다. 자녀들이 성장해 집을 떠나는 나이라면 혼합가족을 이루기가 훨씬 쉽다. 예를 들어 자녀가 고등학교 졸업반이라면, 대학에 진학하거나 독립할 때까지 1,2년 정도 재혼 시기를 미루는 것도 현명한 방법이다.

3. 첫 배우자와 사별한 경우라면 이 분야 전문가인 해럴드 블룸필드Harold Bloomfield의 말을 참고하자. "아이들은 죽은 부모의 기억을 오래 간직한다. 배우자와 사별하고 재혼하는 경우, 죽은 부모에게 의리를 지키려는 자녀들의 심리 때문에 오히려 이혼 후에 재혼하는 경우보다 더 힘들 수 있다."[2] 아이들은 아무도 작고한 부모의 자리를 '차지'할 수 없으며, 그런 시도조차 용납하지 않겠다고 생각한다. 하지만 우정과 존경을 토대로 차근차근 관계를 쌓아 가면—자녀의 연령이 관건이긴 하지만—자녀가 당신의 새로운 배우자를 결국은 엄마나 아빠로 받아들이게 될 것이다.

이미 재혼해서 혼합가족을 이룬 경우라면, 다음 내용이 험한 바다를 항해하는 데 도움이 될 것이다.

1. 부부가 언제나 같은 입장을 취한다. 네 편 내 편은 더 이상 없다는 것을 자녀들에게 알린다. 이제는 항상 '우리'만이 있을 뿐이다. 자녀 때문에 부부 사이에 금이 가는 일은 없어야 한다. 부부는 각자의 가족을 대표하는 두 사람이 아니라 하나의 단위로 기능해야 한다. 자녀들이 부부 사이를 이간질할 가능성이 크다. 부모의 먼젓번 결혼에 실망하고 상처 받았기 때문에 이번 결혼은 믿을 만한지, 오래갈지 시험해 보려는 욕구가 반드시 존재한다. 부부의 행복에 굳이 찬물을 끼얹고 싶어서가 아니다. 다만

자신들은 이렇게 비참한데 부모는 왜 행복한지 의아할 따름이다. 자녀들이 품은 의문은 사실상 이거다. 먼젓번에 그랬던 것처럼 이 결혼도 혹시 이혼으로 접는 거 아냐? 내가 이 가족에 정을 줬다가 전처럼 또 상처 받는 건 아닐까?

2. 모두 모여 허심탄회한 대화를 나눈다. 가족회의를 열어서 가족 구성원 모두의 의견을 듣는 게 좋다.

3. 가족 중 다른 사람에게 영향을 미칠 결정은 반드시 사전에 당사자들과 상의한다.

4. 다른 사람의 물건은 주인 허락 없이 함부로 손대지 않는다. 이것을 가훈처럼 지킨다.

5. 가족 구성원 각각의 개성과 독자성을 존중한다. 구성원 모두를 개별적 존재로 대우해야 한다.

6. 가족 구성원 모두 집안일에 참여한다. 각자 자기 몫의 집안일을 해야 한다.

7. 집은 호텔이 아니라는 점을 명확히 한다. 누구라도 자기 멋대로 행동할 권리는 없다. 모든 규칙은 상호존중과 사랑을 바탕으로 세워져야 한다.

최근 나는 성공적으로 혼합가족을 이룬 부부를 만났다. 내가 물었다. "이제 막 혼합가족을 이룬 사람들에게 어떤 조언을 해 주겠습니까?" 부부는 서로를 보고 웃다가 한목소리로 대답했다. "흩어지면 죽는다는 각오로 똘똘 뭉쳤어요."

부부의 조언은 이러했다. "우리가 진심으로 사랑하는 가족이 된 데

> 혼합가족은 남모를 고충이 많다. 하지만 비관적인 것만은 아니다. 혼합가족 중에는 성공적으로 일가를 이루었을 뿐 아니라 오히려 다른 집보다 행복한 가족도 많다. 당신이라고 못할 건 없다.

에는 두 가지 간단한 원칙이 큰 역할을 했지요. 하나는 '언제나 존중과 친절을 보여라'입니다. 하지만 아이들을 너무 몰아붙이면 안 돼요. 사랑은 강제로 되는 게 아니니까요. 다른 하나는 '아이들끼리 주도권 다툼을 벌일 때 부모가 개입하지 말자'입니다. 아이들 문제는 아이들 스스로 해결하도록 이끌어야 해요."

다른 비결은 없었을까? 중요한 비결이 하나 더 있었다. 그것은 부부에게 해낼 수 있다는 공동의 믿음이 있었다는 것이다. 그 믿음이 새 가족의 든든한 토대가 되었다.

혼합가족은 남모를 고충이 많다. 하지만 비관적인 것만은 아니다. 혼합가족 중에는 성공적으로 일가를 이루었을 뿐 아니라 오히려 다른 집보다 행복한 가족도 많다. 당신이라고 못할 건 없다.

갈등이 불거지더라도 편은 가르지 말자. 아이들 사이에 문제가 발생하면, 아이들 스스로 해결하도록 유도하자. 아이들 싸움이 어른 싸움이 되어서는 안 된다. 아이들 사이에 끼어들어 아이들 대신 문제를 처리하지 말자. 나설 데 안 나설 데 못 가리는 흑기사는 부작용만 낳는다.

'부부간에 공통된 견지'를 유지하는 것이 중요하다. 특히 엄마들이 취약한 부분이다. 엄마곰의 뇌구조에서 가장 큰 자리를 차지하는 것은 '내 새끼들의 안위'이기 때문이다. 만약 자녀가 있는 여성과 혼합가족을 이루려고 한다면, 엄마곰은 물론이고 그녀의 아기곰들까지 사랑할 준비가 되어 있어야 한다. 엄마곰이 행복하지 않으면 당신도 행복할 수 없다. 당신이 행복하지 않으면 가족도 행복하지 않다.

과거의 실패에서 비롯된 죄책감이 모두의 이익 추구에 장애가 되어서는 안 된다. 혼합가족의 문제를 명백히 인식하고 가족으로서 똘똘 뭉쳐야 한다는 원칙을 고수하자. 무엇이든 배우자와 협력하여 결정하고 상호존중으로 가정의 초석을 삼으면 당신도 행복한 가정을 이룰 수 있다.

입양

갓난아기를 입양하는 경우에는 출생순서에 미치는 영향이 거의 없다. 다만 나이 차이는 변수가 된다. 예를 들어 입양자녀가 나이로는 막내지만 바로 위 아이와 다섯 살 넘게 차이 난다면, 입양자녀는 사실상 맏이(외동아이)처럼 자라고, 따라서 맏이(외동아이)의 성향을 지니게 된다.

우리 가족과 알고 지내는 어떤 가족이 과테말라에서 두 살배기 아기를 입양했다. 이 가정에는 이미 두 딸이 있었고, 둘 다 꼬마 남동생을 열렬히 환영했다. 큰누나는 대학생이고, 작은누나는 고3이었다. 아이는 가족의 첫아들이고, 두 누나와는 크게 나이 차이가 난다. 이런 경우 형제간 경쟁에서 비롯되는 갈등은 거의 없다.

입양가정은 사랑의 기회를 능동적으로 선택했다는 점에서 남다른 축복을 받은 가정이다. 입양자녀를 둔 한 지인은 이렇게 말했다. "박사님, 우리 집에 그야말로 복덩어리가 들어왔어요. 이제는 중국에서 온 우리 딸내미 없이는 못 삽니다."

복덩어리가 아직 아기라면, 이른바 '사적논리(private logic, 성장과정의 경험을 바탕으로 형성된 경향성—옮긴이)'가 형성되어 있지 않을 가능성이 높다. 사적논리란 아이가 행동과 말과 주변상황을 바라보고 해석하는 방식이다. 아직 사적논리가 발달하지 않은 어린아이는 기존 환경을 거의 기억하지 못하기 때문에 새로 만난 가족에 쉽게 동화한다.

반면 5세 이상의 아동을 입양할 때는, 아이의 사적논리가 상당히 형성돼 있다는 사실을 알아야 한다. 특히 학대당했거나 착취당했거나 방치되었거나 버려진 경험이 있는 아이라면, 거기서 비롯된 정서적 문제들을 입양부모가 몇 년을 두고 다독여야 한다. 아이와 대화를 통해 상처를 어루만지고 두려움을 달래 주자. 그리고 아이가 당신의 가족에서 얼마나 소중한 존재인지 일깨워 주자.

이때 주의할 점이 있다. 입양으로 가족 구성에 변화가 있을 때, 입양자녀뿐 아니라 자녀 모두를 골고루 살펴야 한다. 과거 아픈 경험이 있는 아이는 입양가족의 기존 자녀를 심하게 경계하기도 한다. 심하면 폭력도 행사한다. 이런 경우에는 가족이 변화에 순조롭게 적응하지 못하고 도리어 집안 분위기가 엉망진창이 된다.

어떤 부부가 내게 상담을 요청했다. 입양한 네 살배기 아들이 기존 자녀들(각각 7세, 9세, 10세)을 자꾸 때려서 고민이라는 것이다. 형이나 누나가 엄마에게 안기려고 할 때마다 그런다는 거였다. 사실 이 꼬마의 행동이 보내는 메시지는 이거다. "엄마는 내 거야. 그러니까 너희는 꺼져. 내게 처음으로 생긴 진짜 엄마야. 절대로 엄마와 떨어지지 않을 거고 너희들과 나누지도 않을 거야."

부부는 아이의 행동에 숨은 의미를 알게 된 뒤 다른 자녀들에게도 사정을 설명해 주었다. 꼬마의 적대적 행동이 1년이나 계속된 터라 막내를 미워하기 시작했던 아이들도 시각을 바꾸었다. 그리고 꼬마의 행동을 바로잡는 데 착수했다. 일단 꼬마에게 폭력은 용납되지 않을 것이며, 형이나 누나를 때리거나 때리려고 하면 벌서기 의자에 앉혀 둘 거라고 단단히 일렀다. 그리고 엄마아빠가 얼마나 사랑하는지, 꼬마가 가족에게 얼마나 소중한 존재인지 일깨워 줬다. 그 과정에서 수없이 껴안아 주고 말로도 확신을 주었다. 단, 꼬마가 분위기를 험악하게 만드는 일만큼은 묵과하지 않았다. 이 가족의 스트레스 지수는 뚝 떨어졌고, 다른 아이들의 얼굴에도 다시 웃음꽃이 피었다.

물론 아이가 가족에 새로이 합류하면 얼마간의 적응기간이 필요하다. 이때는 부모가 입양자녀에게 절대적으로 더 많은 시간을 할애하고 더 많은 관심을 쏟는 것이 당연하다. 아이에게는 모든 것이 낯설고, 또 낯선 것은 무섭다. 입양자녀가 갓난아이거나 겨우 걸음마를 하는 아기인 경우, 아이 단독으로는 가족의 분위기에 큰 영향을 주지 않는다. 하지만 아무리 초기 적응기라 해도, 새로운 멤버에 의해서 가족 전체가 휘둘리는 것은 피해야 한다. 당신이 부모다. 주도권을 가질 사람은 꼬마가 아니라 당신이다. 가족 구성원 모두가 사랑받고 존중받는 것을 가정의 금과옥조로 삼아야 한다.

그리고 필요한 경우 망설이지 말고 외부에서 도움을 구하자. 믿을 만한 멘토나 비슷한 일을 미리 경험한 입양부모에게 조언을 구해도 좋고, 입양가족 모임에 참석해 여러 이슈에 대해 토론하며 배울 수도 있고, 전문 카운슬러의 도움을 받는 방법도 있다. 어떤 방식이든 도움 받기를 잘했다는 생각이 들 것이다. 그리고 노력의 대가는 가족 전체의 행복으로 돌아올 것이다.

엄마 뱃속에서 나온 순서가 아니라 어떤 부모 밑에서 컸느냐가 관건이다

맏이를 만드는 요인은 무엇일까? '누가 먼저 엄마 뱃속에서 나왔는가' 또는 (입양자녀의 경우) '누가 먼저 가족에 합류했는가'일까? 아니다. 맏이를 결정하는 가장 큰 요인은 어떤 부모 밑에서 컸느냐다. 내가 6장 전체를 이 문제에 할당한 이유가 바로 그것이다. 어떤 부모 밑에서 컸느냐는 건전한 맏이 성격 획득 여부에 가장 중요한 변수로 작용할 뿐 아니라, 맏이가 어른으로 성장한 후에도 모든 면에서 영향을 미친다.

혹시 잘못을 그냥 넘어가는 법 없이 사사건건 흠잡는 부모 밑에서 컸는가? (분명히 해 둘 것이 있다. 여기서 '잘못'라는 것은 정말 잘못한 것이 아니라 부모의 완벽주의 기준에 비추어 '만족스럽지 않다'는 뜻이다.) 혹시 결과적으로 당신도 남의 결점은 물론이고 본인의 결점에도 야박한 사람이 되지는 않았는가?

맏이들은 완벽주의자 성향을 갖기 쉽고, 그 때문에 남들의 비판에 유난히 민감하다. 따라서 '비판적 시선'은 맏이가 가정과 학교와 직장과 대인관계에서 성공하는 삶을 사느냐 아니냐를 판가름하는 가장 중요한 변수가 된다.

어느 회의주의자 맏이와 나눈 대화

남의 얘기가 아닐 수 있다. 잘 읽어 보기 바란다.

맏이: 맏이들은 조직에서 윗자리에 있고 일에 대한 투지가 넘친다고 하셨는데 저는 그렇지 않거든요. 제 책상 하나만 봐도 박사님 말씀이 사실과 다르다는 걸 아실 겁니다.

리먼 박사: 그래요? 책상이 그 정도로 엉망이라면 뭐가 어디에 있는지는 어떻게 아십니까?

맏이: 아, 그거야 문제없죠. 믿기 어려우시겠지만 필요한 물건이 어디 있는지는 정확히 압니다.

리먼 박사: 그럼 말씀하시는 것처럼 어수선한 분은 아니시네요. 뭐가 어디 있는지 아신다면 정리정돈을 못한다고도 할 수 없잖아요?

맏이: 음…… 네. 그건 그렇죠.

리먼 박사: 참, 그 책상에서 무슨 일을 하십니까? 직업이 뭔가요?

맏이: 건축가입니다.

리먼 박사: (머리를 끄덕이며) 건축가요. 음…… 제가 아는 건축가들은 대부분 맏이거나 외동아이인데요. 건축 설계를 하려면 굉장히 꼼꼼해야 하지 않나요?

맏이: 이쪽 일이 좀 그렇죠. 실수가 있거나 조금이라도 부정확하면 큰일 나니까요.

리먼 박사: 그게 바로 맏이의 대표적 성격 중 하납니다. 맏이들은 무슨 일이든 최선을 다하죠. 맏이들이 "에잇, 이 정도면 돼." 또는 "완벽하진 않지만 나름 괜찮아."라고 하는 걸 들어 본 적이 없습니다. 선생님도 들을수록 맏이 같으신데요.

맏이: 그래도 완전히 수긍이 되지 않습니다. 특히 너저분한 책상도 알고 보면 깔끔한 거라는 부분이 이해 안 됩니다. 말씀처럼 제가 조직적이고 효율적인 사람이라면 물건마다 자리가 있고 또 항상 제자리에 있을 거 아닙니까?

리먼 박사: 믿으시든 안 믿으시든, 표면적으로 깔끔한 사람들보다 책상이

어지러운 사람들 중에 오히려 완벽하지 못해 속상한 사람들이 많습니다. 책상이 지저분한 사람은 '실패한 완벽주의자'일 가능성이 높습니다. 그런 사람은 인생의 모든 면에서 완벽하기를 바라지만, 그게 불가능하다는 것을 알기 때문에 반만 하거나 아예 안 하는 경향이 있죠. 다시 말해, 완벽하게 할 수 없을 것 같은 일은 아예 시도도 않는 겁니다.

맏이: 그럼 이건 어떻습니까? 저한테 여동생이 하나 있는데요, 걔가 우리 3남매 중 막냅니다. 박사님 말씀을 들으면 걔가 오히려 맏이 성격이에요. 걔는 뭘 해도 일등이었어요. 고등학교 때는 학생회장이었고, 대학 때는 여학생회장에 학보사편집장에 명예회장을 지냈고, 명문 법학대학원에서 법학학위를 땄어요. 저보다 여덟 살 아래인데 저는 걔의 발끝도 못 따라가요. 말씀하신 출생순서별 성격에 의하면 막내들은 태평스럽게 되는 대로 살아야 하지 않나요? 인생을 즐겨야 막내지, 제 동생처럼 죽어라 노력하는 것은 막내 성격이 아니잖아요?

리먼 박사: 맞습니다. 하지만 여동생 분이 사실은 막내가 아니라면 어떻습니까? 여동생분도 사실은 선생님처럼 맏이일지 몰라요.

맏이: 그건 또 무슨 말씀입니까? 걔가 어떻게 맏이입니까?

리먼 박사: 선생님 바로 밑의 동생은 남동생인가요?

맏이: 그렇습니다만.

리먼 박사: 남동생 분이 선생님보다 몇 살 아래죠?

맏이: 세 살이요.

리먼 박사: 얘기가 착착 맞아떨어집니다. 선생님의 막내 동생은 사실상 맏이입니다. 두 가지 면에서 그렇습니다. 첫째, 막내 동생은 외딸입니다. 물론 외딸이나 외아들이 모두 맏이의 특성을 가지는 것은 아닙니다. 다만 외딸과 외아들은 맏이가 아니어도 맏이 특성을 가질 가능성이 매우 높다는 뜻입니다. 둘째, 막내 동생이 바로 위의 오빠와 다섯 살 이상 터울진다는 점입니다. 다섯 살 이상 터울 지는 아이는 또 다른 맏이라고 볼 수 있습니다.

맏이: 마구 헷갈립니다. 집집마다 맏이는 딱 하나밖에 없다고 생각했는데요. 그런데 맏이가 한 집에 여러 명 있을 수 있다는 겁니까?

리먼 박사: 그렇습니다. 흔히는 한 집에 맏이가 한 명이고, 아들딸이 섞여

있는 경우라도 많아야 두 명입니다. 그렇지만 아이들 사이에 터울이 크게 지면 맏이 성향을 가지는 아이가 한 집에 넷, 심지어 다섯도 있을 수 있습니다. 물론 아이가 아주 많고, 각각의 나이 차가 5년 이상씩 벌어지는 집이 많지는 않겠죠.

맏이: 나이 차가 왜 그렇게 중요합니까?

리먼 박사: 우선, 나이 차가 크면 형제간 경쟁의식이 적습니다. 선생님은 남동생과 세 살 터울이라고 하셨나요? 형제간에 나이 차이가 적어서 학교 때 같은 선생님들에게 배웠겠네요? 그 경우 동생이 학교에 입학하면, 형을 기억하는 사람들이 많고, 동생은 형만큼 해야 한다는 압박감을 느낍니다.

맏이는 엄마아빠를 보고 배웁니다. 맏이의 롤모델은 부모밖에 없으니까요. 맏아들이 대를 이어 아버지와 같은 업종에 종사하는 경우가 많죠? 바로 그런 이유에서입니다.

그러다 남동생이 태어납니다. 남동생에게는 본받을 사람이 엄마아빠 말고도 형이 있습니다. 그런데 형이 뛰어나서 엄마아빠의 기대에 크게 부응한다고 칩시다. 그러면 동생은 고달파집니다. 사람들에게 인정받으려면 나름대로 뭔가 다른 길을 찾아야 합니다. 예를 들어 볼까요? 가만있자, 선생님이 스포츠에 조예가 있다고 하셨나요?

맏이: 그렇습니다.

리먼 박사: 좋습니다. 그럼 남동생은 운동으로는 형과 경쟁하기 어렵다고 느꼈을 겁니다. 본인도 상당한 운동신경을 타고난 경우가 아니라면 형이 못하는 다른 분야를 찾았을 겁니다.

맏이: 맞아요. 동생은 음악에 환장해요. 전에는 록밴드에서 기타도 쳤어요.

리먼 박사: 선생님 형제 분들의 경우, 여동생보다 오히려 남동생이 막내에 가깝습니다. 무대기질이 있고 스포트라이트를 추구하는 것이 막내들의 특징입니다. 막내들은 관심의 중심이 되고 싶어 합니다. 모르긴 몰라도 남동생이 록밴드 활동을 한 것도 관심을 받고 싶어서일 겁니다. 아시다시피 막내들은 관심을 얻기가 쉽지 않습니다. 형과 누나들이 이미 다 해 버려서 막상 본인은 할 게 없습니다. 막내는 태어나는 순간부터 관심 얻을 방법을 강구하고, 대부분은 아무리 관심을 받아도 부족하게 느낍니다. 예를 들어 볼

까요? 학교 다닐 때 오락부장을 도맡아 하던 친구, 기억나십니까?

맏이: 해리 윌슨이라는 친구가 기억나는군요.

리먼 박사: 그렇군요. 해리 씨도 아마 막내였을 겁니다. 학교에서 앞에 나가 웃기기 좋아하는 친구들은 대개 막내입니다. 특히 자녀가 많고 자녀들의 성취도가 높은 집의 막내일수록 더 그렇습니다. 해리에게 형이 둘 있고, 각각 스포츠 신동과 음악 신동이라고 합시다. 또 누나도 둘 있는데 하나는 예술 쪽으로, 하나는 공부 쪽으로 아주 뛰어납니다. 상황이 이렇게 되면 해리가 두각을 나타낼 만한 분야가 별로 없습니다. 이 경우 해리는 관심을 얻기 위해 허세로 가득 찬 사람이 되거나 반항아가 되기 쉽습니다.

맏이: 제 동생 찰리도 항상 말썽을 부렸어요. 한번은 라틴어 반 아이들에게 집에 있는 알람시계를 가져오라고 시켰어요. 반 아이들 25명 중 12명이 정말로 가져왔지 뭡니까? 그리고 기말고사 도중에 알람시계 12개를 한꺼번에 울린 거예요.

리먼 박사: 전형적인 막내 행동입니다. 찰리 씨가 말주변이 좋지 않았나요? 친구가 많았고, 친구들을 동원해 일을 꾸미는 것도 잘했을 겁니다. 막내들은 보통 외향적이고 호감형이어서 세일즈맨으로 딱입니다. 남동생이 어떤 일을 하시나요?

맏이: 제 동생 성격은 제대로 맞추셨지만 직업에서는 빗나가셨습니다. 찰리는 세일즈맨이 아닙니다. 광고회사에서 AE로 일합니다.

리먼 박사: 하지만 AE가 세일즈맨의 고급스런 표현 아닙니까? 결국은 고객사에 광고기획을 파는 사람이잖아요. 거기다 광고제작의 목적부터가 판매증대 아닙니까?

맏이: 그건 그러네요. 그래도 아직 긴가민가 합니다. 말씀대로라면 세상에는 딱 세 가지 유형의 성격밖에 없잖아요? 맏이 성격, 중간아이 성격, 막내 성격.

리먼 박사: 외동아이도 있죠. 하지만 외동아이는 맏이의 변종입니다. 맏이와 외동아이는 아주 비슷합니다.

맏이: 출생순서가 사람 성격에 그렇게 큰 영향을 미친다는 게 믿기지 않습니다. 제 주변만 해도 각인각색이고 별별 성격이 다 있는데요.

리먼 박사: 인간의 성격을 결정하는 것이 출생순서뿐이라고는 말하지 않았

습니다. 성격을 결정짓는 방정식에 작용하는 변수는 이루 말할 수 없이 많습니다. 심지어 출생순서에 영향을 미치는 변수만도 한두 가지가 아닙니다. 예를 들어 남동생만 있는 남자 맏이를 생각해 봅시다. 이 남자는 보스 기질, 두목 기질이 굉장할 겁니다. 성취욕이 강하고 그만큼 중요한 일을 많이 해냅니다. 단점은 여자들 마음을 잘 몰라서 자상한 남편감은 아니라는 거죠.

그에 비해 여동생만 있는 남자 맏이는 섬세합니다. 성취도가 높은 것은 다른 남자 맏이들과 같지만, 여동생들을 대하며 배운 게 있어서 인정 많고 자상합니다. 이 남자는 여자들의 심리에 밝고 여자들이 원하는 게 무엇인지 알기 때문에 결혼해서도 좋은 남편 소리를 듣습니다.

하지만 부작용도 있습니다. 자랄 때 누이들이 모두 손아래였고 항상 이들을 대변하고 보호하는 입장에 있었기 때문에, 여자를 도움과 보호가 필요한 연약한 존재로 인식할 우려가 있습니다. 남성우월주의자가 될 수 있다는 거죠.

그렇다면 누나가 있는 맏이들은 어떨까요? 그런 남자야말로 여성의 가치와 능력을 누구보다 잘 아는 남자입니다.

한편, 여동생만 있는 여자 맏이는 세상을 여성의 관점으로만 보는 페미니스트 면모가 강해집니다. 하지만 같은 여자 맏이라도 남동생만 있다면 인생관이 좀 달라지겠죠.

이제는 외동아이 얘기를 해 볼까요? 여러 연구조사 결과에 따르면 외동아이도 특유의 인생 접근법을 보입니다. 하지만 외동아이라고 다 같지는 않습니다. 여기에도 여러 변수가 작용하죠. 그중 하나는 '어쩌다 외동아이가 되었느냐'입니다. 부모에게 더 이상 자녀를 가질 수 없는 신체적 문제가 있었을까요? 그랬다면 부모는 하나 낳은 아이를 특별하게 길렀을 겁니다. 둘째를 절실히 원했다가 좌절된 경우라면 더 그랬겠죠.

하지만 아이가 태어났을 때 부모가 빨갛고 쪼글쪼글한 아기 얼굴에 기겁해서 다시는 아기를 낳지 않겠다고 결심한 경우라면 어떨까요? 또는 부모가 처음부터 자녀를 하나만 낳기로 계획했던 경우는요? 형편 내에서 아이에게 최선을 다하려면, 아이에게 제일 좋은 장난감과 옷을 사 주고 최고의 교육을 받게 하려면, 아이를 하나 이상 낳는 것은 무리라는 결론에 도달했을 수도 있잖아요? 아이를 하나만 낳은 이유가 다르면 부모가 아이를 대하는 방식도 달라집니다. 그에 따라 외동아이가 세상에 접근하는 방식도 달라지지 않겠어요?

맏이: 네……. 무슨 말씀인지 알겠어요.

리먼 박사: 출생순서가 마술지팡이는 아닙니다. 출생순서가 모든 걸 결정해서, 맏이로 태어난 사람은 다 이렇게 행동하고, 맏이가 아닌 사람은 다 저렇게 행동하는 건 아닙니다. 출생순서를 결정하는 것도 오로지 태어난 순서만은 아닙니다. 부모와의 관계, 형제간 상호작용과 남녀구성, 가족의 경제적 지위, 거주지역 등 다양한 요소에 영향을 받습니다. 모든 것이 유기작용을 일으켜 가족마다 독특한 만듦새를 지니게 됩니다.

맏이: 들은 내용을 다시 생각해 보면서 머릿속을 정리해야겠어요.

리먼 박사: (웃으며) 당연히 그러시겠죠. 맏이들은 누울 자리를 보고 다리 뻗는 스타일이어서, 모험을 해도 신중하게 계산해 본 다음에 합니다. 그러니 당장 판단을 내리기보다 생각할 시간을 가지고 싶은 게 당연합니다. 충분히 시간을 가지고 생각해 보세요. 그 후에 다시 얘기하기로 하죠.

탐정 게임

자, 당신은 탐정이다. 놀랍게도 다음의 인물들은 모두 맏이(또는 외동아이)다. 그 이유는 무엇일까? (친구나 동료와 점심 먹으며 수다 떨기에 그만인 화제다. 친구의 호기심을 잔뜩 자극한 다음, 지금까지 이 책에서 읽은 내용을 설명해 주자.)

안젤리나 졸리 – 오빠 1명

브래드 피트 – 남동생 1명, 여동생 1명

제니퍼 애니스톤 – 동복 오빠 1명, 이복 남동생 1명

매트 르블랑Matt LeBlanc(배우) – 남동생 1명

잔 다르크 – 남자형제 3명

데이비드 쉼머David Schwimmer(배우) – 누나 1명

매튜 페리 – 동복 남동생 1명, 동복 여동생 4명

벤 스틸러 – 누나 1명

린제이 로한Lindsay Lohan – 여동생 1명, 남동생 2명

벤 애플렉 – 남동생 1명

리즈 위더스푼 – 오빠 1명

로렌 콘래드Lauren Conrad(영화배우) – 여동생 1명, 남동생 1명

아직도 회의적인가? 나는 누구보다 맏이들을 잘 안다. 맏이인 당신은 분석적이고, 논리적이고, 의심이 많다. 출생순서가 인생을 결정한다는 내 말에 반신반의한다 해도 전혀 놀랍거나 섭섭하지 않다.

하지만 이 점을 생각해 보자. CEO나 기업의 인사책임자 등 영향력 있는 사람들이 점점 더 출생순서에 주목하고 있다. 직원들을 채용할 때도 출생순서를 중요한 요소로 간주한다. 인사관리 전문가들은 출생순서를 고려한 결정이 기업에 매년 수백만 달러 상당의 비용 감소 효과를 가져다 준다고 믿는다.

입사지원자 중에서 누가 영업 기량을 발휘할지, 누가 관리자 역할에 적격일지, 누가 훌륭한 보좌관이 될지 알 수 있다면 얼마나 좋을

까? 그런 비결이 있다면 누구라도 귀가 솔깃하지 않겠는가?

정신병리학자 카를 쾨니히$^{Karl\ Konig}$가 출생순서의 중요성을 잘 정리했다.

> 가족 배합$^{family\ constellation}$이 인간의 사회적 행동양상을 결정한다. 가족 배합은 개인이 타인에게 어떻게 반응하는지, 친구를 사귀는 능력은 어느 정도인지, 어떤 교우관계를 형성하고 어떤 공동체를 이루는지를 두루 결정한다. 심지어 배우자 선택에도 깊이 영향을 미친다.[3]

출생순서와 그것을 결정짓는 변수들은 개인의 성품과 인생의 성공에 큰 영향을 미친다. 당신이 인정하거나 말거나 (단순 서열이든 기능적 위치든) 출생순서를 빼고는 당신을 제대로 설명할 수 없다.

맏이 알아맞히기

둘씩 묶은 사람 중 누가 맏이일까? 19쪽으로 돌아가서 먼젓번에는 누굴 골랐는지 보자.

1. 맷 데이먼 / 벤 애플렉
2. 플로렌스 헨더슨 / 마사 스튜어트
3. 리즈 위더스푼 / 셰릴 크로
4. 벤 스틸러 / 빌리 크리스털

5. 안젤리나 졸리 / 브래드 피트

이번에는 누구를 골랐는가? 애플렉, 스튜어트, 위더스푼, 스틸러, 졸리, 그리고 피트를 골랐다면 정답이다. (트릭이 있었다! 5번은 둘 다 맏이다.) 벤 애플렉은 남동생이 한 명 있고, 브래드 피트는 남동생과 여동생이 1명씩 있다.

그런데 오빠가 있는 리즈 위더스푼과 안젤리나 졸리와 마사 스튜어트는 왜 맏이라는 걸까? 맏딸이기 때문이다. 둘째로 태어난 벤 스틸러는 왜 맏이인가? 맏아들이니까. 이제 슬슬 감이 잡히는가?

제3장

맏이 성격은 따로 있다

> 맏이들은 성취도가 높다.
> 맏이들은 한번 시작하면 끝을 본다.
> 하지만 언제나 승리하는 삶에도 고충은 있다.

　　　　내게는 귀여워 죽고 못 사는 손주가 둘 있는데 둘은 완전 딴판이다. 코너 녀석은 토머스기차 가지고 노는 걸 좋아한다. 그런데 기차를 배열하는 솜씨가 장난이 아니다. 한 치의 오차도 없다. 그냥 하는 말이 아니라 정말 '완벽' 그 자체다. 코너가 상상의 선을 따라 기차를 똑바로 연결하는 기술은 천하의 벽돌공도 울고 갈 정도다. 코너는 무엇을 하든 꼼꼼하고 정확하다. 수평과 수직을 헤아려 정렬하는 능력만 있는 게 아니다. 기차들을 정리할 때도 색깔별로 정리한다. 파랑 기차는 파랑 기차끼리, 빨강 기차는 빨강 기차끼리, 노랑 기차는 노랑 기차끼리. 그 어린 나이에 녀석은 벌써 배열에 논리적 기준을 세운다.

이번엔 꼬마 아델라인 얘기를 해 보자. 아델라인은 깨물어 주고 싶을 만큼 귀엽다. 그런데 응석이 장난 아니고 쉴 새 없이 챙겨 줘야 한다. 한눈 팔 틈이 없다. 하지만 타고난 재롱둥이여서 보고 있으면 웃음이 절로 난다.

이 두 녀석 중 누가 맏이일까?

맏이들은 안목이 날카롭다. 시각적, 정서적으로 날카로운 분별력을 보인다. 상황 분석력이 뛰어나다. 딱 보면 척이다. 숫자를 3차원적으로 분석한다. 숫자판을 쓱 보고 대번에 무엇이 잘못됐는지 알아차린다. 반면 (막내로 태어난 나를 포함해) 다른 사람들은 같은 숫자판을 몇 달이고 끼고 있어도 뭐가 잘못됐는지 기별도 안 온다.

맏이들은 정말 특별하다. 이들은 일을 시작하면 끝낸다. 이들은 인생의 승리자가 될 수밖에 없는 성품과 기질로 꽉꽉 차 있다.

'맏이로 태어난 여자들의 모임'의 창립자인 로라 카터는 이렇게 말한다.

사람들은 우리 보고 '두목 행세'를 한다고 욕하곤 해요. 하지만 프로젝트가 좌초 위기에 처했거나 일정이 빡빡할 때는 결국 우리에게 도움을 청하죠. 우리는 책임 있게 일을 진행시킬 줄 알거든요. 우리는 문제해결을 위해 무슨 말을 하고 어떤 조치를 취해야 할지를 알아요. 그게 우리의 천부적 자질인걸요. 우리는 태어나던 날부터 준비된 리더예요. 누가 맏이고 누가 막내인지는 잠깐만 얘기 나눠 봐도 쉽게 알 수 있어요. 언젠가 토크쇼에 출연한 적이 있는데, 그때 진행자가 다른 진행자에게 이렇게 말하는 걸 들었어요. "그건 나만 믿어요, 빌." 둘 중 누가 맏이인지는 물어보지 않아도 뻔하죠. 맏이가 세상에 태어난 이유이자 맏이들의 슬로건이 뭔지 아세요? 그건 바로 "그건 나만 믿어."랍니다.[1]

흥미롭게도 스티븐 콜버트Stephen Colbert, 제이 레노, 체비 체이스 등 코미디언들은 대부분 막내다. (빌 코스비는 희귀한 예외다. 하지만 코스비는 코미디언인 동시에 교육학 박사다.) 하지만 이런 유명한 막내들 뒤에서 이들을 조직적으로 돕는 사람들이 있다. 누굴까? 맞다. 맏이들이다.

출생순서 ID

맏이들은 티가 난다. 여러 직책에 있는 사람들을 면담하면서 그중 맏이들을 추려 보면, 지속적으로 더 나은 성과를 위해 노력하는 사람들, 늘 업무 효율을 높이고 이익을 증대할 방법을 찾는 사람들, 끊임없는 분석으로 남보다 앞서 형세를 읽고 사정을 파악하는 사람들은 대개 맏이라는 것을 알 수 있다. 맏이는 승승장구하는 사람들이며, 결국 최고경영진과 CEO의 자리에 오르는 사람들이다.

중간아이들은 가장 구별해 내기 어렵다. 항상 중간에 있기 때문이다. 이들은 중재인이나 중간관리자고, 벌집에 비유하면 일벌에 해당한다. 맏이가 '실패한 완벽주의자'인 집에서는 중간아이가 맏이의 성격 특성을 보이기도 한다. 반면 완벽주의자에다 높은 성취도를 보이는 맏이가 있는 집의 중간아이는 자신은 결코 기대에 부응하지 못한다는 생각을 가지게 되고, 실망스러운 결과에도 늘 "알 게 뭐야."라는 식의 태도를 취할 공산이 크다.

 그럼 막내를 알아보는 방법은? 쉽다. 휴게실에서 커피 마시며 수다 떠는 사람을 찾으면 된다. 하지만 유쾌한 성격으로 엄청난 판매고를 올리는 사람들 역시 막내라는 사실을 잊어선 안 된다. 막내들은 말이 청산유수고, 사교술에 능란하고, 사람을 잘 구워삶는다.

 세상은 맏이와 중간아이, 막내 모두를 필요로 한다.

 로라 카터는 '맏이로 태어난 여자들의 모임' 회원들을 대상으로 다음과 같은 설문조사를 했다.

 1. 당신이 영화촬영소에 있고 할 일을 선택할 수 있다면, 다음 중 무엇을 하겠습니까?

 (a) 배우

 (b) 카메라맨

 (c) 감독

 (d) 조감독

 결과: 모두 감독을 선택했다.

 2. 당신이 운동선수와 관련된 사람이라면, 다음 중 누굴 하겠습니까?

 (a) 코치

 (b) 부코치

 (c) 치어리더

 (d) 팬

 결과: 모두 코치를 선택했다.[2]

타고난 리더

맏이들은 타고난 리더다. 세를 규합하는 재주가 귀신같다. 자신감을 가지고 빠른 속도로 방도를 강구한다.

마틴 루터 킹 주니어는 맏아들이었다. 그가 흑인 투표권을 위해 앨라배마 셀마에서 시작한 행진은 미국의 본질을 바꾸고 인종차별 정책을 종식시켰다. 그에게는 조직력과 '꿈'을 퍼뜨리는 능력이 있었다. 킹 목사 관련 영상자료치고 그가 "나에게는 꿈이 있습니다(I have a dream)."라고 말하는 장면이 없는 것이 없다. 킹 목사는 미국 흑인이 추구할 목표치를 높였고, 몸소 그 목표를 뛰어넘었다. 그는 항상 민중과 함께 있었다.

킹 목사가 어린 시절 애틀랜타의 구둣가게에서 겪은 일이 유명한 일화로 남아 있다. 가게 점원이 킹 목사의 아버지에게 가게 뒤편에 가서 기다리라고 했다. 흑인이라는 이유에서였다. 킹 목사의 아버지는 점원의 말에 따르는 대신 화를 내며 가게를 나왔다. 이를 본 맏아들은 아버지의 저항정신을 본받아 강인한 리더가 되었고, 결국 미국 역사에 결코 지워지지 않을 족적을 남겼다.

정리의 달인

마사 스튜어트는 맏딸로 태어났다. 그리고 경이적인 일을 해냈다. 요리나 집 안 정리처럼 누구나 하는 일을 사업거리로 잡아서, 그야말로 살림의 여왕에 등극하고 왕국을 이루었다. 맏이 특유의 조직성과 리더십, 그리고 소통 능력이 없었다면 불가능한 일이었다.

든든한 그대

책임감은 맏이 성향을 따지는 중요한 척도 중 하나다. 맏이들은 태어날 때부터 믿을 만한 사람이 되는 훈련을 받는다. 시킬 일이 있을 때, 대충이 아니라 제대로 하기를 원할 때 부모는 맏이를 찾는다. 왜? 맏이는 책임지고 일을 완수하기 때문이다. 맏이들이 믿음직스러운 이유는 평생 높은 기대치에 부응하며 살아왔기 때문이다. 맏이라면 누구나 엄마아빠에게 이런 말을 해 봤을 것이다. "쟤한테는 왜 아무 소리 안 해? 옛날에 내가 저러면 막 뭐라고 했잖아."

맏이들은 언제라도 뛰어들어 도울 준비가 돼 있다. 그러도록 길러졌다. 맏이들은 옳고 그른 것의 판단이 분명하다. 맏이의 세상에는 회색지대가 없다.

성실 빼면 시체

맏이들은 착실하고 양심적이다. 왜냐고? 그게 옳으니까! 마트에 갔을 때 손님들이 주차장에 내버려 둔 쇼핑카트를 다시 마트에 가져다 놓거나 바닥에 뒹구는 영수증을 집어서 휴지통에 넣는 사람이 있다면, 그 사람이 맏이다. 맏이들은 회사 휴게실 카운터에 엎질러진 커피를 닦고, 놀이터에 굴러다니는 일회용 컵을 치운다. (중간아이와 막내들이 며칠씩 그냥 지나친 것들이다.)

상담 받으러 들어오는 사람이 맏이인지 아닌지 후딱 알고 싶을 때 내가 쓰는 수법이 있다. 사무실 벽에 걸린 그림 중 하나를 일부러 삐딱하게 해 놓는 거다. 맏이들은 대부분 그림을 똑바로 한다. 거슬리니까. 맏이들은 기내 화장실에 가도 먼저 다녀간 막내나 중간아이가

> 맏이들은 뭐든 흐트러진 꼴을 못 본다. 흐트러진 게 감지되면 반사적으로 고쳐 놓는다.

어질러 놓은 세면대를 정리하고 나온다.

간단히 말해서 맏이들은 뭐든 흐트러진 꼴을 못 본다. 흐트러진 게 감지되면 반사적으로 고쳐 놓는다. 내가 고용주라면 그런 성실한 사람을 고용하고 싶을 거다. 그래야 밤에 다리를 뻗고 잘 수 있으니까. 맏이 직원은 퇴근할 때 상점 문 잠그는 것을 절대 깜빡하지 않는다. 상점을 나와 차에 오르면서도 자문한다. "내가 문을 잘 잠갔던가? 음, 확실치 않아……." 그러고는 확인하러 다시 간다.

만약 그 직원이 막내라면? 문 따위는 이미 까맣게 잊고 친구들이 기다리는 스타벅스로 달려가고 있을 거다.

목록 만드는 사람

우리 집 맏딸 홀리는 목록의 대가다. 교장선생님인 홀리가 학교에서 업무 처리하는 모습을 직접 지켜본 적이 있다. 홀리는 서류를 정리하며 항상 목록을 만든다. (알파벳 순으로 적는 건 기본이다.) 홀리는 큰일부터 자질구레한 일까지 학사관리와 학교운영 전체를 망라한 엄청난 양의 자료와 서류 속에 파묻혀 산다. 하지만 뒤죽박죽과 잡동사니 속에서 질서를 찾아내고, 논리적이고 일관적이고 효과적인 방법으로 일을 처리하는 놀라운 능력을 지녔다. 수북이 쌓이는 서류도 짧은 시간 안에 뚝딱 처리한다. 그런 조직화 능력은 분명 내가 아닌 제 엄마를 닮은 것이다.

맏이들은 장 보러 가기 전에 장 볼 물건 리스트를 만든다. 그리고 리스트에 있는 것들을 체계적으로 착착 카트에 넣는다. 한편 막내는 통로 사이를 한가로이 거닐며 눈에 들어오는 대로 넣거나 필요한 것을 기억나는 대로 챙긴다. 내 아내도 내게 장 볼 물건들을 죽 적어 준다. 그 쪽지를 보면 과일은 과일대로 냉동식품은 냉동식품대로 분류돼 있다. 그렇다. 내 아내는 맏이다.

습관의 동물

맏이들은 뜻밖의 일을 반기지 않는다. 맏이들은 질서정연한 세상을 좋아한다. 야구중계가 시작됐는데 맏딸아이를 재워야 한다고 치자. 딸내미를 방에 후다닥 데려가서 TV 볼 생각에 얼른 눕히고 대충대충 덮어 준다. 하지만 당신이 하나라도 생략하면 딸내미는 당장 지적한다. "아직 안 돼, 아빠. 내 이불한테도 뽀뽀해야지." 뭐라도 빼먹거나 실수하면 몇 날 며칠 원망을 듣는다.

맏이들은 습관의 동물이다. 내 친구 중에 누나만 둘 있는 외아들이 있는데, 커피 마실 때 컵에 스푼을 꽂은 채 마신다. 커피 마시는 데 스푼이 거치적거릴 텐데도 꼭 그런다. 이유야 간단하다. 그게 친구의 버릇이다. 맏이인 내 아내는 등을 그냥 긁어 주면 별로 안 좋아한다. S자 모양으로 천천히 긁어 줘야 한다. 그리고 반드시 등을 먼저 긁어 준 다음 팔로 옮겨 가야 한다. 순서를 어기면 큰일 난다.

성공은 나의 것

성공한 사람 하면 오프라 윈프리를 빼놓을 수 없다. 오프라는 1985년 영화 〈컬러 퍼플〉로 처음 연기에 도전했다. 그 결과는? 아카

데미 여우조연상 후보에 올랐다.

오프라는 어마어마한 성공을 거둔 사람이지만 이 사람의 인생은 결코 평탄하지 못했다. 아홉 살 때 친척에게 처음 성폭행당한 이후, 어린 시절 내내 반복적으로 주변사람들에게 성추행을 당했다. 그것 말고도 결손가정, 극도의 빈곤, 미시시피 주의 인종차별이라는 불행 3종 세트를 한꺼번에 겪으며 성장했다.

오프라는 말 그대로 밑바닥에서 시작해 최정상에 올랐다. 매달 〈O 매거진O Magazine(오프라 윈프리가 발행하는 여성지)〉의 표지를 장식하고, 미국에서 가장 부유한 여성이 되었으며, 특유의 카리스마로 사람들에게 엄청난 영향력을 발휘한다. 나는 오프라의 방송 스튜디오에 몇 번 갔는데, 매번 오프라의 카리스마에 압도되어 돌아왔다. 오프라가 청중에게 "여러분, 이제 우리는 저 벽을 통과합니다."라고 말하면 다들 벽으로 돌진할 기세였다. 오프라의 영향력은 폭발적이었다. 오프라 북클럽이 새로운 책을 선정하면 온라인, 오프라인 할 것 없이 서점들은 재고 확보에 바빴다. 오프라의 입에서 "이 책이 제가 뽑은 이달의 책입니다."라는 말이 떨어지기가 무섭게 그 책은 베스트셀러가 되었기 때문이다.

오프라는 성취하는 사람이고 리더가 어떤 것인지 보여 주는 사람이다. 민감한 쟁점에 대해 압박을 받아도 그녀는 자신의 입장을 굽히지 않는다. 그리고 주위에 엄청난 돈과 선물을 베푼다. 그리고 사람들에게 위대한 사람과 함께했다는 뿌듯함을 남겨 준다.

탁월함의 추구

타이거 우즈Tiger Woods와 빌 코스비가 떠오른다. 둘 다 맏이고 탁월함을 추구하는 사람들로 명성을 날렸다. 이들은 끊임없이 목표치를 높이고, 거기 도달하기 위해 스스로를 채찍질하고, 다른 사람들도 거기 도달하도록 자극한다.

완벽한 맏이의 이면

나는 내 주변의 맏이들을 보며 항상 놀란다. 그들은 그냥 해내는 정도가 아니라 기가 막히게 해낸다.

하지만 맏이의 멋진 재능 이면에는 부작용도 있다. 어렸을 때 우리 반에 페넬로페라는 여자애가 있었다. 페넬로페는 수업시간에 항상 손을 번쩍번쩍 들었고 항상 정답을 맞혔다. 선생님은 항상 우리들 앞에서 페넬로페를 칭찬했다. 페넬로페는 맏이가 분명했다. 철부지 때라 나는 페넬로페가 밉살스러웠고 그 애가 골탕 먹는 상상을 했다. 다른 아이들 마음도 나와 다르지 않았을 거라 믿는다. 우리는 페넬로페를 '재수 없는 알랑방귀 똥꼬'라고 불렀다.

맏이여, 혹시 당신 별명도 이와 비슷하지 않나?

당신이 회사의 이사회 임원이라고 치자. 상사인 부사장이 이사회에서 문제점을 지적하면서 그에 대한 해결책을 개진해 보라고 지시한다. 맏이인 당신은 중간아이나 막내의 머리 꼭대기에 올라가 있다. 따라서 다른 임원들보다 신속히 결론에 도달한다. 당신은 자신의 결론이 정답이라는 확신이 있으며 다른 답은 없다고 믿는다. 다른 사람들이 여전히 머리를 굴리고 있을 때, 당신은 해결책을 떠억 내놓는다. 이때 당신의 동료들은 어떤 기분이 들까? 그들이 당신 뒤에서 당신을 '재수 없는 알랑방귀 똥꼬,' 혹은 더 지독한 욕으로 부르고 있지는 않을까?

맏이는 집에서 '내 말이 곧 법'을 외칠 가능성이 높다. 모든 것을 혼자 알아서 결정하고 판단한다. 자신 아니면 제대로 할 사람이 없다고 생각한다. 하지만 배우자가 당신보다 생각이 느리더라도 가끔은 배우자에게도 발언권을 주는 것이 좋다. (막내로 자란) 배우자의 두서없는 습성과 허물을 간간히 눈감아 주기도 해야 한다. 당신이 정한 일정과 시간표에 배우자의 편의를 포함할 여유를 가지자. 다른 사람은 당신만큼 못하기 때문에 당신 혼자 집안일을 도맡아 하고 있지는 않나? 주변사람들에게 어느 정도는 융통성을 발휘할 필요가 있다.

어느 날 내 친구가 파티에 갔다가 선물 포장하는 일을 돕게 됐다. 선물 중 일부는 깨지기 쉬운 물건이었다. 내 친구는 꼼꼼함에 있어서 둘째가라면 서러운 사람이었고, 정성껏 선물을 포장하고 있었다. 그런데 내 친구와 다른 여자 사이에 입씨름이 붙었다. 그 여자는 조금 다른 방식으로 포장하고 있었다. 다음은 내 친구에게 전해들은 그날의 사건 전말이다.

그 여자가 이러는 거야. "저기요, 그 선물들은 이렇게 싸야 돼요. 그러지 않으면 깨져요."

그래서 나도 조심해서 싸고 있으니까 괜찮을 거라고 말해 줬지.

그러니까 그 여자가 눈살을 찌푸리면서 글쎄 이러는 거야. "음, 계속 틀린 방법을 고집하신다면야 어쩔 수 없는데요. 제대로 하시려면 제 방법대로 하세요. 원래 그렇게 하는 거예요."

자, 문제의 여성이 집에서 몇째로 태어났는지는 물어보지 않아도 뻔하다. 솔직히 말해 보자. 선물 싸는 데 정답이 있나? 맏이들에게는

맏이의 성격 특성

성격 특성	긍정적 측면	부정적 측면
완벽주의자	무엇을 해도 잘한다.	지나치게 비판적이고 자신의 성과에 만족을 못한다.
강한 투지	야심 있고 성공지향적이다.	언제나 압박감에 시달린다.
체계적	당황하지 않고 원활하게 일을 처리한다.	생각에 융통성이 없다.
학구적	문제 분석과 해결책 마련에 능하다.	가끔은 생각이 너무 많고 불필요하게 진지하다.
목록 작성에 열심	일에 마무리가 있고 진행상황 파악이 빠르다.	스스로의 틀에 갇히고 계획의 노예가 된다.
논리적	충동적 행동을 할 위험이 적다.	자신만이 옳고, 심지어 틀렸을 때조차 자신이 옳다고 우긴다.
강한 리더십	가정과 사회에서 중요한 역할을 한다.	남들에게 받는 기대치가 너무 높고, 남들이 항상 의지한다.
남을 잘 도와줌	좋은 사람으로 통한다.	만만한 사람으로 찍힌다.
의욕적/적극적	대사 앞서 가고, 남들의 존경을 받는다.	자기 본위로 생각하고 다른 사람의 감정을 배려하지 않는다.

있다. 하지만 다른 사람들에게는 선물이 안전하게 도착만 한다면 이렇게 싸든 저렇게 싸든 상관없다. 그렇지만 위의 맏이 여성에겐 '제대로' 하는 것, 즉 '자신의 방식대로' 하는 것이 파티에 온 다른 여자들과의 친분보다 중요하다.

맏이 특유의 빠른 두뇌회전과 완벽추구 성향이 가정과 학교와 직장에서 원활한 인간관계를 저해하는 걸림돌로 작용하기도 한다. 하지만 이런 경향을 제대로 인식한다면 문제를 피해 갈 수 있다.

예스맨 혹은 지배자

맏이들은 두 가지 타입으로 나뉜다. 예스맨 아니면 지배자. 어떤 규칙에나 예외는 있지만 둘 중 어떤 것이 될지는 성별에 따라 갈리는 경우가 많다. 즉, 여자 맏이는 예스맨이 되기 쉽고 남자 맏이는 지배자가 되기 쉽다.

내가 좀 도와줄까요?

예스맨형 맏이의 인생 모토는 "어떤 일이 있어도 평화를 유지하자"다. 이런 맏이는 자꾸 감당하지 못할 짐을 진다. 자신은 돌보지 않으면서 남들을 위한 일이라면 무엇이든 한다. 그리고 남의 실패와 태만을 자신의 책임으로 돌린다. 이런 맏이의 인생 목표는 모두를 행복하게 만드는 것이고, 거기서 자신의 존재 이유와 가치를 찾는다. 그러다 보니 모두의 부탁을 들어주고 모두의 뒷바라지를 하느라 녹초가 되고 만다.

혹시 당신이 이런 말이는 아닌가? 궂은일마다 도와주니 당연히 사람들은 당신을 좋아한다. 당신은 착한 사람으로 통한다. 사람들은 항상 당신에게 의지하고 심하게는 당신의 이런 점을 이용한다. 당신은 남들이 힘들어하면 죄책감에 시달린다. 아무리 도와도 다 도와줄 수가 없어서 죄책감이 든다. 당신은 거절을 못한다.

물론 주변에 호의를 베푸는 것이 나쁜 일은 아니다. 다른 사람들도 모두 당신처럼 남을 돕지 못해 안달이라면 세상은 훨씬 아름다운 곳이 돼 있을 것이다. 하지만 남을 챙기기 위해 당신이 지불하는 대가가 무언인지 생각해 볼 필요가 있다.

기업체에서 일하는 예스맨 주위에는 항상 이런 사람들이 있다. "이쯤에서 접고 한 시간 일찍 나가서 골프 치러 가는 게 어때? 나머지는 저 친구가 알아서 해 줄 거야."

가정주부 예스맨은 늘 이런 결정을 내린다. "그이가 하기로 했지만 그냥 내가 해야겠다."

예스맨 학생은 함께 강의 듣는 친구에게 자신도 모르게 이런 말을 날린다. "알았어. 내가 필기한 것 전부 복사해 줄게. 에이그, 어쩌다 강의에 빠졌니."

불쌍한 예스맨이여, 당신이 꼭 익혀야 할 말이 있다. 그건 바로 '아니오(No)'다. 난 이것을 '비타민N'이라고 부른다. 당신은 이 약을 아주 다량으로, 그리고 꾸준히 복용할 필요가 있다. 'No'가 입에서 안 나오면 대신 이렇게 말하자. "생각해 볼게." (즉석에서 결정 내리기 전에 일단 생각할 시간을 번다.) 그리고 귀갓길에 신호대기로 정차할 때마다 룸미러를 보며 수십 번 수백 번 연습하자. "싫어. 못 해. 안 해. 안 되겠어." 집에 도착할 때는 입이 잘 길들어 있을 거다. 그럼 입이 다시 굳기 전에 지체 없이 전화기를 들고 말하자. "안 되겠어. 이번에는 아무래도 못 도와줄 것 같아. 하지만 나한테 물어봐 줘서 고마워." 당신은 항상 선뜻 도와주는 사람이었기에, 전화기 너머에서 잠시 어리둥절한 침묵이 흐를 것이다. 당신도 자신이 그런 말을 했다는 사실에 잠시 얼떨떨할 것이다.

하지만 이것이 결과적으로 당신에게 그리고 당신이 사랑하는 사람들에게 좋은 일이 된다. 그리고 그 결과 본인에게 투자할 시간을 벌었다면 금상첨화다.

생각만 하지 말고 한번 해 보자.

절이 싫으면 중이 떠나!

지배자형 맏이는 '절이 싫으면 중이 떠나라'는 식의 인생관을 가지고 있다. 이런 맏이는 자기가 아는 것이 전부고, 자기 방식 외에 다른 방식은 없다. 이들의 인생철학은 "나는 주도한다. 고로 존재한다."다. 이들은 신기하게도 항상 정답을 알고 있고, 따라서 다른 사람의 의견을 들어주고 수렴해 줄 마음이 없다. 그래 봐야 시간 낭비일 뿐이니까.

지배자형 맏이에겐 이미 계획이 전부 짜여져 있다. 행여 다른 사람들의 생각을 묻는다면 그것은 그저 예의상 절차일 뿐이다. 지배자 맏이의 마음속 깊은 곳에는 자신이 다른 누구보다 똑똑하며 무엇을 해도 잘해낼 수 있다는 믿음이 자리 잡고 있다. (물론 그 믿음이 사실인 경우도 많다.) 하지만 이런 사고방식으로 인간관계를 고려치 않고 밀어붙이는 성향은 종종 본인에게 악영향을 미친다. 회사는 인간관계로 이루어져 있다 해도 과언이 아니다. 회사의 목표는 협업이 가능한 훌륭한 사람들을 모으는 것이다. 가정도 마찬가지다. 독재자가 있는 가정은 건전하게 유지될 수 없다. 가족 구성원 모두 '계획'에 동참하고 발언권을 가질 필요와 자격이 있다.

지배자형 맏이들이여, 이 점을 기억하자. 설사 당신이 인생이라는 냄새나는 거름더미 꼭대기에 올라앉아 있더라도, 인생을 당신과 다르게 바라보는 사람들의 체취도 맡을 줄 알아야 한다.

당신이 특별히 잘난 체하지 않아도 사람들은 이미 당신을 경외의 눈길로 바라본다. (때로는 당신에게 기가 죽는다.) 당신의 추진력과 당신이 달성한 것들을 보라. 사람들 눈에 당신은 잔뜩 충전된 초강력 건전지다. 문제는 이 넘치는 힘을 어떻게 쓰느냐다. 그 에너지를 어디에 풀 것인가? 사려와 분별력이 없으면 그 에너지는 독이 된다. 남을 짓밟고 올라서는 방법으로는 결코 길게 승리할 수 없다. 하지만 사람들과 나란히 뛰면서 사람들에게 힘을 실어 주는 방식이라면 천하도 재패할 수 있다. 바로 이런 이유로 당신 주위에는 당신과 다른 사람들이 포진해 있어야 한다. 당신이 기업의 리더일 때는 더욱 그렇다.

정말로 성공한 맏이들은 남을 으쓱하게 만들어 줄 줄 아는 인물들이다. 빌 코스비가 그런 맏이 중의 하나다. 언젠가 전(前) 오클라호마 주지사 프랭크 키팅Frank Keating의 초대를 받아 실내경기장을 가득 메운 관중 앞에서 연설을 한 적이 있다. 같은 행사에 빌 코스비도 초대되었다. 사실 나는 코스비의 본 공연을 위한 분위기 조성용 강사였다.

이날 나는 무대 뒤에서 35분 동안이나 빌 코스비와 단둘이 대화를 나눌 기회를 가졌다. 우리는 인생 전반에 대한 얘기를 나눴다. 코스비는 당시 사회 이슈에 대한 내 의견을 경청했고 나는 그 점에 감명받았다. 그리고 흑인 사회에 대한 코스비의 각별한 마음이 내 가슴에도 절절히 전달되었다. 나는 부푼 마음으로 그와 헤어졌다. '정말 근사한 시간이었어. 저 사람은 나를 중요한 사람으로 만들어 줬어.'

빌 코스비는 맏이 특성을 자신의 장점으로 만들 줄 알았다. 그는 연설에서 사회문제와 교육문제를 논했고, 특히 흑인 교육 수준의 향상을 강력히 주장했다. 그는 세상을 더 나은 곳으로 바꾸고자 하는 열정을 보여 주었다. 코스비의 발언은 많은 비판을 부르기도 했다. 하지만 위대한 리더치고 비판을 피해 간 사람은 없다.

제4장

맏이 성격은 어디서 왔나

> 맏이들은 태어나는 날부터 주도권을 잡는다.
> 앨범만 해도 맏이의 앨범이 가장 두껍다.
> 맏이는 그 뒤에 태어나는 아이들에게 기준이 된다.

자궁 안에서도 바깥소리에 반응하다. 생후 6개월, 걷기 시작하다. 첫 돌도 되기 전에 완벽한 문장으로 말하다. 두 돌 때 외국어를 습득하다. 세 살 때 자기 이름을 정확히 쓰다. (성과 이름 모두.) 네 살 때 악기를 배우다. 다섯 살에 이미 노래와 뜨개질과 춤에 천재적 소질을 보이다. 여섯 살 때 동생들을 돌보다. 일곱 살 때는 이웃집 애들도 돌보다. 여덟 살 때 사진 앨범이 벌써 세 권에 이르다. 아홉 살 때는 어른에게 "뭘 해도 될 녀석이야."라는 말을 듣다. 그리고 열 살 때 장차 세상을 지배할 작정이라고 천명하다.

당신은 예쁘고, 똑똑하고, 재능 있고, 나이답지 않게 현명하다.

당신은 사랑하고 또 사랑받는다. 당신은 모든 것을 시도하고 또 하는 것마다 잘한다.

이것이 세상 모든 맏딸의 공통된 역사다.[1]

_로라 카터, '맏이로 태어난 여자들의 모임' 창립자

'맏이로 태어난 여자들의 모임'이 출범 2년째에 접어들던 해, 나는 버지니아에서 열린 행사에 연사로 초청받았다. 그때의 즐거운 경험은 영원히 잊지 못할 것 같다. 나는 그렇게 에너지 넘치는 청중은 처음 보았다. 그 여성들 모두 각자의 영역에서 실력자요 거물이었다. 회원들이 모두 여성 CEO라는 뜻은 아니다. 하지만 모두 성취하는 사람들이었다. 이 모임의 미션은 '맏이 여자 특유의 방식으로 세상에 기여하고, 그것을 기념하고 축하하는 것'이다. 이들은 함께 웃고, 함께 나누고, 공동의 우선순위를 찾는 데 매진한다. 이들이 이구동성으로 부르짖는 것은 "각자의 스케줄에 개인시간과 노는 시간을 확보하자."였다. 그러면서도 그런 일은 영영 쉽지 않을 거라고 했다. 나도 깊이 고개를 끄덕였다.

내 주변에도 맏이들이 꽤 있다. 우리 누나 샐리도 그중 하나다. 누나는 은행에 가면 비치된 브로슈어들을 똑바로 정리한다. (내 눈으로 직접 봤다. 거짓말이 아니다.) 내 아내 샌디도 맏이다. 내 아내는 지저분한 걸 보면 새벽 2시에도 식당 샹들리에 먼지를 털어야 직성이 풀린다. 그리고 내 비서 데비도 맏이다. 그녀가 아니었으면 나는 강의를 수락해 놓고 까먹기를 밥 먹듯 했을 거다.

막내인 내게 맏이 여자들은 정말 소중한 존재들이다. 언젠가 아내가 내게 말했다. "나라고 어떻게 항상 옳겠어? 다만 당신보다 나을 뿐이지." 반박의 여지가 없다. 확실히 아내가 나보다 낫다.

맏이는 태어난 첫날부터 성공할 사람으로 길러진다. 맏이의 인생에는 융통성과 즉흥성이 차지할 자리가 별로 없다. 그리고 그 모든 것은 엄마아빠의 '실험용 쥐' 노릇을 하던 시절에서 비롯되었다.

맏이의 탄생

맏이가 가족에서 차지하는 위치는 특별하다. 맏이는 가장 먼저 태어났거나 유일하게 태어난 아이다. 맏이와 부모 사이에는 아무런 완충장치가 없다. 즉, 양친이 다 있는 가정의 경우 맏이는 엄마아빠의 관심을 양쪽에서 전폭적으로 아무런 경쟁 없이 받는다. 적어도 동생이 태어나기 전까지는 그렇다. 맏이들이 어른들 틈에 있는 것을 편안하게 느끼는 것도 무리가 아니다. 맏이는 형제간 경쟁이 존재하기 전부터 그 집에 존재했다.

> 맏이는 태어난 첫날부터 성공할 사람으로 길러진다.

맏이는 부모가 가장 많은 시간을 투자하는 아이다. 최근 브리검 영 대학 Brigham Young University에서 시행한 출생순서 연구에 따르면, "4세에서 13세까지 맏이가 부모와 보내는 시간은 다음에 태어난 아이에 비해 3,000시간 더 많다."[2]

이처럼 맏이는 처음부터 집중적인 관심을 받는다. 엄마아빠는 맏이가 처음 웃은 날(또는 처음 방귀 뀐 날)부터 시작해 처음 몸을 뒤집은 날, 처음 걸음마를 한 날, 처음 말한 날과 처음 학교에 가던 날까지 공

> **맏이 만들기**
> - 아이에게 모든 관심을 집중한다.
> - 당신의 모든 것을 아이 위주로 조정한다.
> - 성장발달 단계상의 모든 관문, 예컨대 몸 뒤집기, 일어나 앉기, 첫 걸음마 등등을 호들갑스럽게 반기고, 불필요할 만큼 자세히 기록한다.
> - 침 흘리지 않고 웃은 것 등 아주 사소한 것이라도 아이가 해낸 모든 일을 극성스럽게 칭찬한다.
> - 아이를 슈퍼스타처럼 대우한다.

들여 세세히 기록한다. 아무리 시간이 없어도 잠자리에서 책을 읽어 주고, 열심히 놀아 준다. 맏이의 기특한 짓은 무엇이든 요란하게 박수 받고 사진과 동영상으로 길이 남는다. 그뿐인가? 맏이는 엄마아빠뿐 아니라 할머니할아버지의 사랑까지 듬뿍 받는다. 특히 첫 손주고 조부모가 가까이 살면 더 말할 것도 없다.

맏이가 하는 것은 무엇이든 중대사건이다. 날짜별, 사건별로 차곡차곡 모인 사진들로 앨범이 터져 나간다. (셋째아이는 보물상자 대용으로 쓰는 구두상자 안에 자기 사진 몇 개만 굴러다녀도 다행이다.)

모든 것이 새롭고 신기한 부모는 맏이에게 과잉반응을 보인다. 칭찬도 유난스럽다. "오오, 저것 봐. 혼자 응가 하러 갔어!" (반면 셋째아이가 용변을 가릴 때는 "물 내리는 거 까먹지 마!"라고 외치는 걸로 땡이다. 이때쯤 부모는 응가 하러 가는 것이 대수로운 일이 아니라는 것을, 아이가 그 정도 컸으면 당연한 일이라는 것을 깨닫고도 남는다.)

> 맏이가 하는 것은 무엇이든 중대사건이다.

맏이가 두 살 때 처음 종이에 검은 펜으로 그

림을 그린다. 그 그림은 냉장고 문 한가운데에 오랫동안 자랑스럽게 붙어 있다. (간질 발작 중인 메뚜기 같은 그림이지만 그건 별로 중요하지 않다.) 하는 일마다 대대적인 환영을 받기 때문에 맏이는 이런 생각을 가지고 자라게 된다. 내가 하는 건 다 중요해. 난 뭐든 근사하게 해내야 해. 그래야 내 가치가 증명돼.

맏이가 처음으로 피아노 연주를 해내면—그것이 비록 '반짝반짝 작은 별'일지라도—부모는 자식이 마에스트로라도 된 것처럼 흥분한다. 반면 3년 후 여동생이 독주곡을 소화하면 부모는 한숨을 쉬며 "큰애 때가 생각나네."라고 할 뿐이다.

맏이는 부지불식간에 기준이 된다. 부모는 맏이를 기준으로 아이의 개념을 잡는다. 둘째가 태어났을 때 맏이와 딴판인 것을 알고 엄마아빠가 황당해하는 이유가 여기에 있다. 그렇다면 둘째는 왜 맏이와 딴판인 걸까?

가정을 연극에 빗대어 보자. 맏이는 주인공이다. 맏이는 한동안 단독 주연으로 무대를 독차지했다. 그러다 조연남우나 조연여우가 등장한다. 때로는 한꺼번에 두세 명이 등장하기도 한다. 맏이가 이미 스타의 입지를 단단히 굳힌 상태라면 뒤에 오는 조연배우가 주연 자리를 빼앗을 가능성은 매우 낮다. (출생순서에 중요한 영향을 미치는 부모의 '비판적 시선' 변수가 무대에 개입하지 않는다면 그렇다. 이 점에 대해서는 6장에서 설명한다.) 그렇다면 조연배우는 어떤 역할을 할까? 이들은 완전히 다른 역할을 한다. 이들이 무대에서 박수 받고 독자적 위치를 확보할 방법은 그 방법밖에 없기 때문이다.

이러니 한 집의 첫째와 둘째가 하늘과 땅 차이인 것은 당연하다.

지미 카터$^{Jimmy\ Carter}$(제39대 미국 대통령)와 빌리 카터만 해도 그렇다. 진지하고 학구적이고 언제나 기대 이상을 해내는 장남 지미는 결국 미국 대통령의 자리에 올랐다. 반면 동생 빌리는 엄청난 맥주 주량과 무례하고 즉흥적인 발언으로 유명했다. 빌리는 어느 모로 보나 진지함과는 거리가 있는 사람이었다. 그리고 애석하게도 일찍 세상을 떠났다.

맏이의 특권

맏이는 첫째로 태어난 덕에 처음부터 여러 가지 특혜를 누린다. 꼬마 시절부터 맏이는 규칙을 만들고 부모는 이에 따른다. 이때의 부모는 어설프고 뭘 몰라서 다음과 같은 요상한 규칙에도 찍소리 못하고 복종한다.

- 나는 빨간 컵으로만 마신다. 파란 컵은 안 된다. 내가 먹을 샌드위치는 반드시 식빵 가장자리를 잘라내야 한다.
- 스파게티 소스는 스파게티와 절대 섞여서는 안 된다.
- 내 베개와 동물인형을 침대 가장자리에 빠짐없이 정렬해야 한다. 그러기 전엔 자지 않겠다.
- 나는 취침 전에 꼭 물을 마신다. 이때 물은 꼭 부엌 수도꼭지에서 받은 물이어야 한다. 화장실 수도꼭지 물은 허락되지 않는다.

이처럼 맏이는 삶과 세상에 자신만의 확고한 틀을 만들어 적용시킨다. 거기다 부모는 육아에 신참이고 집중할 아이가 맏이 하나뿐이라서, 아이의 성격을 하나에서 열까지 다 받아주는 우를 범한다. 당신이 첫아이를 낳은 부모라면 누구보다 뼈저리게 느낄 것이다. 본인의 어린 시절을 반대 입장에서 고스란히 다시 겪고 있을 테니까.

엄마아빠의 관심을 집중적으로 받는 것은 멋진 일이다. 맏이는 다른 아이와 달리 항상 새것만 가진다. 새 옷, 새 장난감……. 하지만 맏이로 자라는 것이 항상 즐거운 것은 아니다. (특히 비판적인 부모를 둔 맏이에게는 더욱 그렇다. 이 점에 대해서는 6장에서 자세히 논하기로 한다.)

맏이의 고충

맏이에게는 특권만큼이나 고충도 많다. 동생이 태어나면 엄마아빠와 할머니할아버지, 심지어 모르는 사람들까지 묻기 시작한다. "아유, 이제 형 됐네? 동생 생겨서 좋아? 좋아?" 이때 정상적인 맏이라면 이렇게 대꾸할 것이다. "당연히 싫지. 걔 때문에 잘 돌아가던 세상이 엉망이 됐어. 엄마아빠는 더는 내게 관심도 없어. 애기 기저귀 가는 거 도와달랄 때 아니면 돌아보지도 않아." 맏이는 유일한 아이에서 갑자기 더 나이 많은 아이가 되고, 심부름꾼이나 기저귀 갈기 보조로 전락한다. 태어나던 날부터 무대의 스타로 군림했던 아이에게는 참으로 쓰라린 일이 아닐 수 없다.

> 맏이는 유일한 아이에서 갑자기 더 나이 많은 아이가 되고, 심부름꾼이나 기저귀 갈기 보조로 전락한다.

맏이는 자신의 틀이 확고하기 때문에, 가족 사이에 부정적인 일이 있을 때 가장 크게 영향을 받는다. 맏이는 익숙해져 있던 생활과 관계의 일상적 흐름이 깨지는 것을 잘 견디지 못한다. 예를 들어 부모가 싸우면 맏이가 가장 큰 상처를 받는다. 태어나서 지금까지 맏이의 롤모델은 부모밖에 없었기 때문이다. 한편 동생들은 무슨 일이 있을 때 가장 먼저 맏이를 쳐다보고 맏이의 반응을 살핀다.

고충은 그뿐이 아니다. 집에 시킬 일이 있을 때 엄마아빠가 맡아 놓고 부르는 게 누구일까? 분명히 막둥이는 아니다. 막둥이는 요리조리 빠져나가기 바쁘고, 이를 위한 각종 기술과 잔머리로 무장한 존재다.

동생들이 태어나면서 맏이에게 갑자기 책임이 부여되기 시작한다. 코흘리개 동생들을 돌보는 일이 맏이 몫으로 떨어진다. 그러니 맏이는 자연히 "인생은 불공평해."를 외친다.

당신이 맏이라면 다음 말들이 익숙할 것이다.

맏이들이 늘 듣는 말

- "쟤는 동생이니까 상관없지만, 넌 형이잖아."
- "동생도 데려가."
- "동생이 말썽 부릴 때 넌 뭐하고 있었니?"
- "네가 그러면 애들이 뭘 보고 배우겠어?"
- "네가 이 정도일 줄은 몰랐다."
- "대체 언제 철들래?"
- "걔는 너보다 어리잖아. 네가 잘했어야지."

맏이들이 늘 하는 말

- "왜 쟤는 맨날 아무것도 안 하고 놀아?"
- "쟤는 왜 그냥 봐줘?"
- "내가 그랬을 때는 못하게 했으면서."
- "내가 왜 쟤를 달고 가야 돼? 쟤는 집에 있으라고 해."
- "내가 그랬어 봐. 평생 외출 금지당했을 거야."
- "엄마, 쟤 좀 내 방에서 나가라고 해. 제발."

이 말들이 귀에 설지 않다면 당신은 맏이다.

생색 안 나는 일

세상에는 위험하고 힘들지만 생색 안 나는 일이 많다.

국민은 범죄로부터 보호받을 권리가 있다는 믿음 하나로 매일 생명의 위험을 무릅쓰는 경찰관들을 보라.

다른 사람의 목숨을 살리겠다는 일념으로 본인의 안위는 아랑곳없이 불길에 휩싸인 건물로 뛰어드는 소방관은 또 어떤가.

어두운 지하 광산에서 석탄을 캐는 광부도 마찬가지다.

이분들에 대한 존경과 감사의 마음은 아무리 강조해도 모자랄 것이다.

그런데 생색 안 나는 일을 하는 사람이 비단 경찰관과 소방관과 광부 아저씨만은 아니다. 집집마다 가장 고달프게 사는 사람의 설움도 이에 못지않다.

아빠 얘기를 하는 것이 아니다. 가장 노릇이 힘들다는 것은 잘 안다. 하지만 아빠는 아니다. 엄마 얘기를 하는 것도 아니다. 엄마가 가족을 하나로 묶는 접착제 역할을 하느라 정말 피곤한 것은 사실이다. 하지만 엄마도 아니다.

가족 중에 가장 고달픈 사람은 바로 맏이다.

맏이들은 내 말에 절절히 동감할 것이다. 맏이는 모두에게 완벽한 본보기로 평생 각광 받으며 산다. 맏이는 세상을 정복할 열정을 품고 사는 게 어떤 것인지, 또는 평생 그런 열정을 품고만 살다가 죽는 게 어떤 것인지 누구보다 잘 안다. 그런데 이런 열정이 어디서 오는 걸까? 그게 모두 높은 기대치에 부응해야 하고 역량 이상을 해내야 하는 부담을 받으며 산 까닭이다.

마당 잔디를 깎는 아이도, 가을에 낙엽 쓰는 아이도 모두 맏이다.

상시 대기 무료 베이비시터로 봉사하는 사람은? 맏이.

엄마를 도와 식탁을 차리고 저녁마다 설거지할 가능성이 가장 높은 아이는? 맏이.

꼬마 적부터 쓰레기를 내놓고, 대학에 진학해서도 방학이 되어 집에 내려오면 여전히 쓰레기를 내놓는 사람은? 역시 맏이.

일반적으로, 집안일 중 가장 궂은일을 맡는 아이는 맏이다. 나이가 가장 많다는 이유만으로 독립해서 집을 떠날 때까지 힘든 일만 골라 한다. 그건 약과다. 세상 모든 맏이가 치를 떠는 것, 그건 바로 일이 끝없이 늘어난다는 거다.

동생이 태어나면 어떻게 될까? 동생에게 인수인계할 때가 되었다고 생각했다면 그건 형의 착각이요, 환상이다. 그런 일은 일어나지 않는다. 한번 할당된 일은 평생 간다. 그 일을 시키려고 또 다른 코흘리개를 '훈련'시킬 마음이 없는 부모의 게으름도 한몫한다. 불공평한 일이다. 동생이 아무리 철부지 막내라 해도, 뒷마당 개똥을 퍼서 울타리 너머 이웃집 마당으로 살짝 날리는 것쯤 녀석도 충분히 할 수 있지 않은가.

맏이가 어른이 돼서도 남보다 일이 많은 것은 신기한 일이 아니다. 맏이는 일복을 타고났다.

다음의 두 상황을 보자. 집집마다 흔히 일어나는 상황이다.

상황1

저녁 식탁에서 맏아이 매기가 동생 제이크를 지켜본다. 꼬마 제이크가 삶은 콩을 멀찍이 밀어 놓는다.

"우웩. 안 먹어."

엄마가 한숨을 내쉰다. "그래. 먹기 싫으면 먹지 마."

매기는 입은 꾹 다물고 있지만, 도저히 이해가 안 된다. 삶은 콩을 다 먹을 때까지 한 시간이나 식탁에 붙잡혀 있어야 했던 자신의 지난날이 떠오른다.

상황2

맏이 카일은 여동생이 나오는 유치원 재롱잔치에 갔다. 카일은 어른들에게 배운 대로 꼿꼿이 앉아 있다. 반면 막둥이 메건은 지겨워서 몸을 배배 튼다. 그러더니 크레용을 관람석 너머로 던지고, 배를 깔고 미끄럼을 타더니 이제는 그림을 그리기 시작한다. 카일은 엄마를 쳐다본다. 곧 엄마에게서 불벼락이 떨어지겠지?

그런데 엄마는 막내가 어쩌고 있는지 신경도 안 쓴다.

카일은 예전에 자신에게 날아오던 소리를 떠올린다. "똑바로 앉지 못해." "집중해." "동생 좀 챙겨." "구부정하게 그게 뭐야."

이러니 맏이들이 자라서 놀라운 체계성과 성취도를 보여 주고 사회의 기둥이자 조직의 대들보가 되는 것은 당연한 일이다. 이들에게는 다른 것이 허락되지 않았다.

위험한 기대

맏이에게는 동생들에게 없는 특별한 것이 있다. 나는 그것이 맏이들이 어린아이로 오래 머무를 수 없는 현실과 무관하지 않다고 생각한다.

이런 상황을 생각해 보자. 맏이가 태어나고 3년 후 남동생이 태어났다. 그러자 부모는 어린 딸을 갑자기 다 큰 아이 취급한다. 맏이에 비해 젖먹이 동생은 작고 약하기 짝이 없으니까.

3년이 더 흘렀다. 맏이는 이제 완전히 어른 취급을 받는다. 하지만 세 살배기 남동생은 아직도 아기 대접이다. 부모들은 맏아이를 실제보다 성숙하게 보는 경향이 있다. 그리고 빨리 자라기를 바란다.

부모가 맏이에게 바라는 것은 그것만이 아니다. 맏이는 폭풍 기대를 받는다. 맏이는 뒤이어 태어나는 동생들에게 모범이 되어야 한다. 맏이는 형제 중 가장 똑똑하고 가장 의젓하고 가장 잘생기고 가장 분별 있고, 가장 힘세고……. 아무튼 최고의 자식이어야 한다. 그러나 기대를 많이 받으면 기대에 못 미칠 확률도 높아진다. 부모에게 가장 기대에 못 미친 자식을 대라면 중간아이나 막내가 아니라 주로 맏이다. 놀랄 일도 아니다.

맏이는 어릴 때 받은 기대 때문에 스스로에 대한 기대치가 높다. 이런 내면화된 기대치는 어른이 된 후에도 맏이의 삶에 속속들이 영향을 미친다.

맏이들은 목표지향적이고, 체계적으로 움직인다. 이들은 어디로 갈지, 거기까지 어떻게 갈지, 거기 도착하는 데 얼마나 걸릴지 알고 있다.

> 부모들은 맏아이를 실제보다 성숙하게 보는 경향이 있다. 그리고 빨리 자라기를 바란다.

그게 나쁜 걸까? 천만에, 그렇지 않다. 하지만 맏이가 부모의 기대에 부응하지 못하는 패배감을 느끼기 시작하면 그때는 문제가 된다. 비현실적인 기대치의 부작용은 맏이를 평생 따라다닌다.

맏이들은 완벽주의자다. 어릴 적부터 따라다니는 높은 기대치 때문에 완벽주의는 맏이의 성격으로 굳어진다. 그런데 '완벽주의'와 '실패한 완벽주의' 사이에는 엄연한 차이가 있다. 당신은 둘 중 어느 쪽인가? 다음의 '당신은 어떤 종류의 완벽주의자인가?' 설문에 답해 보자. 설문의 결과를 알아야 다음 이야기를 할 수 있다.

당신은 어떤 종류의 완벽주의자인가?

1. 운동장 확충 비용을 조사해서 다음번 주민반상회 때 조사 결과를 구두로 발표해 달라는 부탁을 받았다. 당신은?
(a) 다음 반상회에 맞춰 무사히 소견서를 작성할 수 있을지 당장 걱정이 앞선다.
(b) 내용을 잘 아는 사람을 못 찾거나 제대로 된 견적서를 확보하지 못할까 봐 불안하다.
(c) 그런 일에 적임자로 인정받은 것을 뿌듯해하며 당장 작업에 착수한다.

2. 한잔하려고 친한 친구 집에 들렀는데 친구가 "정말 미안하지만 지금은 너무 바빠서 얘기할 시간이 없어."라고 했다. 당신은?
(a) 내가 친구에게 뭘 잘못했는지 생각한다.

(b) 화가 난다. 친구가 평소 날 어떻게 생각하는지 보여 주는 일이다.
(c) 친구에게 진심으로 괜찮다고 말한다. 그리고 시간 나면 전화하라고 말한다.

3. 회사에 15분 늦었다. 당신은?
(a) 내가 사무실에 늦게 들어오는 것을 모두 보았다. 지금쯤 뒤에서 수군대고 있을 거다.
(b) 곧장 상사의 사무실에 들어가서 잘못을 고백하고, 아침에 몇 분 놓친 것을 보충하기 위해 점심시간에도 일한다.
(c) 누구나 가끔은 교통체증의 희생자가 될 수 있다고 생각하고 다음에는 늦지 않도록 조심하자고 다짐한다.

4. 가계부(또는 금전출납부)를 적는데 15센트가 빈다. 당신은?
(a) 비는 15센트의 행방을 찾고야 말겠다는 각오로 몇 시간이라도 가계부와 씨름한다.
(b) 15센트에 매달리는 것은 부질없다고 판단한다. 하지만 대체 어디서 실수가 생겼을까 궁리하며 밤을 새운다.
(c) 15센트에 매달리는 것은 부질없다고 판단한다. 그리고 신경 끊는다.

건전한 완벽주의자인가, 실패한 완벽주의자인가

이 둘의 차이는 무엇일까? 건전한 완벽주의자는 탁월함을 추구하는 사람이다. 그런 사람은 매사 할 수 있는 최선을 보여 주려 노력한다. 그러기 위해 가진 능력을 아낌없이 발휘한다. 그리고 최선을 다했다는 판단이 들면 결과에 만족한다.

반면 실패한 완벽주의자는 자신이 한 일에 결코 만족하지 못한다. 잘해도 더 잘하지 못한 것을 한탄한다. 그리고 의욕을 잃고 패배감에 사로잡힌다.

천재 예술가 레오나르도 다 빈치도 일종의 좌절형 완벽주의자였다. 그는 스스로를 이렇게 평가했다. "나는 수준미달 작품으로 신과 인류에 폐를 끼쳤다."[3] 〈모나리자〉와 〈최후의 만찬〉 등의 수많은 걸작을 남기고 믿지 못할 예술적 업적을 쌓은 불세출의 천재 입에서 나온 말이다. 믿어지는가?

이제 설문 결과를 살펴보자. 답변 중 주로 a나 b가 많다면 당신은 실패한 완벽주의자일 가능성이 농후하다. c가 주로 많이 나왔다면 당신은 완벽하려 노력하며 자부심을 느끼는 사람이다. 이제 실패한 완벽주의자의 문제를 알아보자.

문제 1

실패한 완벽주의자는 노심초사의 세계 챔피언이다. 이들은 오지 않은 재앙과 실패를 지레짐작하고 미리 걱정한다. 이들은 시험 보고 나오면서 "난 떨어졌어."라고 말하는 사람들이다. 이들은 기대에 못 미치는 것이 두려워 이렇게 생각한다. 내가 먼저 나를 헐뜯으면 다른 사람들은 안 그러겠지. 이들에게 최대의 적은 바로 자기 자신이다.

문제 2

실패한 완벽주의자는 불필요한 언외의 뜻을 읽고, 있지도 않은 남의 의중을 파악하는 데 선수다. 하지만 그 능력으로 얻는 것은 끊임

없이 퇴짜 맞고 무시당하는 느낌뿐이다.

문제 3

실패한 완벽주의자의 가장 큰 취미는 본인의 실수와 결점을 확대경으로 들여다보는 것이다.

문제 4

실패한 완벽주의자는 미련을 버리고 넘어가야 할 때를 알지 못한다. 이들은 몇 시간씩 별것 아닌 문제에 괴로워하며 진을 뺀다. 모든 것을 완벽하게 해내야 직성이 풀리기 때문이다.

본인이 실패한 완벽주의자라는 결론이 나왔는가? 하지만 희망은 있다. 본인의 기대치나 남들의 기준에 맞추려 애면글면하지 말자. 인생의 자잘한 비일관성과 본인의 사소한 결점을 받아들이는 법을 익히고, 언제나 느긋하게 웃는 훈련을 하자.

그에 앞서 할 일이 있다. 당신이 어떤 종류의 완벽주의자 게임에 중독돼 있는지부터 파악해야 한다.

당신은 어떤 게임을 벌이고 있는가?

미리엄 애더홀트 엘리엇Miriam Adderholdt-Elliott 박사의 저서『완벽주의(Perfectionism)』에 따르면, 완벽주의자 맘이는 스스로를 상대로 여러

가지 게임을 벌인다.[4] 당신은 다음 중 어떤 위험한 게임을 벌이고 있는가?

조울증 게임

최근의 성공이나 실패에 따라 기분이 좌우된다. 상관이 보고서가 훌륭하다고 칭찬하면 세상을 다 얻은 듯 기분이 째진다. 하지만 개선의 여지가 있다는 말을 들으면 비참한 기분이 되어 깊고 어두운 절망의 나락을 헤맨다.

숫자 게임

하는 일의 질보다는 양으로 자신의 가치를 따진다. 최선을 다하지 못해 번번이 질적으로 아쉬운 결과를 내면서도, 이 과제 저 과제 허둥지둥 옮겨 다니며 수적으로 많은 일을 한다는 사실에서 자기존재감을 확보하려 한다.

망원경 사고방식

할 일을 망원경으로 들여다본다. 그 때문에 과제들이 실제보다 훨씬 거대해 보인다. 반면 자신이 이미 해결한 일을 볼 때는 망원경을 거꾸로 뒤집어서 들여다보기 때문에 성과들이 몹시 자잘해 보인다.

지레 걱정하기

일을 성공적으로 해냈다. 하지만 그러면 뭐하나? 당신은 한가하게 앉아서 자축할 시간이 없다. 다음에 닥칠 일들을 걱정하느라 너무나 바쁘기 때문에.

과거에 연연하기

오지 않은 미래를 걱정하지 않을 때는 과거의 실패를 되새김질한다. 왜 더 잘하지 못했을까? 그러면서 '만약' 게임에 빠져든다. '만약 더 열심히 공부했더라면…….' '만약 조금만 더 애를 썼더라면…….'

일중독

기분전환이나 재충전은 나중에 시간 나면, 일단 목표한 것을 이루고 나면 그때 하기로 한다. 가족과 함께 시간을 보낼 수도 있지만, 지금은 이 프로젝트에 매진하는 것이 급선무다.

하지만 솔직해지자. 물론 인생을 즐기는 것과 가족과 시간을 보내는 것을 잠시 뒤로 미루고 일부터 끝내야 할 때도 있다. 하지만 완벽주의자인 당신은 예외 없이 항상 일이 우선이다. 한 가지 일이 끝나면 다음 일이 기다리고 있기 때문에 자기 자신을 위해서, 또는 가장 소중한 사람들을 위해 시간을 내기란 영원히 어렵다.

제대로 할 때까지

"제대로 될 때까지 계속 할 수밖에 없어." 하지만 보고서를 백 번 고쳐 써도 당신의 성에 찰 만큼 완벽한 보고서는 절대 나오지 않는다. '괜찮아 보일 때까지' 온종일 정원을 깎고 다듬지만 정원은 영원히 괜찮아지지 않는다. 당신은 만족을 모르고, 그런 당신이 세운 기대치에 부합할 방법은 세상 어디에도 없다.

모 아니면 도

모든 것에 최고가 아니면 결코 만족할 수 없다. 당신은 지역 축구팀 주장이고, 지역 관현악단에서 수석 플루트 연주자로 활약하며, 올해의 교사에 선정되었고, 집을 먼지 하나 없이 깔끔하게 유지하고, 모두가 부러워하는 자녀를 셋이나 두었다. 하지만 학부모회 회장 선거에서 다른 집 엄마에게 졌다는 이유로 당신은 자신을 세상에서 제일 못난 패배자로 만든다.

당신은 이 게임 중 몇 가지에나 발을 담그고 있는가? 각각의 게임에 10점을 주고 자신의 점수를 모두 더해 보라.

점수가 높다고 좋은 게 아니다. 다음의 채점표를 보고 자신의 상태를 파악하자.

70~80점: 당신은 실패한 완벽주의자의 전형이다.
50~60점: 당신도 불필요한 위궤양을 부르는 사람이다.
30~40점: 당신은 맏이치고 양호한 편이다. 하지만 더 분발하자.
10~20점: 누구라도 게임 한두 가지는 한다. 이 정도면 무사하다.
0점: 당신은 외계인이거나 거짓말쟁이다.

완벽주의는 당신의 무기인가, 족쇄인가? 타이거 우즈나 빌 코스비처럼 탁월함을 추구하는 맏이는 무엇이든 하는 일에 최선을 다하고 확실히 마무리짓는다. 반면 실패한 완벽주의자는 "나는 아무리 해도 안 돼."라는 패배감에 빠져 하루하루를 보내거나, 너무 조심하고 분석만 하는 나머지 영영 앞으로 나아가지 못한다.

　맏이는 완벽주의자로 태어나고 길러진다. 높은 기대를 받고 자란 까닭에 스스로에 대한 기대치가 높다. 이런 자기 기대치는 어른이 된 후에도 삶의 짜임새와 모양새에 두루 영향을 미친다. 그뿐 아니다. 맏이는 부지불식간에 주변사람들에게도 똑같이 높은 기대치를 적용한다. 가정과 직장에서는 물론이고 퇴근 후 다니는 학원에서도, 딸아이 학부형 모임에서도, 친구들과 저녁 먹을 때도 마찬가지다. 어릴 적부터 내면화된 깐깐한 잣대는 때와 장소를 가리지 않고 작동한다.

　하지만 이런 높은 기대치의 볼모로 잡혀 살 필요가 없다. 출생순서의 영향을 제대로 이해하고 잘 활용하면, 맏이로 타고난 성격 특성이 당신의 인생에 천군만마가 되어 줄 것이다.

제5장

맏이를 사려면 어디로 가야 하나요?

> 맏이가 타고나는 역량은 살 수도, 따로 가르칠 수도 없다.
> (할 수 있다 해도 쉽지 않다.) 맏이의 역량은 천부적이다.
> 그런 맏이가 균형까지 갖추면 그야말로 천하무적이다.

'맏이로 태어난 여자들의 모임' 창립자 로라 카터는 이렇게 말한다. "맏이들에겐 확실히 뭔가 특별한 것이 있어요. 우리가 다 외향적인 것은 아니에요. 우리가 여성 CEO 클럽도 아니고요. 다만 기준이 높고 목표를 크게 잡는다는 공통점이 있죠."[1]

사실이다. 내가 아는 맏이들 모두 감히 범접하기 어려운 강적들이다. 우선 교장인 우리 집 맏딸 홀리는 유치반부터 고3까지 교과일정을 눈 하나 깜짝하지 않고 능숙하게 조정하고 관리한다. 나는 홀리 책상에 쌓인 서류더미와 책 무더기만 봐도 오금이 저린다. 나 같으면 일을 본격적으로 시작하기 전 자료정리만도 몇 년이 걸릴 것이다.

맏이로 태어난 내 아내 샌디로 말할 것 같으면 무슨 일이 닥쳐도 처리 방법을 본능적으로 아는 것 같다. 정확과 안목과 예술적 감각으로 집안 살림을 이끌고 자신의 골동품 가게를 운영한다.

우리 집 맏아들 케빈이 쇼 비즈니스 세계의 바쁜 일정을 소화하면서 작가와 감독으로 여러 창작활동을 추진하고 해내는 걸 보면 나는 그저 혀를 내두를 뿐이다.

내 꼬마 친구 카일라도 놀랍기는 매한가지다. 이 여덟 살배기는 엄마의 양념 찬장을 정리하고, 비발디 바이올린 협주곡을 연주하고, 피아노 앞에 앉아 아일랜드 무곡을 창작한다. 그런가 하면 『모비딕』을 30쪽이나 읽는다. 이 모든 것을 두 시간 안에 너끈히 해낸다.

나라면 그 두 시간 동안 탁자에 발 올리고 앉아서 지겹게 본 영화 〈쓰리 아미고The Three Amigos〉나 또 보고 있지 않으면 다행이다. (영화 자체는 좋은 영화다. 〈쓰리 아미고〉는 내가 제일 좋아하는 영화 중 하나다.)

내가 말하고자 하는 것은 이거다.

맏이들은 정리하고, 계획을 세우고, 목표를 달성하는 데 선수다. 이들은 산세가 어떻든 끝내 정상에 오른다. 그리고 어떤 조직체나 모임에서도 탁월한 리더십으로 두각을 나타낸다. 그리고 그런 자질은 숨긴다고 숨겨지는 것이 아니다.

이런 능력들이 맏이들을 특별한 존재로 만든다. 맏이는 군계일학이다.

'맏이로 태어난 여자들의 모임'도 이런 인식에서 탄생했다. 로라 카터는 친구 글로리아와 만나 점심을 먹곤 했다. 둘 다 맏이였기에 둘은 이 점심모임을 장난삼아 '맏딸 모임'으로 불렀다. 2년쯤 후 진이라는 여성이 자신도 맏이이며, 이 모임에 끼고 싶다고 했다. 로라와

글로리아는 장난을 좀 치기로 했다. 둘은 '맏이로 태어난 여자들의 모임'이라는 단체가 있는 것처럼 꾸미고 진을 '면담'하기로 했다. 다음은 그때 두 사람이 진에게 보낸 이메일 질문서다.

1. 본인이 남다르다는 것을 언제 처음 알게 되었습니까?
2. 처음으로 FBG^{First Born Girl}(맏딸) 행동을 드러낸 것은 언제였습니까?
3. 어릴 적 친구들은 귀하가 어떤 친구였다고 말합니까?
4. 배우자 되시는 분은 몇째로 태어나셨습니까?
5. 귀하는 본인이 어떤 사람이라고 생각하십니까?
6. 어떤 점에 동기유발이 됩니까?
7. 귀하의 맏딸과 맏손녀를 어떤 식으로 양육하셨습니까?
8. 다른 FBG들로부터 어떤 도움을 받고 싶으십니까?
9. 귀하는 FBG 모임에 어떤 기여를 할 수 있다고 생각하십니까?[2]

이것이 '맏이로 태어난 여자들의 모임'의 시작이었다. 맏이 여자는 어떤 사람들인가? 로라는 '맏이로 태어난 여자들의 모임(First Born Girls Club)'의 철자를 빌어 이렇게 설명한다.

Feisty 원기왕성하고
Independent 독립적이고
Rebellious 반항적이고
Smart 똑똑하고
Talented 재주 많고

Bossy 우두머리 체질이고

Organized 체계적이고

Resilient 지치지 않고

Nurturing 보살피는 것을 좋아하고

Gorgeous 눈에 띄고

Individualistic 독자적이고

Responsible 책임감 있고

Leaders 리더십 있고

Sassy 도도하고

Creative 창의적이고

Loving 자상하고

Understanding 이해심 많고

Brilliant 두뇌회전이 빠르다.³

그나저나 '맏이로 태어난 여자들의 모임'은 무엇을 하는 곳인가? 맏이로 태어난 여성들이 모여 맏이 특성이 본인과 주변에 어떤 기여를 할 수 있을지 탐구하는 곳이다. 로라는 모임의 시작에 대해 이렇게 말한다.

첫 번째 회합은 무슨 완벽주의자 치료 모임 같았어요. 그래서 완벽주의가 첫 번째 토의 주제가 됐죠. 모두들 좀 느긋해져야 한다는 데 동감했어요. 일부는 정규직 또는 시간제로 사회생활을 하는 사람들이었고, 일부는 자녀들이나 연로한 부모를 돌보는 전업주부들이었죠. 하지만 다들 지극히 바쁘게 산다는 점에서는 같았어요. 강제로 여가시간을 만들지 않으면 절대 쉬지 않을 사람들이었어요. 맏이는 노는 것에도 의미와 가치를 따져요. 자칫하면 노는 것도 수첩에 적어 둔 숙제처럼 한다니까요.[4]

그래서 회원들은 정기적으로 '게임 나이트'를 갖기로 했다. 먼저 우선순위에서 밀리지 않도록 날짜를 달력에 명시해 둔다. '분담해서 음식을 만들어 오기'나 '각자 마실 음료수는 각자 챙겨 오기' 같은 규칙은 없다. 그저 몸만 오면 된다. 다만 다과와 게임 상품 준비 비용으로 참가비 5달러만 내면 된다. 이 모임은 책임으로 점철된 맏이들의 삶에 긴장 풀고 웃고 떠들며 인생을 즐길 기회를 제공한다.

'맏이로 태어난 여자들의 모임'은 1년에 두 번 놀이 여행도 기획한다. 한번은 조지아 주의 유서 깊은 도시 사바나로 자동차 여행을 떠나기도 했다. 로라가 말한다. "맏이들은 곧 죽어도 맏이 버릇을 못 버려요. 버스 안에서도 한가하게 돌림노래 부르는 사람들은 찾아보기 힘들어요. 그러기엔 할 일이 너무 많죠. 사바나로 가는 길에 사업계획서를 쓰는 회원이 둘 있었고, 한 사람은 크리스마스 선물로 줄 옷을 뜨고 있었어요."

'맏이로 태어난 여자들의 모임'은 또한 해마다 전국 회합을 개최하고, 다달이 뉴스레터도 발행한다. 뉴스레터에는 매월 유명인사 맏이를 소개하는 특집기사가 실리고, 「당신은 생산적인가? 아니면 그저 분주한 것인가?」 같은 심오한 논설도 게재된다.[5] 그리고 정기모임 때

> 인생을 지옥으로 만들고 싶은가? 여기 그 지름길이 있다. 무엇을 하든 세상 최고가 아니면 만족하지 마라.

는 시간 관리, 스트레스 관리, 우선순위 매기기 등 맏이들이 공통적으로 고민하는 이슈들을 주제로 토론이 열린다. 로라는 이렇게 덧붙인다. "다들 맏이 특유의 부담감, 완벽해야 한다는 압박감에 시달리니까요."[6]

완벽을 바라는 이에게

인생을 지옥으로 만들고 싶은가? 여기 그 지름길이 있다. 무엇을 하든 세상 최고가 아니면 만족하지 마라. 만약 합창단원이라면 사람들 중 가장 맑고 가장 순수하고 가장 우렁찬 목소리를 내라. 그리고 중요한 독창 파트는 당신이 도맡아 해야 한다.

그림을 그렸다 하면 최소한 렘브란트와 어깨를 나란히 할 정도는 돼야 한다.

300점 만점을 받지 못할 거면 볼링을 왜 치나? 골프? 골프 코스는 무조건 18타에 끝내야 한다.

여러분이 무슨 생각을 하고 있을지 다 안다. 리먼 박사, 미친 소리 하지 말아요. 독창 파트 전부? 렘브란트? 300점 퍼펙트게임은 볼링선수도 일생에 몇 번 못하는 일이에요. 그리고 18홀에서 모두 홀인원을 치라고? 그게 말이 됩니까?

내 말이 그 말이다. 하지만 이것이 바로 여러분이 추구하는 완벽함이다. 대다수 맏이들이여, 여러분이 꿈꾸는 삶은 이렇게 얼토당토않은 것이다.

멋진 골프 경기라면 나도 누구 못지않게 많이 봤다. 하지만 어느 경기도 무실점 스코어는 없었다. 멋진 그림도 종종 접했지만, 자세히 들여다 보면 어디에나 미세한 결점이 있었다. 유쾌하고 지적이고 예술적이고 섬세한 사람들을 꽤 만나 봤지만, 완벽한 사람은 단 한 사람도 보지 못했다. 인류 역사를 통틀어 완벽한 사람은 아무도 없다. 그런데 왜 당신은 완벽하기를 바라는가?

> 매사 10점 만점을 받겠다고 평생을 고군분투하며 보낼 필요는 없다.

인생은 체조경기가 아니다. 그런데 왜 당신은 심판들이 당신을 쫓아다니며 당신이 뭔가를 할 때마다 점수판을 들어 올릴 거라 생각하는가? 매사 10점 만점을 받겠다고 평생을 고군분투하며 보낼 필요는 없다.

당신이 아이라인을 그리지 않고 슈퍼마켓에 간다고 해서 점원과 손님들이 비명을 지르며 밖으로 뛰쳐나가지는 않는다. 프로야구 선수나 대통령이라면 모를까, 당신의 실수들이 일간신문에 대서특필되

돌발퀴즈

맏아이 10명이 외딴섬에 좌초했다. 이들은 섬에서 무엇을 하고 있을까?
a. 해변을 슬슬 거닐며 햇볕을 쬔다.
b. 배를 만들 전략을 세운다.
c. 노래방 기계를 내놓고 코코넛 과즙을 마시며 노래하고 논다.
d. 모래로 성을 쌓을 계획을 세우고 설득에 들어간다.

b나 d를 골랐다면 바로 맞췄다. a나 c를 골랐다면 틀렸다. 저 섬에 막내들이 함께 좌초했다면 모를까.

지는 않는다. 당신을 심판하는 사람은 단 한 명, 당신 자신뿐이다.

그렇다면 완벽함이 아닌 탁월함을 추구하는 것은 어떻게 다른가? 탁월함을 추구하는 것은 달성 가능한 목표를 정해 놓고, 거기 도달할 때까지 포기하지 않고 부단히 노력하는 것, 매사에 '최선을 다하고 최선의 결과를 내겠노라' 다짐하는 것을 말한다. 탁월함은 손이 닿는 곳에 있다.

반면 완벽함은 닿을 수 없는 곳에 있다. 로라 카터는 이렇게 말한다. "전에 캠핑 갔을 때 회원 중에 마시멜로가 완벽하게 구워지지 않아서 모닥불 옆을 떠나지 못하던 사람이 있었어요. 다른 사람들은 모두 벌써 두 번째 스모어(s'more, 장작불에 구운 마시멜로를 크래커 사이에 끼워 먹는 간식으로 캠핑에서 빠지지 않는 별미—옮긴이)를 먹고 있는데 다이앤 혼자 불 옆에 붙어 있었죠. 우리가 그만 와서 같이 먹자고 해도 '아직 못 가요, 마시멜로가 완벽하게 안 됐어요.'라는 거예요. 모두 왁자하게 웃었어요. 이해 못하는 바가 아니거든요. 여기서는 완벽주의 성향을 드러내도 미친 사람 취급받지 않아서 좋아요."[7]

비자카드 광고가 생각난다. 고객들은 물건 값을 모두 비자카드로 결제하고, 세상은 광속으로 질주하며 행복하게 흘러간다. 그런데 어떤 남자가 난데없이 현금을 낸다. 그러자 세상이 갑자기 날카로운 소리와 함께 멈춰서고, 모두들 놀라 쳐다본다. 현금을 내민 한심한 남자는 달리는 자동차 헤드라이트에 포착된 사슴 같은 표정으로 서 있다. 이것이 바로 완벽주의자가 실수했을 때의 모습이다. 완벽주의자는 실수를 하거나 실패를 하면 인생 전체가 멈춰 서 버린 느낌을 받는다. 그리고 모든 사람이 자신의 실패를 쳐다보고 있다고 느낀다.

완벽주의자는 사소한 실패에도 속절없이 나가떨어진다. 그리고 좌절한다. 그러다 보니 발끈발끈 화를 잘 내고(울화통), 남 탓을 잘 한다(책임 전가). 하지만 탁월함을 추구하는 사람은 때로 삶의 주먹에 쓰

당신은 완벽을 바라는가, 아니면 탁월함을 추구하는가? 8가지 진단법

1. 완벽을 바라는 사람은 불가능한 목표를 세우고 거기 이르려 한다. 하지만 탁월함을 추구하는 사람은 높지만 도달 가능한 기준을 세우고 거기 도전하는 것을 즐긴다.
2. 완벽을 바라는 사람은 자신의 가치를 성과와 동일시한다. 하지만 탁월함을 추구하는 사람은 있는 그대로의 자신을 소중히 여긴다.
3. 완벽을 바라는 사람은 쉽게 좌절하고 쉽게 포기한다. 탁월함을 추구하는 사람도 실망하고 상처 받지만, 실패를 겪었다고 목표를 향해 나아가는 것을 포기하지는 않는다.
4. 완벽을 바라는 사람은 실패를 적으로 간주하고 실패에 무너진다. 하지만 탁월함을 추구하는 사람은 실패로부터 배워서 미래에 더 잘할 수 있게 된다.
5. 완벽을 바라는 사람은 자신의 실수를 잊지 못하고, 그 기억에서 벗어나지 못한다. 그리고 사람들 역시 그 실수를 기억할 거라 믿고 의기소침해 한다. 하지만 탁월함을 추구하는 사람은 실수를 바로잡으려 최선을 다하고 거기서 교훈을 얻는다. 그 후에는 실수가 있었다는 것조차 잊는다.
6. 완벽을 바라는 사람은 만사에 1인자가 되려 하고, 오직 최고의 자리에서만 행복하다. 하지만 탁월함을 추구하는 사람은 최선을 다해 노력했다는 것으로도 행복하다.
7. 완벽을 바라는 사람은 비판을 싫어하고, 어떻게든 비판을 피하려 한다. 탁월함을 추구하는 사람도 비판을 듣는 것이 유쾌하지는 않다. 하지만 자신의 역량을 향상시킬 기회라면 환영한다.
8. 완벽을 바라는 사람에게는 이기는 것이 극도로 중요해서, 자부심을 유지하기 위해서는 반드시 이겨야 한다. 하지만 탁월함을 추구하는 사람은 2등이 되었다고 해서 자부심을 잃지는 않는다.

러져도 다시 일어나 가던 길을 간다. 그리고 실패를 평가해서 다음 시도를 위한 디딤돌로 삼는다. 산다는 건 이런 게 아닐까? 갈수록 약아져서 다음번엔 더 잘하는 것.

완벽주의자는 옳든 그르든 자신의 입장을 방어하는 데 너무 많은 에너지를 쓴다. 결과적으로 진전은 전혀 없다. 하지만 탁월함을 추구하는 사람은 남의 의견을 환영하고 수용한다. 비판을 좋아하는 사람은 아무도 없다. 하지만 똑똑한 맏이는 생산적인 비판이 자기발전과 기량 향상에 도움이 된다는 것을 안다. 따라서 탁월함을 추구하는 맏이 주위에는 사람들이 모이고, 맏이는 이들로부터 단순한 인정뿐 아니라 쏠쏠한 정보와 짭짤한 소견을 얻는다. 맏이의 주위에 중간아이도 필요하고 막내도 필요한 이유가 바로 이것이다. 사람들은 출생순서에 따라 각기 세상을 바라보는 시각이 다르다.

완벽주의자는 넘어야 할 높이뛰기 바 앞에서 탄식부터 늘어놓는다. "너무 높아. 저걸 어떻게 넘겠어. 목표달성은 영 글렀어." 하지만 탁월함을 추구하는 사람은 이렇게 생각한다. "좋아. 저걸 넘으려면 어느 정도 도약해야 하지? 그리고 가능한 도전 횟수는?"

완벽주의자는 과거에 얽매이고, 자신이 과거에 이룬 일에 집착한다. 탁월함을 추구하는 사람은 언제나 앞으로 나아간다. 그의 목표는 가시거리에 있고 달성 가능한 곳에 있기 때문이다.

완벽주의자는 완벽할 수 없다면 아예 시도도 하지 말자는 사고방식에 젖는다. 반면 탁월함을 추구하는 사람은 위험을 감수한다. "해내지 못할지도 몰라. 하지만 일단 하는 데까지 열심히 해 보자." 탁월함을 추구하는 사람은 지속적으로 발전하는 사람이다. 그는 끊임없

당신의 책임

사람들과 맺은 관계
시간을 보내는 방법
자기 몸을 대하는 방식
머릿속에 넣는 것들(어떤 책을 읽고, 어떤 영화를 보는지 등등)
남들을 대하는 방식
본인의 행복

당신의 책임이 아닌 것

배우자나 룸메이트나 자녀의 운수 나쁜 날
친구의 계획이 망쳐진 것
이웃이 베이비시터를 구하지 못한 것
예상치 못한 교통체증으로 약속시간에 늦은 것
남들이 나를 대하는 방식과 나에 대해 생각하는 방식
남들의 행복

이 성장하고, 언제나 인생을 즐긴다. 공연한 완벽주의 때문에 인생이 당신에게 제공하는 멋진 기회들을 놓치지 않길 바란다.

그건 내 책임이야…… 정말?

맏이들은 남의 말과 행동을 자신의 책임으로 여긴다. 정말 못 말린다. 철부지 때부터 동생들에게 롤모델이 되라고 배운 탓이 크다. 동생들은 항상 맏이를 주시하고 맏이를 따라한다. 그러다 보니 맏이는 거기 익숙해져서 어른이 되어서도 그 역할을 다하기 위해 안간힘을 쓴다.

하지만 분명히 해 둘 것이 있다. 맏이는 남들에 비해 책임감이 강하다. 그건 어쩔 수 없다. 하지만 어떤 것이 자신의 책임이고 책임이 아닌지는 정확히 구별할 필요가 있다.

당신의 배우자가 직장에서 힘든 날을 보내고 기분이 잔뜩 잠쳐서 집에 왔다. 그건 당신 잘못이 아니다. 공감해 주고 위로해 줄 수는 있지만, 남편이나 아내가 바깥에서 짜증나는 일을 겪었다고 그 책임이 당신에게 있는 것은 아니다.

남편이 당신에게 딱딱거리고 짜증 부리면, "밖에서 속상한 일이 있었던 건 안됐지만, 그리고 기분을 푸는 데 도울 일이 있으면 기꺼이 돕겠지만 당신이 판매실적 저하로 상사에게 싫은 소리를 들었다고 해서 나에게 화풀이할 생각은 말라."고 똑똑하게 말해 주자. 가만히 당하지 말고 할 말은 해라. 당신은 만만한 사람이 아니다.

옆집 사는 이웃이 급히 가게에 가야 한다며 아이를 봐달라고 한다. 하지만 당신도 바빠서 부탁을 들어줄 수가 없다. 그것은 당신 탓이 아니다. 이웃집 여자가 그 일로 화가 났다면 유감이긴 하나 구태여 거기에 죄책감을 느낄 필요는 없다.

아이들은 부모에게 죄책감을 느끼게 하는 데 선수다. 아침 10시다. 그런데 학교에 간 딸아이에게서 전화가 온다. "엄마, 나 수학책 잊어먹고 왔어. 학교로 좀 가져다 줘."

그런데 타이밍이 너무 안 좋다. 세탁기에는 빨래가 돌아가고, 당신은 한창 연말정산을 위한 입출금 내역을 맞춰 보는 중인데다 11시까지 은행에 가서 송금해야 할 돈도 있다. 상황이 이렇다면 당신은 어쩌겠는가?

딸아이는 열네 살이다. 수학책 정도는 본인이 알아서 챙길 나이다. 딸아이가 학교 준비물을 제대로 챙기지 못한 게 이번이 처음도 아니다. 그것이 당신 책임일까? 아이가 아무리 칭얼대고 불평해도 이럴 때는 이렇게 말하는 게 정상이다. "미안하지만 오늘 아침에는 가져다 줄 수가 없어. 오늘은 수학책 없이 알아서 해."

딸내미가 다음에도 책 챙기는 걸 까먹을까? 칠칠맞게 교과서도 없이 학교 왔다고 반 친구들 앞에서 수학선생님한테 꾸중을 먹고도 또 그럴까?

딸은 엄마에게 화가 잔뜩 난 채 학교에서 돌아온다. 하지만 부글거리는 속이 가라앉고 엄마의 생각이 변함없다는 것을 알게 되면, 수학책을 놓고 간 것이 누구의 책임인지 깨달을 것이다. 그리고 그 깨달음이 앞으로 책가방 챙길 때 전에 없던 집중력을 발휘하게 해 줄 것이다.

개인적인 일로 스트레스를 많이 받는 회사 동료가 있다고 치자. 이 동료는 자신의 억울하고 분한 사연을 매일 당신에게 쏟아 놓는다. 그리고 업무에 뒤처진다. 그래 놓고 회사에 밉보일까 봐 항상 당신에게 도움을 요청한다. 동료의 문제는 당신과 아무런 상관없다. 그런데도 동료는 자신의 문제를 당신의 문제로 만들고, 그것이 해결되지 않으면 죄책감을 느끼게 한다. 자, 어떻게 해야 할까? 동료가 당신을 계속 우려먹도록 내버려 둬야 할까? 당신은 '착한 사람'이니까? 마음을 굳게 먹고 동료에게 '네 뒤치다꺼리를 하기에는 내 일만도 바쁘다'고

"무슨 일로 바쁘세요?"

다음 질문에 답해 보자.

- 언제가 가장 행복합니까?
- 장기적 목표는 무엇입니까?
- 사실은 하기 싫지만 (사람들이 당신이 해 줄 것으로 기대하기 때문에) 하는 일들은 무엇입니까?

남들이 바라는 것을 해 주고 남들이 원하는 사람이 되어 주느라고 정작 본인이 인생에서 원하는 것이 무엇인지는 변변히 생각해 보지 못했다면, 이제부터라도 자신을 생각하면서 살자.

말해 주자.

동료는 화를 내거나 불평을 늘어놓을지 모른다. 그래도 당신의 문제가 아닌 것은 아닌 거다. 당신은 책임이 없다. 그리고 앞으로는 당신 책임이 아닌 일에 이용당하고 죄책감 느끼는 일이 없어야 한다.

가끔 사람들이 서운해해도 할 수 없다. 당신이 남의 행복까지 책임질 수는 없다. 남들의 필요와 욕구에 관심을 보이고 최대한 배려할 수는 있다. 하지만 이 점을 명심하자. 세상에는 당신이 아무리 잘해 줘도 결코 만족하지 않는 사람들이 있다. 그들은 당신에게 끊임없이 더 많은 것을 요구한다. 당신이 원하는 것을 주면 그들은 뻔뻔하게 더 요구한다. 도움의 손길을 내미는 것과 남의 문제에 책임을 느끼는 것은 엄연히 다르다.

그렇다고 주위 사람들을 노골적으로 비난하면서 내 인생에서 꺼지라고 윽박지르라는 뜻은 아니다. 주변사람들은 필요하다. 그들의 조언도 필요하다. 다만 그들이 당신의 인생을 좌지우지할 수는 없다. 당신 인생을 책임질 사람은 당신밖에 없다. 당신의 행복과 안녕은 오로지 당신 손에 달렸다.

삶의 균형을 잡는 3가지 방법

1. 남들이 나를 어떻게 생각하는지 노심초사하지 말자. 가장 성공적이고 가장 잘생기고 가장 똑똑한 사람이 못 된다 해서 세상이 무너지는 것은 아니다. 당신에게 중요한 사람들은 당신 있는 그대로 좋아하고 존중하는 사람들이다. 당신이 미인이라서, 또는 성공한 거물이라서 당신을 칭찬하는 사람들은 얄팍한 사람들이다. 그들이 당신에게 내리는 평가는 얄팍한 평가다. 당신이 친구 삼고 싶은 사람들이 그런 이들은 아닐 것이다.

2. 자신의 실수를 웃어넘기는 여유를 갖자. 자신에게 너무 가혹한 잣대를 들이대지 말자. 인간은 누구나 실수한다. 바보짓을 했을 때 오히려 미소 짓자. (안 웃어져도 억지로라도 웃자.) 그러다 보면 실패가 생각만큼 끔찍한 것이 아님을 알게 된다. 남에게도 도움이 된다. 당신을 완벽한 사람으로 생각했다가 당신도 실수하는 것을 보면 사람들은 오히려 해방감을 느낀다. 자신도 완벽해야 한다는 부담감에서 해방된다. 당신이 자신의 실수를 웃어넘기면 남들도 당신의 실수를 웃어넘기게 돼 있다.

3. 자신의 강점을 기억하자. 약점에 전전긍긍하지 말자. 맏이로 태어나 롤모델로 사는 것은 삼키기 어려운 쓴 약 같다. 하지만 꿀꺽 삼키면 여러 가지로 몸에 좋다. 어려서부터 높은 기대를 받은 것은 순기능도 한다. 덕분에 타고난 재능과 능력을 충분히 꽃피울 기회가 되지 않았는가. 사람들에게 특별한 기대를 못 받고 대충 묻어서 살았다면 이 정도로 빛을 발하지 못했을 거다. 지금까지 자신이 이룬 위업에 축배를 들자.

맏이들의 성공

마라

마라는 자신이 '평범한 가정주부'에 지나지 않지만 뭔가 사회에 도움이 되는 일을 하고 싶었다. 그래서 집에서 20분 거리에 있는 지역 주민센터에 연락했다. 이제 마라는 목요일마다 과자와 주스를 챙겨 들고 두 자녀와 함께 주민센터에 가서 그곳 탁아소에 있는 저소득층 어린이들과 시간을 보낸다. 일터에 간 엄마아빠를 함께 기다려 주고, 아이들에게 책을 읽어 주기도 한다. "이제는 목요일이 기다려져요. 소박하게 산다는 것의 참뜻을 알게 됐어요. 바쁘고 힘든 일이 있을 때마다 부족한 환경에서도 해맑은 아이들을 생각해요. 세상을 보는 관점이 바뀌었어요. 우리 집 애들도 그 아이들 얘기를 자주 해요. 봉사활동은 우리 가족에게 건강한 균형이 가져다 주는 행복을 가르쳐 줬어요."

안드레아

변호사 안드레아는 결혼 4년 만에 자신의 태도 때문에 남편이 불행하다는 것을 깨달았다. "그동안 직업적으로 성공은 거뒀어요. 하지만 사랑하는 사람에게 상처를 주고 있다는 생각은 전혀 못했어요. 남편이 외롭고 무시당하는 느낌이 든다고 말했을 때 몹시 충격 받았어요." 그래서 안드레아는 조치를 취했다. 매일 업무상 약속으로 수첩을 가득 채우는 대신 월요일 점심시간은 싹 비웠고, 금요일은 오전근무만 했다. 그리고 주말까지 초과근무를 해야 할 만큼 많은 일은 과감히 사양했다. "연봉은 전보다 줄었지만, 부부 사이는 돈독해졌으니 더 바랄 것 없죠."

네이던

건축설계 일은 퇴근시간이 따로 없고, 책상에 붙어 있는 시간이 길다. 네이던은 체중관리에 애를 먹었다. 그러다 어떤 생각이 떠올랐다. 그는 동료들에게 점심시간의 반은 회사 옆에 있는 스포츠클럽에서 운동을 하고, 그 시간을 브레인스토밍 세션으로 활용하자고 제안했다. 동료들 모두 사무실에서 점심을 후딱 먹고, 점심시간 전에 할 일도 미리미리 끝내 놓고, 이 계획에 동참했다.

네이던과 동료들이 점심시간에 농구를 시작한 지 1년이 지났다. 그동안 팀원 8명이 몸무게를 20킬로그램 이상 줄였고, 이들의 지구력은 몰라보게 향상되었다. "다른 때는 아무리 낑낑대도 풀리지 않던 문제들이 이 시간이 되면 해결되더라고요."

젠

젠은 40대 중반의 독신 여성으로, 회사에서 야근을 밥 먹듯 했다. 동료들이 끝내지 못한 일을 도맡아 수습하느라 일은 해도 해도 끝이 없었다. "그러던 어느 날 이건 아니다 싶더군요. 내 인생은 온통 일뿐이었고 다른 건 없었어요. 그래서 상황을 바꾸기로 했죠." 그날 이후 젠은 일이 떨어지는 대로 받는 것을 거부했고, 수요일과 금요일만큼은 정시에 퇴근했다. "갑자기 야근을 완전히 끊기란 불가능해요. 그건 나에게나 상관에게나 어려운 일이었죠. 그래서 서서히 바꿔 나가기로 했어요."

젠은 금요일 저녁은 나가서 노는 시간으로 정했다. 그리고 수요일은 자신의 집에서 독서와 뜨개질 모임을 열기로 결심하고 아파트 우편함마다 알림장을 넣었다. 놀랍게도 세 명의 이웃이 문 앞에 나타났다. 수요일 모임은 토론회의 성격도 가졌다. 즐거운 일은 거기서 끝나지 않았다. 회원 중에 간식 만드는 것을 즐기는 여성이 있어서 늘 쿠키를 굽는다. 젠이 하는 일이라고는 초인종이 울리면 문을 열어 주는 것뿐이다.

브래드

"집에 와서도 늘 일 생각뿐이었어요. 신경이 곤두서 있어서 아내와 아이들에게도 따뜻하게 대해 주지 못했죠." 그래서 브래드는 아이디어를 냈다. 그는 매일 저녁 아내에게 퇴근을 알리는 전화를 하기로 했다. 45분 후면 집에 도착한다는 뜻이었다. 회사에서 집까지는 15분밖에 안 걸리지만 브래드는 회사 근처에 있는 스타벅스에 들러서 모카라테를 홀짝이며 30분 동안 긴장을 풀고 머릿속에서 회사 일을 지우는 시간을 가졌다. 그런 다음 집으로 차를 몰았다.

"이 작은 습관이 우리 가족의 삶을 획기적으로 바꿔 놓았어요. 어제 저녁

우리 집 네 살 꼬마가 이러는 거예요. '아빠, 이제는 아빠가 우리를 좋아해서 나도 너무 좋아.' 가족의 삶이 얼마나 달라졌는지 절감하는 순간이었어요."

제이슨
"나는 완벽한 삶을 원했어요. 예쁜 아내, 하얀 울타리가 있는 집, 두 아이, 개 한 마리, 뭐 이런 거요. 하지만 그 일이 내게는 일어나지 않았어요. 한동안은 내가 열세 살 때 이혼한 부모님을 원망했어요. 부모가 좋은 본을 보이지 않아서 내가 이렇게 되었다고 생각했죠. 그러다가 이대로 머물러 있을지 다시 시작할지는 오로지 내 선택에 달렸다는 걸 깨달았어요."
제이슨은 다시 시작했다. 그는 어린이에게 좋은 영향을 미치는 어른이 되고 싶었던 꿈을 실현하기로 결심하고, 아홉 살짜리 알렉스에게 '큰형'이 되어 주기로 했다. 제이슨은 3년 동안 토요일마다 알렉스와 함께 야구장과 콘서트에 가고, 암석박물관에 가고(암석수집이 알렉스의 취미였다), 함께 스케이트보드도 타고 축구도 했다.
"아빠가 되는 것과 비슷했어요. 아주 행복한 경험이었습니다."
더 행복한 일도 생겼다. 자신처럼 불우아동을 위해 '큰누나'로 활동하는 매디를 만나게 된 것이다.

모든 것은 균형에 달렸다

로라 카터는 이렇게 말한다. "맏이에게 균형은 매우 중요합니다. 우리는 하는 일마다 지나치게 책임감을 느껴요. 자신이 미처 하지 못하는 일에 대해서는 죄책감을 느끼고요. 맏이가 서툰 게 있다면 그건 남에게 일을 떠넘기는 거예요. 본인이 하면 더 잘할 수 있다고 생각하기 때문이죠. 맏이들은 짐을 내려놓는 걸 잘 못해요."[8]

당신도 잘 내려놓지 못하는가? 당신이 격무에 시달리고 일정이 터져 나가고 스트레스가 산처럼 쌓이는 이유는 내려놓지 않아서다.

이제는 일정표에 가위를 들이댈 때다. 현재 당신이 진행하는 일 중 다른 사람이 해도 되는 것? 싹둑. 가만히 생각해 보면 안 해도 되는 일? 싹둑. 번개에 콩 볶듯 돌아가는 과제와 일정 틈에 당신을 위한 시간은 과연 존재하는가?

로라의 말을 더 들어 보자.

일을 부탁받을 때마다 나 자신에게 이렇게 말해요. 로라, 잠깐. 대답하기 전에 먼저 생각해 봐. 오늘 당장 결정할 필요 없잖아? 하루 이틀 묵히면서 한번 지켜보는 거야. 저는 이런 방법으로 의식적으로 즉각적 결정을 피하려 노력해요. 효과가 아주 좋아요. 저도 맏이다 보니 즉각 대답하면 백퍼센트 'Yes'거든요. 맏이들은 거절 못해요. 그래서 모이기만 하면 이 말을 연습해요. "지금은 어렵습니다. 당장은 시간이 없습니다." 두 문장 모두 거절하는 죄책감을 최소화하고, 즉흥적으로 승낙하는 것을 막고, 생각할 시간을 벌어 주지요.[9]

그럼 남자 맏이들은 어떨까? 이 질문에 로라는 웃으며 이렇게 말했다. "남자들은 거절하는 데에 우리만큼 애를 먹지 않아요. 남자들은 여자들만큼 관계지향적이지 않거든요. 그리고 남자들은 여자들처럼 여러 방향에서 시달림을 받지도 않고요."

로라는 또 이렇게 조언한다. "여자 맏이에게는 개인시간 확보가 중요해요. 그래야 균형 있는 삶을 이룰 수 있어요. 언젠가 논문을 읽었는데 친구 많은 여자들이 장수한다고 하더군요. 하지만 여자 맏이들이 바쁠 때 가장 먼저 포기하는 것이 친구와 보내는 시간이거든요. 여러 연구에 따르면 여성의 스트레스 해소에 가장 효과적인 것이 친구들과 어울리는 것이라고 해요. 여자가 사교를 포기하는 것은 자해와 같아요."[10]

맏이여, 당신은 균형을 유지하고 있는가? 아직도 완벽을 바라며 닿을 수 없는 무지개를 좇고 있는가, 아니면 탁월함과 균형을 추구하는가? 당신의 삶이 균형을 찾고, 불가능한 완벽함이 아니라 탁월함에 '안주'하기를 바란다.

제6장

비판적 시선이 맏이에게 미치는 영향

> 맏이에게 천적이 있다면 그건 바로 비판이다.
> 걸핏하면 흠잡는 부모 밑에서 자란 맏이는
> 본인도 흠잡는 사람이 되기 쉽다.
> 이제는 본인과 주변사람 모두를 위해 상황을 바꿀 때다.

본인에게 이런 경향이 있는지 살펴보자.

- 일을 시작해 놓고 끝내지 못한다.
- 자신이 한 일이 마음에 들지 않는다. (예를 들어 어렸을 때 그림을 그려 놓고 마음에 들지 않는다며 찢어 버리곤 했다.)
- 맡은 업무나 개인적 용무가 고질적으로 지연된다.
- 성공적인 과제에서도 옥의 티를 찾아낸다.
- 칭찬을 들으면 어떻게 해석해야 할지 난감하다.

자, 생각해 보자. 부모 중 적어도 한쪽이 흠잡는 부모였는가? 여기서 '흠잡는 사람'이라 함은, 50보 밖에서도 실수를 간파할 뿐 아니라 조금이라도 잘못한 것이 있으면 득달같이 지적하는 사람을 말한다. 만약 그런 부모 밑에서 컸고, 위의 성향 중 한 가지에라도 해당된다면, 당신은 자신에게 태클 거는 사람일 가능성이 크다. 적을 멀리서 찾을 필요 없다. 당신의 적은 바로 당신 자신이다.

이제 인생의 태클을 걷어내고 판세를 엎을 때다. 당신에겐 이번 장의 내용이 아주 중요하다.

그렇다면 자상하고 긍정적이고 무엇을 하든 응원하는 부모 밑에서 자란 사람은? 그런 사람은 행운아다. 솔직히 그런 사람에게는 이번 장이 별 도움 안 된다. 하지만 주위 사람들은 그런 행운아가 아닐 수 있다. 내용을 알아 두면 남에게 도움을 줄 수 있지 않을까? 계속 읽으면서 유용한 내용을 챙겨 두어도 괜찮을 것이다.

비판적 시선은 맏이가 행복한 사람이 되느냐 불행한 사람이 되느냐를 결정짓는 가장 중요한 변수다. 그런 이유에서 나는 맏이가 타고난 장점을 살려 가정과 학교와 직장과 인간관계에서 성공하는 방법을 본격적으로 설명하기에 앞서, 비판적 시선이란 변수에 장 하나를 통째로 할애했다.

부모의 비판적 시선은 맏이에게 집중되기 쉽다. 부모의 비판은 맏이의 삶에 지속적인 영향을 미치고, 맏이는 그 영향으로 자신은 물론 남의 결점까지 확대경으로 집어내는 달갑지 않은 능력을 키운다. 비판은 맏이의 아킬레스건이다. 맏이 중에는 실패한 완벽주의자나 패배주의자가 되어 남보다 힘든 인생을 사는 경우가 왕왕 있다. 어린 시절 완벽주의자 부모의 영향으로 자신은 아무것도 완벽하게 해낼 수 없다는 자괴감을 키운 사람들이 주로 그렇다.

그때의 쓰라린 기억

다음은 당신이 어릴 때 겪었을 법한 장면이다.

"침대 정리하고 내려와." 엄마가 부엌에서 달그락달그락 아침을 준비하며 외친다.

착실한 맏이는 당연히 침대를 정리한다. 그것도 최선을 다해 정리한다. 침대 커버를 반듯하게 펴고, 가장자리가 울지 않게 고루 잡아당긴다. 침대 위 동물 인형들도 가지런히 정리해서 한곳에 보기 좋게 모아 놓는다. 맏이는 침대 정리 하나를 해도 빈틈이 없다. 왜냐면 그것이 맏이의 방식이니까.

그때 엄마가 문가에 나타난다. "아이, 착해. 침대 정리했네. 아주 잘했어." 말은 그러면서도 엄마는 방 안에 훌쩍 들어와 베개들을 탁탁 쳐서 다시 모양을 잡고, 침대 커버도 다시 쓱싹쓱싹 편다.

> 나는 열심히 해도 안 돼. 난 제대로 하는 게 없어. 내가 하면 완벽하지 않아.

엄마의 이런 행동이 맏이에게 어떻게 해석될까? '나는 열심히 해도 안 돼. 난 제대로 하는 게 없어. 내가 하면 완벽하지 않아.'

부모는 도와준답시고 한 행동이지만, 이런 행동은 전혀 다른 메시지를 보낸다. 부모로부터 이런 미묘한 메시지를 지속적으로 받게 되면 맏이는 어떤 반응을 보일까?

어떤 맏이는 더 열심히 하고, 다음번엔 더 잘하리라 벼르고, 부모를 기쁘게 하기 위해 가일층 노력한다.

하지만 그렇지 않은 맏이도 많다. 그래, 난 아예 포기하는 게 낫겠어. 다음엔 처음부터 엄마가 하게 내버려두자. 그리고 정말로 포기한다. 1, 2년 안에 아이 방은 돼지우리가 되고, 아무리 치우라고 해도 아이는 말을 듣지 않는다. 놀랄 일도 아니다. 열심히 해 봤자 엄마를 만족시킬 수 없다는 것을 뻔히 아는데, 해서 뭐하겠는가?

이런 장면은 어떤가?

아빠가 맏이에게 창고를 청소해 달라고 부탁한다. 아빠와 둘이서 취미활동으로 목공을 시작하기로 했는데 창고를 공방으로 쓸 계획이다. 어느 토요일, 아빠는 일이 있어서 출근한다. 맏이는 기회는 이때다 하고 아침에 일찍 일어난다. 아빠가 집에 오기 전에 창고를 깨끗이 치워서 아빠를 놀래 줄 생각이다. 맏이는 물건들을 종류별로 자리를 정해 배치한다. 심지어 엄마를 졸라 커다란 통을 몇 개 사다 달라고 한다. 그리고 창고를 치우고 남은 잡동사니들을 말끔히 통에 넣는다. 일에 정신이 팔려서 오후 4시가 될 때까지 점심 거른 줄도 모른다. 오후 5시에야 허리를 편다. 녹초가 되었지만 몰라보게 바뀐 창고를 보니 마음은 뿌듯하기 이를 데 없다. 맏이는 자기 자신이 너무 자랑스럽다.

그때 창고 문 올라가는 소리가 들린다. 아빠가 집에 온 것이다.

맏이는 신난 얼굴로 아빠가 얼른 창고를 보기를 기다린다. 아빠 차가 창고로 미끄러져 들어온다. 아빠가 차에서 내려 일단 창고를 휙 둘러본다. "한결 나아졌구나." 아빠가 고개를 끄덕끄덕한다. 그러더니 하얀 장갑을 끼고 창틀의 먼지 검사를 한다. "하지만 창턱에 아직 거미줄이 남아 있네? 깜빡했나 봐?" 그리고 그 말과 함께 아빠는 부엌으로 휙 들어가 버린다.

이때 맏이의 기분은 어떨까? 맥 빠지고, 화가 나고, 속상하지 않을까?

중요한 질문은 이제부터다. 다음에도 또 아빠를 기쁘게 해 주려고 뭔가를 할 마음이 날까? 어차피 아빠한테 좋은 소리 듣기는 글렀는데 뭐하러 애를 쓰겠는가? 친구들은 창고가 깨끗하든 더럽든 신경 쓰지 않는다. 그리고 창고 치우는 것보다는 친구들과 노는 게 훨씬 재미있다.

앞으론 어림없어! 이런 생각이 맏이의 눈빛과 태도에 배어나온다. 그리고 정말로 아빠와 목공을 시작할 때가 되면 맏이는 사정이 생겨서 참여하지 못한다. 사실은 사정이 아니라 핑계지만. 바쁜 아빠도 부자 합동 목공 프로젝트에 별 미련이 없다. (아빠 또한 성취욕 강한 맏이고, 회사일로 눈코 뜰 새 없이 바쁘다.) 목공 프로젝트는 결국 흐지부지된다. 그리고 부자관계도 흐지부지된다.

악마 같은 부모

어린 시절을 돌아볼 때 어떤 장면이 가장 먼저 떠오르는가? 혹시 방금 묘사한 장면들은 아닌가?

장작을 아무리 똑바로 쌓아도 아빠의 기준에는 언제나 미달이었고, 스펠링 비$^{Spelling Bee}$(어린이들의 철자 맞추기 대회—옮긴이)에서 단어 하나만 틀려도 엄마에게 혼났던 기억이 나는가?

부모에 따라서는 말 그대로 악마 같은 사람들도 있다. 이런 부모는 뱀의 혀 같은 독설과 가시 돋친 잔소리로 무장하고 지치는 법도 없이 불쌍한 아이를 닦달한다. 신데렐라의 못된 계모가 따로 없.

> 어린 시절을 돌아볼 때 어떤 장면이 가장 먼저 떠오르는가?

언젠가 슈퍼마켓에서 장을 보고 있을 때였다. 염가판매 시간을 기다리고 있는데(내가 좀 알뜰하다), 어떤 여자가 나를 밀치며 지나갔다. 얼른 봐도 잔뜩 화가 난 얼굴이었다. 여자는 18개월쯤 된 여자 아기를 쇼핑카트에 태우고, 다섯 살쯤 돼 보이는 사내아이의 손목을 아플 만큼 꽉 붙들고 있었다.

여자가 사내아이의 팔을 흔들며 말했다. "왜 너를 데려왔는지 모르겠다. 어떻게 너는 내 속을 썩이지 못해 난리니."

"그게 아니라, 엄마." 꼬마가 우는 소리로 말했다. 아이는 엄마에게서 불벼락이 떨어질까 봐 벌벌 떨었다.

"멍청해도 어떻게 그렇게 멍청해? 이 천하의 바보야, 머리는 무겁게 왜 달고 다녀?"

꼬마는 고개를 푹 숙였다. 아이가 무슨 잘못을 했는지는 몰라도 나는 녀석이 너무 불쌍했다. 기껏해야 전시물을 넘어뜨렸거나, 진열해 놓은 물건을 깼거나, 엄마가 경고했는데도 계속 사탕이나 장난감을 사 달라고 졸랐겠지. 하지만 꼬마가 무슨 잘못을 했든 엄마에게 그런 악담을 들을 만큼 나쁜 짓은 아니었을 거다.

잠시 후 나는 아까의 그 가족을 다시 보았다. 엄마와 아이들은 주차장을 가로질러 차로 향하고 있었다. 꼬마가 엄마 손을 놓고 보도에서 내려섰다. 그때 자동차 한 대가 주차된 차들 사이로 내려왔다. 누가 봐도 별로 위험한 상황이 아니었다. 운전면허가 있는 사람이라면 그 넓은 주차장에서 작은 아이 하나쯤은 충분히 피해 갈 수 있었다.

하지만 아이 엄마는 다시 악을 쓰기 시작했다. "아유, 내가 못살아! 빌리! 말썽 좀 작작 부려!" 그러더니 비꼬는 목소리로 애한테 이러는 것이었다. "그래, 잘 생각했어. 계속 그렇게 해. 차에 뛰어들어서 죽으려면 죽어. 그러면 내가 너 때문에 속 썩는 일도 끝이겠지, 안 그래?"

여자는 차로 가는 동안에도 내내 아이를 야단쳤다. 뭐라고 하는지는 들리지 않았지만, 여자가 물건을 차에 싣고 아이들을 차 안에 앉히고, 차를 후진시켜 주차 공간을 빠져나올 때까지도 여자의 성난 목소리는 멈추지 않았다. 자동차 뒷자리 유리창 너머로 꼬마의 풀죽은 얼굴이 보였다.

나는 그 차를 쫓아가서 이렇게 외치고 싶었다. "작작 좀 해요! 그게 아이한테 할 소립니까!"

물론 진짜로 그러지는 않았다. 그랬다면 서슬 퍼런 아이 엄마에게 "당신이 뭔데?" 내지는 "당신 일이나 신경 쓰시지."라는 말만 들었을 거다. 그리고 꼬마의 상황만 더 나빠질 게 분명했다. 그래서 대신 저 엄마가 자신이 아들에게 무슨 짓을 하고 있는지 어서 깨닫게 해 달라고 하느님께 기도했다.

아이를 혼내는 게 무조건 나쁘다는 얘기는 아니다. 저 꼬마가 일부러 나쁜 짓을 했다면 꾸중을 듣는 게 당연하다. 하지만 훈육은 잘못된

> 어떤 부모들은 자신과 자신의 처지에 좌절한 나머지 항상 화가 나 있다.

제6장 비판적 시선이 말이에게 미치는 영향

행동을 바로잡아 주는 것이지, 아이에게 창피를 주거나 위협을 가해서 기죽이는 것이 아니다. 아이를 혼내는 것은 화내는 것과 다르다. 신중한 생각이 뒷받침돼야 한다.

그런데 어떤 부모들은 자신과 자신의 처지에 좌절한 나머지 항상 화가 나 있다. 이때 부모의 단골 화풀이 대상이 누구일까? 바로 맏아이다.

"이런 한심한 녀석."
"이 바보 멍청아."
"이 애물단지야."
"너 하는 짓이 다 그렇지!"
"넌 구제불능이야. 알아들어? 구제불능!"
"너처럼 개판인 녀석은 보다 보다 첨 본다."
"바보 짓 좀 작작해!"
"너만 없어지면 내가 살겠다. 나 좀 살려 주라."
"네 머리가 새에 붙어 있으면 새가 옆으로 날 거야."

> 더 슬픈 일은 부모가 아이에게 "이런 쓰잘머리 없는 녀석."이라고 하면 아이는 그 말을 정말로 믿는다는 거다.

당신도 부모에게 이런 말을 듣고 컸는가? 혹시 당신도 자녀에게 이런 말을 하지는 않는가? 슬픈 일은 자녀가 부모를 얼마나 사랑하고 존경하는지 모르는 부모가 많다는 것이다. 더 슬픈 일은 부모가 아이에게 "이런 쓰잘머리 없는 녀석."이라고 하면 아이는 그 말을 정말로 믿는다는 거다. 아이는 이렇게 생각한다. 엄마가 나보고 쓸모없다면 정말 그런 거야.

건설적인 비판? 과연 그럴까?

비판적인 부모라고 해서 모두 내가 슈퍼마켓에서 본 아이 엄마 같은 것은 아니다. 비판적인 부모도 꿀처럼 부드러울 수 있다. 이런 부모는 자녀의 잘못을 끊임없이 지적하면서도 상냥함을 잃지 않는다. 말로는 아이가 잘되기를 바라는 마음에서 그런다고 하지만, 사실 이런 부모는 아이를 희생시켜 자기 잘난 척을 하는 것이다.

여기 좋은 예가 있다. 맏이가 엄마를 따라 엄마 친구 집에 점심을 먹으러 갔다. 식사 중에 엄마는 친구와 대화하는 내내 추임새처럼 이런 말들을 곁들인다.

"똑바로 앉자, 응?"
"수프 먹을 때 후루룩거리면 안 되지?"
"식탁에 팔꿈치 괴는 거 아니야."

이런 경험을 하면 기분이 어떤가? 어떤 아이라도 기분이 나쁠 것이다. 특히 비판에 민감한 맏이는 이렇게 생각한다. 내가 또 그런 타박 당할 줄 알고? 됐다 그래. 이제 남의 집에 갈 때는 엄마 혼자 가라고 해. 또 가자고 하면 아픈 척하고 집에 있어야지.

하지만 자식 위한다는 부모치고 소위 '건설적인' 비판으로 자녀를

> 자식 위한다는 부모치고 소위 '건설적인' 비판으로 자녀를 들들 볶지 않는 부모가 드물다.

들들 볶지 않는 부모가 드물다. 특히 엄마들이 그런 경향이 심하지만 아빠들이라고 예외는 아니다.

건설적 비판이 무조건 나쁜 것은 아니다. 옳은 말이고 필요한 지적일 때도 많다. 아이가 머리도 빗지 않고 학교로 뛰어가려고 하면, 아이에게 다시 들어가서 머리 빗고 나오라고 말해야 한다. 아이가 항상 구부정한 어깨로 발을 질질 끌며 다니면 부모가 아이의 자세를 걱정하는 게 당연하다. 하지만 아이 귀에 끝없이 들리는 소리가 지적하고 나무라는 잔소리뿐이라면 그건 문제다.

자녀가 뭐라도 잘못하면 득달같이 지적하면서도 아이가 잘하는 것에 대해서는 입도 벙긋하지 않는 부모가 많다. 이것은 부모가 범하는 죄 중에서도 중죄에 속한다. 맏이인 당신은 잘 알 것이다. 왜? 부모의 잔소리를 지겹게 듣고 자랐을 테니까. 맏이들은 부모의 잔소리로 점철된 어린 시절을 보낸다.

맏이들이 자신감과 자존감이 결여되어 인생에 난항을 겪는 것도

여러분이 듣고 자란 말은 무엇인가?

- "구부정하게 그게 뭐야."
- "이게 뭐야. 구두끈 좀 잘 묶어 봐."
- "오늘 아침에 머리를 빗기는 한 거니?"
- "걸을 때 발 좀 끌지 마."
- "똑바로 앉지 못해."
- "하여튼 멍청한 짓만 골라 한다니까."
- "   " (빈칸을 채우시오.)

무리가 아니다.

'내가 대신 해 줄게' 증후군

맏이들은 모든 걸 대신 해 주고 싶어 하는 부모의 피해자가 되기 쉽다. 다음이 그런 예다.

브루스는 학교에서 과제를 받았다. 브루스는 과제에 최선을 다할 생각이다. (맏이인 브루스에겐 당연한 일이다.) 학교에서 에스키모의 의식주에 대해 배우고 있다. 브루스는 각설탕으로 이글루를 만들고, 두꺼운 도화지에다 고래를 몇 마리 그려서 오렸다. 그리고 이글루와 고래를 구두상자 안에 붙였다. 문제가 있다면 이글루는 도시재개발지의 아파트 모델하우스를 떠올리고, 고래는 추수감사절에 유명을 달리한 칠면조와 비슷했다는 거다.

브루스는 엄마에게 자신의 작품을 자랑하기로 한다. 그리고 엄마가 작품을 감상하는 동안 꼬리를 활짝 편 공작새처럼 자랑스럽게 서 있다.

반면 엄마는 "북극에 웬 칠면조냐?"라고 묻고 싶은 걸 애써 눌러 참는다. 엄마는 좋은 부모가 되는 법을 가르쳐 주는 책을 많이 읽었고, 아이들에게 '부정적' 태도를 보이는 것은 좋지 않다는 것을 잘 알고 있다. 그래서 일단은 브루스에게 근사한 작품을 만들었다고 칭찬해 준 다음 나가서 놀라고 한다. 그리고 아들이 문을 나서자마자 모형을 죄다 뜯어내고 다시 손본다.

하지만 브루스는 바보가 아니다. 놀고 들어와 보니 작품이 원래보다 눈에 띄게 좋아져 있다. 고작 여덟 살이지만 브루스도 그것이 무엇을 의미하는지 잘 안다. 네가 하는 걸로는 부족해. 이것은 아이에게 불행의 메시지다. 브루스가 이 저주를 깨고 자기 일에서 자부심을 되찾기까지는 오랜 시간이 걸릴 수도 있다.

이런 상황도 생각해 보자. 오늘은 꼬마 제시가 식탁에서 생전 처음으로 접시의 고기를 혼자 잘라 먹는 날이다. 꼬마가 고기 써는 걸 지켜보는 아빠는 당장이라도 뇌졸중을 일으킬 것 같다. 아이 칼질이 너무 느리고 너무 아슬아슬해서 차마 눈 뜨고 볼 수가 없다.

일단 아이가 나이프를 거꾸로 쥐고 칼등으로 썰고 있다.

"아니야, 제시. 나이프를 반대로 쥐어야지."

"이렇게?"

"그래. 좋아. 근데……."

이번에는 아이가 포크로 고기를 제대로 찍지 않고 칼질을 하는 통에 고기가 접시 안에서 널 뛴다. 아이는 고기 한가운데를 톱질하듯 격렬하게 썰어 대다 우유를 엎을 뻔한다.

맏이로 태어난 완벽주의자 아빠는 더 이상 참고 볼 수가 없다. 아빠는 제시의 접시를 움켜잡는다. "아빠가 대신 잘라 줄게."

"아니야, 아빠. 내가 할래."

"아빠가 계속 보고 있었는데, 넌 못할 것 같아. 그 모양으로 하다가는 일주일이 지나도 고기 다 못 썰어. 아빠한테 줘. 아빠가 해 줄게."

제시 아빠는 제시 스스로 고기를 잘라 먹도록 인내심을 가지고 기다려 주지 못했다. 브루스 엄마는 중요한 것은 아들이 최선을 다해 공작 숙제를 해냈다는 사실이라는 것을 깨닫지 못했다. 비극이다. 두 사람의 행동이 어린 자녀에게 보내는 메시지는 이것이다. 넌 혼자서는 제대로 못해. 넌 대신 해 줄 사람이 필요해.

몇 년 후 제시 아빠는 제시가 학교에서 받아 온 과학 실험 과제를 대신 해 주고 있을 것이다. 브루스가 조금 더 자라 신문 배달을 하게 되면 브루스 엄마는 매일 새벽같이 일어나 아들과 함께 신문을 접고 동네를 돌고 있을 것이다.

브루스 엄마와 제시 아빠에게 그런 행동은 자식을 망치는 행동이라고 하면 두 사람은 뭐라고 할까? 입을 떡 벌리고 이렇게 생각할 것이다. 이 양반이 뭘 잘못 먹고 정신이 나갔나? 하지만 두 사람의 행동은 분명 자식을 망치는 행동이다. 이런 부모는 자식이 어른이 되는 것을 막고, 독립심과 자부심을 키우는 것을 방해한다. 이런 부모의 자녀들은 성장한 다음에도 자신은 뭘 해도 실패할 거라고 생각하며 항상 도와줄 사람을 찾는다.

> 그 모양으로 하다가는 일주일이 지나도 고기 다 못 썰어. 아빠한테 줘. 아빠가 해 줄게.

당신도 어린 시절에 이런 일들을 겪었는가? 그때 기분이 어땠는가? 그 시절 부모의 태도가 현재 당신의 자아와 행동에 어떤 영향을 미쳤다고 생각하는가?

걱정 마, 내가 네 마음을 정해 줄게

맏이 로레인이 내게 상담을 받으러 왔다. 20대의 그녀는 부모에 대한 분노로 가득했다. 자존감도 무척 결여돼 있었다. 그런데 얘기를 들어 보니 로레인이 기억하는 어린 시절은 오히려 파란 하늘과 찬란한 햇빛이었다.

로레인은 2년 동안 피아노 레슨을 받았고, 발레와 체조도 수준급으로 배웠고, 매년 여름 비싼 캠프에 갔다. 가족은 좋은 동네에 살았고 부모는 로레인에게 무엇이든 최고를 사 주었다. 부모는 갑부는 아니었지만 딸이 명문대학에 들어가도록 물심양면으로 지원했고, 비싼 대학 학비도 대 주었다. 로레인은 필요하거나 원하는 것 모두 부족함 없이 누렸다. 그런데 왜 이렇게 자신감이 부족할까? 그리고 부모에 대한 원망은 또 왜 이렇게 깊은 걸까?

우리는 좀 더 심도 있는 얘기를 나누기 시작했다. 그러자 낯익은 패턴이 드러나기 시작했다.

"피아노 레슨은 본인이 원한 거였나요?" 내가 물었다.

"아뇨. 엄마가 피아노는 꼭 칠 줄 알아야 한다고 생각했어요. 2년 쯤 레슨 받다가 결국 제가 엄마를 설득해서 피아노를 그만뒀죠. 그때 엄마가 엄청 실망했어요."

"발레는요?"

"발레수업 첫날 울었어요. 정말 싫었거든요. 아무튼 처음에는 진짜 싫었어요."

"그런데 어머니가……."

"네, 엄마가 배워야 한다고 우겼어요."

로레인이 나온 대학교도 실은 로레인 아버지의 모교였다. 그렇다면 로레인이 가고 싶었던 학교는 어디였을까? 로레인은 미술대학에 가고 싶었다. 하지만 아버지는 딸이 비즈니스 분야에서 성공하기를 바랐고 결국 그녀는 경영학을 전공했다.

로레인의 부모는 딸에게 언제나 '최고의 것'만 주었다. 그런데 문제는 그것이 '부모가 생각하는 최고의 것'이었다는 점이다. 로레인은 자신의 인생에 아무런 발언권이 없었다.

그뿐이 아니었다. 로레인이 기대에 부응하지 못할 때마다 부모는 딸에게 실망했고, 그것이 딸에게 고스란히 전달됐다. 물론 부모는 로레인에게 단 한 번도 실망했다는 말을 하지 않았다. 하지만 여러 가지 다른 방법으로 딸에 대한 실망감을 드러냈다. 로레인이 피아노 레슨을 그만뒀을 때 그녀의 어머니는 슬픈 표정을 지으며 한숨을 내쉬었다. 어머니가 딸에게 보인 보디랭귀지는 아예 대놓고 "피아노 하나 제대로 배우지 못하다니 너처럼 한심한 애도 따로 없구나. 남들은 못 가지는 기회를 주면 뭘 하니? 넌 그 기회들을 들어먹는 것밖에 하는 게 없잖아."라고 말하는 것이나 다름없는 상처를 주었다.

불행히도 로레인은 멍청이가 아니었고 충분히 알아들었다. 그녀는 자신이 부모에게 실망스러운 딸이라는 것을 알았다. 다만 부모님이 좋은 분들이기 때문에 대놓고 말하지 않는 것뿐이었다.

로레인의 잠재의식은 이런 결정을 내렸다. 불쌍한 엄마아빠. 나한테 그렇게 잘해 주면 뭘 해. 나는 잘하는 거 하나 없고 계속 실망시키기만 했어.

시간이 걸리기는 했지만 로레인은 결국 깨달았다. 그녀에게 언성을 높이거나 욕을 하거나 언어폭력을 쓰거나 너한테 실망이라고 말한 적은 단 한 번도 없었지만, 사실 부모는 그녀를 계속 비판하고 있

> 로레인의 부모는 딸에게 언제나 '최고의 것'만 주었다. 그런데 문제는 그것이 '부모가 생각하는 최고의 것'이었다는 점이다.

었다. 대학을 졸업하고 부모 품을 완전히 떠난 지금, 로레인에겐 분하고 억울한 심정만 남았다. 그녀는 과거에 연연하고, 앞일을 예단하고, 자신의 능력을 의심하고, 스스로를 비하했다. 그리고 무슨 일에나 결단을 내리지 못하고 누군가 자기 대신 결정해 주기를 기대했다.

자기 회의와 자신감 결여가 예전에 부모가 자신을 대하던 방식에서 비롯됐음을 깨달은 후 로레인은 스스로에게 너그러워지기로 마음먹었다. 생전 처음으로 그녀는 자신이 인생에서 진정으로 원하는 것이 무엇인지 생각해 보았다. 자신이 원하는 것이 부모의 바람과 백퍼센트 들어맞지 않는다고 잘못된 걸까? 그렇지 않다. 로레인은 자기부정이라는 인생의 걸림돌을 치워 버리기로 결정했다.

로레인이 이례적인 경우일까? 그렇지 않다. 나는 로레인 같은 사람들을 수없이 접했다. 그들 대부분 맏이였다. 부모의 방해 때문에 자신만만하고 당당한 어른으로 성장할 수 없었던 불쌍한 맏이들이었다.

왜 맏이가 가장 피해를 보는가?

위의 사연들이 남 얘기 같지 않고 본인의 성장담처럼 느껴지는 사람들이 많을 줄로 안다. 비판적인 부모를 만나 가장 피 보는 자녀는 맏이다. 왜 그럴까? 맏이가 가장 큰 기대를 받기 때문이다. 맏이들은 어려서부터 어른 취급을 받는다. 맏이는 언제나 '더 많이 알아야' 하고 '더 잘해야' 한다. 부모야 이미 어려서 해 본 일들이지만 맏이에게는 뭐든 첫 경험이다. 기고, 걷고, 뛰고, 유치원 운동장에서 길 찾아다니고, 수학시험을 치르고, 자기 방 청소를 하고 어린이 야구팀에 들어가는 것 모두 생전 처음 하는 일이다. 까놓고 말해서, 한 번도 해 보지 못한 일을 어떻게 '더 잘한단' 말인가? 말이 되나? 맏이는 너무나 큰, 말도 안 되게 큰 기대를 받는다.

맏이는 '실험적인' 아이다. 나쁘게 말하면 '실험용 쥐'다. 맏이는 하필 부모가 생초보일 때 태어나 괜한 실험을 당한다. 부모는 각종 자녀양육 지침서에서 읽은 조치와 수법들을 맏이에게 골고루 시도한다. 그중 어떤 것은 먹히고 어떤 것은 불발에 그친다. 그리고 그 탓도 부작용도 모두 맏이의 몫이다. 맏이가 중학생 정도 되면 부모도 자신이 아이에게 가혹했다는 걸 깨닫는다. 그리고 앞으로는 그러지 말아야겠다고 다짐한다. 글쎄? 부모의 이런 깨달음이 열 살 난 여동생과 일곱 살 난 막내에게는 희소식일지 몰라도, 이미 겪을 것 다 겪은 맏이에게는 아무 소용없는 일이다. 맏이의 성격에는 이미 지워지지 않는 잉크로 '실패한 완벽주의자'의 낙인이 찍히고 말았다.

너무나 많은 부분이 부모 하기에 달려 있다. 혹시 부모가 흠잡기의 대가였는가? '당연히'를 입에 달고 사는 부모였나? ("당연히 이렇게 해야지." "당연히 그러면 안 되지.")

비판적인 부모는 맏이를 망치기 딱 좋다. 특히 아들만 둘이거나 딸만 둘인 가정에서 부모 중 한 명이라도 비판적이면 그 집 맏이는 지저분하고 꾸물거리는 아이가 되기 쉽다. 그리고 자신이 기대에 못 미

> 맏이는 '실험적인' 아이다. 나쁘게 말하면 '실험용 쥐'다.

치는 자식이라는 자격지심 때문에 비판에 극도로 민감해진다. 그리고 둘째가 맏이를 밀어내고 맏이 자리를 차지하게 된다.

외과의사가 비판적인 시각을 가졌다면 그것은 엄청난 장점이다. 내가 환자라면 매사 분석적이고 비판적인 의사에게 수술받고 싶지, 술렁술렁 대충대충인 사람에게 받고 싶겠는가? 그런데 직장에서는 이처럼 더할 수 없이 유용한 스킬이 가정에서는 인간관계를 망치는 독으로 작용하는 일이 허다하다. 비판적인 부모는 자녀의 자존감을 죽이는 천적이다.

비판적인 **아버지**

아빠와 딸 사이는 각별하다. 따라서 비판적인 아버지가 맏딸에 미치는 영향은 더욱 심각하다.

다음 경우를 상상해 보자.

맏딸
──여섯 살 터울──
맏아들(외아들)
──세 살 터울──
어리광쟁이 막내(둘째딸)

여기에 비판적이고 엄격한 아버지를 추가하자. 아버지는 맏딸에 대해 매우 엄격하고 까다로워서 매사 맏딸에게 규율에 따라 완벽히 행동하기를 강요한다. 그 결과 맏딸은 선을 벗어나는 것은 꿈도 못 꾸는 우주 최고의 바른생활 소녀가 되었다.

그러다 남동생이 태어난다. 성별이 다른 동생은 위협이 되지 않는다. 그리고 남동생은 맏아들이자 외아들이라 걔도 일종의 맏이다.

문제는 그 다음에 태어난 여동생이다. 여동생은 언니와 완전 딴판이다. 그리고 아빠를 구워삶는 데 선수다. 설상가상으로 아빠는 자신도 막내였기 때문에 어리광쟁이 막내와 자신을 동일시하고 막내를 과잉보호한다. 막둥이가 이걸 모를 리 없다. 막내딸은 주변사람들을, 특히 아빠를 자기 편리한 대로 조종하는 기술이 고도로 발달한다.

이런 상황에서 맏딸은 어떻게 될까? 낙동강 오리알 신세가 된다. 아빠는 맏딸에게 전혀 관심을 보이지 않는다. 관심을 보일 때는 딸을 비판할 때뿐이다. 이 집 맏딸이 맏이 역할을 포기하고 규칙을 어기기 시작하면서 가족 중 별종이 되는 것은 시간문제다. 이 맏딸은 실패한 완벽주의자다. 더는 뭘 해도 잘한다는 소리를 들을 수 없다. 이걸 뻔히 아는데 노력은 해서 뭐하나? 그리고 막내 동생과 사이좋게 지내지 못할 가능성이 크다. (막내를 잡아먹지 못해 안달이 아니면 다행이다.)

아버지는 딸이 자라서 남녀관계를 바라보는 관점에 지대한 영향을 미친다. 당신의 아버지는 당신을 어떻게 대했는가? 그 결과 당신은 남자들을 어떻게 바라보게 되었나? 혹시 어릴 때 여동생이 당신을 제치고 맏이 역할을 대신

> 아버지는 딸이 자라서 남자와 남녀관계를 바라보는 관점에 지대한 영향을 미친다.

하지 않았는지, 그리고 그 배후에 비판적인 아버지가 있지 않았는지 생각해 보자.

아빠가 딸을 대하는 태도는 딸의 인생에 엄청난 영향을 미친다. 하지만 그 영향 때문에 타고난 능력과 자존감을 상실하고 풀 죽은 성인으로 계속 살 수는 없다. 이제부터 그 극복 방법을 알려 줄 것이다. 과거에 얽매여 살 필요는 없다. 상상을 넘어서는 멋진 미래와 자유가 당신을 기다린다.

위험한 기대

기대라는 것은 참 흥미롭다. 인정하든 안 하든 자녀에게 부담 주지 않는 부모는 없다. 다음은 어느 집에서나 흔하게 일어나는 장면이다.

"얘들아. 이제부터 엄마랑 장 보러 간다. 몇 가지만 사러 나가는 거야. 그러니까 괜히 과자 사 달라고 조르기 없기, 다들 얌전히 굴기. 알았지? 아무거나 만지지 말고 떠들지 않기. 알았지? 너희만 잘하면 장 보는 거 후딱 끝낼 수 있어. 오늘 저녁에 아빠가 손님을 초대했기 때문에 엄마는 얼른 돌아와 저녁을 준비해야 해."

엄마는 자신이 단순히 상황설명을 하고 있다고 생각할지 모르지만, 그건 착각이다. 엄마의 진짜 메시지는 이것이다. "자, 얘들아. 우리는 지금부터 가게에 갈 거야. 너희는 당연히 제멋대로 날뛰겠지."

아이들의 반응은? 당연히 아이들은 엄마의 기대를 저버리지 않는다. 즉, 제멋대로 날뛴다.

부모의 부정적 기대는 맏이의 인생에서 불행한 현실이 되기 쉽다. 엄마아빠로부터 긍정적인 기운 대신 항상 부정적인 지적을 받게 되면, 맏이 특유의 비판적 시각이 자기발전이 아니라 자신에게 해가 되는 방향으로 작용하게 된다. 맏이들에게 기우가 잦고 부정적 생각이 많은 데는 다 이유가 있다. 어릴 때부터 부정적인 시각으로 자신을 보도록 은연중에 훈련받은 결과다.

우리 각자의 내면에는 카메라가 있어서 그 카메라가 인생의 중요 순간들을 찰칵찰칵 찍는다. 『당신의 어린 시절 기억이 당신을 말한다(What Your Childhood Memories Say About You)』에 내가 쓴 말이다.[1] 자전거에서 넘어져 무릎이 까졌을 때, 사람들 앞에서 망신당했던 때 등등 몇몇 사건들은 세월이 흘러도 머릿속에 박혀 잊히지 않는다. 왜 그럴까? '사적논리'를 형성한 사건들이기 때문이다. ('사적

> **당신은 언제 존재감을 느끼는가?**
> **자신이 진가를 발휘하고 있다고 느끼는 때는 언제인가?**
>
> - 우위를 점하고, 주위를 호령하고, 승리할 때
> - 갈등을 피하고 평화를 이룰 때
> - 모든 사람을 만족시킬 때
> - 관심의 중심이 될 때
> - 본인 방식대로 할 때
> - 목표를 향해 앞서 나아가고 있을 때
> - 목표에 도달하고 다음 목표를 위해 전열을 가다듬을 때
> - 다른 사람의 행복에 기여할 때
> - _____ (빈칸을 채우시오.)

논리'에 대해서는 2장에서 언급한 바 있다.) 심리학자 알프레드 아들러가 명명한 '사적논리'는 사람이 자기 자신을 보는 관점을 말한다. 인생관이라고도 할 수 있다. 여기에는 타인의 관심을 구하는 방식과 갈등에 대처하는 방식도 해당된다. "내 인생 스토리에서 얻은 교훈은 _____다."에서 빈칸을 채워 보자. 이 문장이 곧 당신의 사적논리다. 사적논리는 당신이 인생에서 존재감을 느끼는 때가 언제인지 말해 준다.

이제는 떠나보내야 할 시간

맏이들은 조심성 많고 신중하다. 맏이들은 깜짝 이벤트를 좋아하지 않는다. (난 그것을 쓴맛을 보고서야 알았다. 한번은 아내 샌디를 위해 터무니없이 깜짝스런 생일파티를 준비했다가 아내를 경악시켰다. 그때처럼 뻘쭘했던 적도 없었다. 가방끈 긴 걸로 치면 나만 한 사람도 없는데 생각은 너무 짧았다. 나의 막내 머리는 아내가 깜짝 이벤트를 반기지 않을 거란 생각을 전혀 못했다. 물론 지금은 정신 차렸다.) 맏이들은 변화구를 싫어한다. 직구로 승부한다. (배우자가 맏이라면 사람들을 갑자기 집에 초대하는 것도 삼가야 한다.) 물론 맏이들도 새로운 것을 시도한다. 다만 본인의 계획과 일정에 따라 할 뿐이다. 맏이들이 제대로 발동 걸리고 자신감을 얻는 날에는 바싹 긴장해야 한다. 중간아이들이나 막내들은 그 앞에 명함도 못 내미니까.

하지만 비판적인 부모의 무게에 꽁꽁 눌려 있는 맏이는 단단히 결심하고 노력하기 전에는 잠재력을 활짝 펴고 훨훨 날기 어렵다.

요즘은 어린 시절의 기억을 더듬어 부모에게 화살을 돌리는 게 유행이다. "엄마가 날 이렇게 만들었어요." "이게 다 아빠 때문이에요." 아주 틀린 말은 아니다. 세상을 부정적으로 보는 시각은 비판적인 부모의 영향일 가능성이 높다. 마땅히 받아야 할 격려와 응원을 받고 자라지 못한 사람은 물이 들어 있는 잔을 보고 반이나 비었다고 하지, 반이나 찼다고 하지 않는다. 그리고 지속적으로 패배감에 시달린다. 혹평에 기죽어 있다 보니 아무것도 시도하지 않게 된다. 여러분 중에는 양친이 모두 비판적이었던 사람도 있을 것이다. 그런 악조건에서 살아남은 자신의 머리를 쓰다듬어 주고 등을 두들겨 주자.

모두 사실이다. 당신의 부모는 당신에게 못할 짓을 했다. 당신에게 일어난 일은 일어나선 안 될 일이었다. 하지만 과거를 원망한다고 해서 크게 달라질 것이 있을까?

화가 나고, 의기소침해지고, 자기연민의 수렁 속을 헤맬 뿐이다. 그런 상태로 머물고 싶은 사람은 아무도 없다. 이것을 기억하자. 만이인 당신에게 성공은 본능이다. 당신은 세상에서 승승장구하기 위해 태어난 사람이다. 그런 당신에게 과거에 매달려 있는 게 과연 도움이 될까?

문제의 원인을 직시하고, 당시 거기에 당신이 어떻게 반응했고 현재는 어떤 영향을 받고 있는지에 대한 차분한 평가가 이루어졌다면, 이제는 결단을 내리고 앞으로 움직일 때다. 그래야 어딘가에 도달할 수 있다.

아카데미상에 빛나는 명배우 진 해크먼Gene Hackman도 용감한 결단을 내렸다. 부자관계가 걸려 있는 결단이었다. 1943년, 해크먼이 열세 살 때였다. 어느 토요일 아침 해크먼이 친구네 집 마당에서 놀고 있을 때 아버지의 차가 지나갔다. 해크먼은 눈을 들었다. 아버지가 손을 흔들었다. 그는 아버지와 눈이 마주치는 순간, 잘 있으라고 손 흔드는 아버지를 보는 순간 아버지가 다시는 돌아오지 않을 것임을 깨달았다.[2]

해크먼은 어릴 때 집을 나간 아버지로 인해 큰 상처를 입었다. 하지만 세월이 흐르면서 해크먼은 인생에서 중대한 실수를 저지르는 사람들을 관대하고 공감 어린 시선으로 바라보게 되었고, 훗날 아버지를 만나 그동안 하고 싶었던 말을 속 시원히 한 다음 아버지를 너그러이 용서했다.

해크먼은 이렇게 말했다. "아버지의 태도가 변하거나, 아버지가 본인의 잘못을 이해하길 기대하는 것은 바보짓이었다. 그래서 나도 더 이상 분노할 필요가 없다는 결정을 내렸다."[3]

우리 모두 흠이 있고, 그래서 모두 용서를 필요로 한다. 부모라고 해서 완벽한 사람들은 아니다. 하지만 본인들이 가진 것과 아는 것을 다 동원해서, 그리고 주어진 상황과 형편 내에서 최선을 다했을 것이다. 그리고 본인들이 옳다고 생각한 대로 소신껏 당신을 키웠을 것이다. 이제 와서 그 선택의 옳고 그름을 따지는 것은 부질없는 일이다. 부모는 자녀와 일종의 힘겨루기를 한다. 어떻게든 자식을 이기려 한다. 비판 성향이 강한 부모일수록 자식을 이기려는 의지도 투철하다. (맏이 부모와 맏이 자녀의 충돌에 대해서는 7장에서 자세히 다룰 것이다.) 대개는 자녀에게 전적으로 불리한 싸움이었다.

이제 잊고 떠날 때가 되었다. 과거는 과거일 뿐이다. 이제 당신은 성인이다. 더는 당신 인생에 권한이 없는 사람들과 부질없는 힘겨루기를 계속할 필요가 없다. 당신은 실속 없는 권력 투쟁에서 벗어나야 하고, 또 벗어날 수 있다. 지겨운 싸움에 안녕을 고하자. 그러지 않으면 어린 시절의 고통을 똑같은 패턴으로 계속 반복하게 된다.

그럼 무엇부터 시작해야 할까?

> 더는 당신 인생에 권한이 없는 사람들과 부질없는 힘겨루기를 계속할 필요가 없다.

극복의 시간

살다 보면 누구나 인생에서 이런저런 모진 일을 당한다. 두말하면 입 아픈 얘기다. 하지만 그것이 인생에서 성공하지 못한 핑계가 될 수는 없다. 인생의 부당한 처사(또는 특정인의 부당한 처사)를 원망하며 그대로 머물러 있을 것인가? 아니면 어려운 경험을 오히려 역경을 이기는 발판으로 삼을 것인가?

비판적인 부모로 인한 심적 피해는 방치할 경우 평생을 가기도 한다. 아흔 살이 되어서도, 매일 부모에게 혼나는 꼬마 같은 행동양식을 보일 수 있다. 부모의 비판은 자식이 성인이 되었다고 끝나지 않는다. 55세 중년 아들을 계속 어린아이 취급하면서 만날 때마다 비판과 잔소리를 늘어놓는 부모를 생각해 보라. 경제적으로 독립할 때까지 부모와 사는 23세 청년의 경우는 가끔이 아니라 날마다 부모의 비판을 감수해야 한다.

하지만 방법은 있다. 벗어나자. 벗어나는 데 늦은 때는 없다. 다만 빨리 할수록 좋다.

정상참작의 미덕

어떤 부모든 가끔은 이성을 잃고 자식에게 이런 말을 내뱉는다. "난장판 만드는 거 빼면 넌 대체 하는 일이 뭐냐?" 또는 "너 하는 일은 내 속 썩이는 것밖에 없구나!" 부모도 사람이기 때문이다. 부모도 살로 덮이고 피가 흐르는 평범한 인간이라서 끓는점에 도달하면 마음에 없는 소리가 입 밖으로 튀어나온다.

누구나 어린 시절 카펫에다 시럽을 쏟았다가 엄마한테 위와 비슷한 말을 들었다. 그런데 대개는 말만 그렇지 뜻까지 그런 것은 아니다. 자식이 세상에서 가장 지저분한 녀석이고, 얼른 자라서 눈앞에서 사라지면 소원이 없겠다는 말이 설마 진심이겠는가?

별 잘못도 아닌 걸 가지고 부모에게 폭언을 듣기도 한다. 직장일 때문에 항상 신경이 곤두서 있는 아빠라면 알게 모르게 자식에게 스트레스를 푼다.

하지만 입장을 바꿔 생각해 보자.

흔히 사람들은 아이들이 부모에게 어떤 것을 요구하거나 물어보기에 앞서 적절한 때를 노릴 정도의 눈치는 있을 거라고 생각한다. 하지만 아이를 길러 본 경험으로 판단하건대, 불행히도 그렇지 않다. 눈치는커녕 어떤 때는 오히려 최악의 타이밍을 고르는 것 같다.

내가 양손에 렌치를 들고 싱크대 밑에 기어들어가 물 새는 파이프와 사투를 벌이고 있으면 꼭 한 녀석이 와서 술래잡기를 하자고 한다. ("네 눈엔 내가 그렇게 한가해 보이냐?" 이 말이 튀어나오려 한다. 하지만 명색이 심리학자라 그 말이 아이에게 미칠 충격을 생각하며 입술을 깨문다.) 그런데 막상 내가 며칠 휴가를 내서 한가하게 노닥거리고 있으면, 그때는 놀자고 얼씬거리는 놈 하나 없다. 그게 인생이다.

내가 아이였을 때는 나도 타이밍에 꽝이었다. 지금도 생생히 기억난다. 나는 아빠와 엄마가 고도의 집중을 요하는 작업을 진행하고 있을 때마다 등장해 훼방 놓는 데 선수였다. 이제 세월이 흘러 내 아이들이 나한테 같은 짓을 하고 있다. 인생은 이렇게 우습게 돌고 돈다.

이렇게 생각하자. 당신의 타이밍이 엄마아빠의 기분과 일정과 맞지 않았다. 물론 그렇다고 부모가 날선 말을 한 것이 잘한 행동이라는 뜻은 절대 아니다. 하지만 부모도 인간이다. 부모에게, 그리고 당신 자신에게 좀 너그러워지면 안 될까?

부모의 질투

뭐라고? 아빠가 나를 샘낸다고? 무슨 미친 소리.

그게 정말 미친 소리일까?

부모라면 누구나 자녀에게 자신이 누린 것 이상으로, 그리고 자신이 못 누린 것까지 모두 베풀어 주고 싶다고 한다. 대부분은 진심에서 하는 말이다. 하지만 마음속 깊은 곳에 모종의 질투심이 있고, 그 질투가 비판적 태도로 분출되는 경우도 있다.

예를 들어 지미의 아버지는 입버릇처럼 어서 아들이 대학에 진학하는 자랑스러운 모습을 보고 싶다고 말한다. 지미는 집안에서 처음으로 대학에 간다. 그런데 지미 아버지는 아들 자랑을 하면서도 자신은 예전에 고등학교도 졸업하지 못하고 학업을 포기해야 했다는 자격지심이 크다. 그래서 지미가 교만해지는 것을 최선을 다해 막는다. 아들을 과소평가하는 언사를 꾸준히 쏟아내고, 잘한 부분은 못 본 척하고 못한 부분은 지나치게 강조한다.

지미는 좌절감에 빠지고 기가 죽는다. 그리고 왜 아버지가 자신을 마뜩해하지 않는지 고민스럽다. 이를 악물고 더 열심히 노력하리라 결심도 한다. 하지만 죽어라 노력해도 소용없다. 지미가 무엇을 어떻게 하든 아버지에게는, 그리고 결국은 지미 자신에게도 결코 만족스럽지 않다.

주디의 엄마도 예쁘고 인기 많은 딸에 대한 자랑으로 침이 마른다. 하지만 딸이 만나는 남학생에 대해서는 그게 누구든 한 마디도 좋은 소리를 하는 법이 없다. 주디한테도 잔소리를 멈추지 않는다. 긴 앞머리부터 새로 산 청바지까지 골고루 흠을 잡고, 어쩌다 얼굴이 부으면 놓치지 않고 한마디 한다.

불쌍한 주디는 얼마 안 가 자신의 외모에 자신감을 잃는다. 하지만 평범한 외모의 어머니가 자신을 질투한다는 생각은 꿈에도 하지 못한다.

내 말이 미친 소리라고 생각하는가? 질투는 우리 생각보다 훨씬 흔하다. 내가 상담 중에 꾸준히 접하는 경우이기도 하다. 유난히 비판적인 부모라면 자식에게 질투하는 경우를 의심해 볼 만하다.

온 세상이 못마땅한 부모

샬럿은 엄마가 왜 항상 자신을 잡아먹지 못해 난리인지 알 수가 없다. "내가 하는 건 뭐든지 못마땅한가 봐요. 뭘 해도 잘했다는 법이 없어요. 엄마 눈에 나는 그냥 구제불능이에요."

그래서 내가 물었다. "어머니가 샬럿 양에게만 그러시나요? 아니면 매사 다 그러시나요?"

샬럿은 허를 찔린 표정이었다. "음. 엄마는 누구한테도 좋은 소리 하는 일이 드물어요."

"항상 비판적이시군요?"

"언젠가 엄마 기분을 물어본 후로 다시는 그런 질문 안 해요. 괜히 물어봤다가 하나에서 열까지 한참이나 훈계를 들었어요."

문제가 있는 건 사실이었다. 하지만 샬럿 자신의 문제는 아니었다. 문제는 샬럿 어머니가 세상을 대하는 방식이었다.

요점은 이것이다. 간혹 세상에는 비위 맞추는 것이 불가능한 사람들이 있다. 그런 사람들은 쉽게 바뀌지 않는다. 그들은 검은 안경을 끼고 세상을 보는 사람들이다. 매사 불평이고 불만이다.

만약 비위 맞추기 불가능한 사람을 부모로 두었다면? 당신이 할 수 있는 일은 별로 없다. 그런 사람은 본인이 맘먹고 고치려 들지 않는 한, 남이 뭐라 해도 바뀌지 않는다. 움직이지 않는 벽을 옮기려는 것은 괜한 시간과 노력 낭비다.

하지만 당신이 변하면 된다. 부모가 당신을 구박한 이유가 당신의 됨됨이나 능력이나 성

> 만약 비위 맞추기 불가능한 사람을 부모로 두었다면? 당신이 할 수 있는 일은 별로 없다.

과와는 아무 관계없다는 것을 깨닫는 것, 그것이 변화의 첫걸음이다. 웃어넘기는 것이 쉬운 일은 아니다. 하지만 그것이 당신이 할 수 있는 유일한 것이다. 부모와 따로 산다면 되도록 부모와 부딪힐 기회를 피하는 게 중요하고, 부모와 함께 산다면 독립할 계획을 세우거나 본인의 일과를 조정해서 부모와 불필요한 접촉을 줄이는 것이 좋다. 단도직입적으로 말해서, 비판이나 부정적 사고를 참아 줄 여유가 있는 날도 있지만, 도저히 받아 줄 수 없는 날도 있다. 그런 날이 언제고 저런 날이 언제인지 아는 것은 오직 당신 자신밖에 없다. 스스로 알아서 조절해야 한다.

자식에게 화풀이하는 부모

자녀가 하는 일을 못마땅해하고 사사건건 꼬투리 잡는 부모의 경우, (겉보기엔 자식을 나무라는 것 같아도) 잔소리의 실질적 대상은 사실 자녀가 아닐지도 모른다. 진짜 힐난의 대상은 본인이나 그 배우자일 수 있다.

이런 불행한 아빠를 가정해 보자. '나는 나이 마흔에 아직도 같은 일자리를 전전하고 있어. 마흔이면 백만장자가 돼 있을 줄 알았는데 지금 내 꼴은 인생을 허비한 패배자에 불과해.' 그리고 아빠는 직장에서 느끼는 좌절감과 분노를 퇴근해서 딸아이에게 소리 지르는 것으로 푼다.

실제로 아빠는 누구한테 화가 난 걸까? 자기 자신이다. 하지만 자기 자신을 헐뜯을 수 없으니 편리한 대체물을 찾은 것이다. 이런 경우 샌드백은 항상 맏아이다.

또는 부부싸움을 하고 화가 잔뜩 난 엄마를 상상해 보자. 마침 맏아들이 뭔가 제 아빠를 연상시키는 짓을 한다. 그게 뭔지는 중요하지 않다. 엄마는 아들에게 이때다 하고 공격을 개시한다.

그럼 어리둥절한 맏이는 생각한다. 내가 뭘 잘못한 거지? 아이는 아무것도 잘못하지 않았다. 죄가 있다면 엄마아빠가 교전중일 때 하필 가운데 있다가 총알을 맞은 죄밖에 없다.

비판적 부모 밑에서 자란 사람은 이런 예들이 남의 얘기 같지 않을 거다. 부모도 결점 있는 인간이고, 부모 노릇은 고통스런 시행착오의 과정이며, 부모 자신도 과거의 짐에서 자유롭지 못한 사람들이다. 그걸 생각하면 그들이 칭찬에 인색하고 흠만 잡는 사람이 된 까닭을 이해 못할 바도 아니다. 어쨌거나 부모도 기계가 아니라 숨 쉬고 생각하고 느끼고 종종 상처 받는 인간이다.

어느 부모나 자식을 으뜸으로 키우겠다는 의지에 불탄다. 그래서 좋다는 육아서적을 섭렵한다. 하지만 막상 아기가 태어나고 육아가 현실이 되면, 머리에 입력된 온갖 '현명하고 유용한' 권고들은 사하라 사막의 눈처럼 녹아 없어지고, 부모는 결국 몸으로 부딪히고 맨땅에 헤딩하며 부모 노릇을 익힌다. 그리고 거기서 오는 스트레스는 누구에게 풀었을까? 바로 당신, 맏아이에게 풀었다.

잘한 행동일까? 절대 그렇지 않다. 잘못은 잘못이다. 하지만 이제 와서 부모의 행동을 바로잡을 수는 없는 노릇이다. 그렇다고 동생들에게 화풀이하겠는가? 엄마아빠가 철이 든 후에 태어나서 당신보다 훨씬 후한 대접을 받았다는 이유로? 말도 안 된다.

당신이 과거에서 자유로울 수 있는 유일한 방법은 부모의 잘못을 이해하고 용서한 다음, 본인의 인생을 충실하게 앞으로 나아가는 것이다. 그렇지 않으면 원망과 분개심이 계속 당신의 발목을 잡을 것이다.

용서하라고 해서, 나쁜 일을 모두 없었던 일로 하고 부모의 잘못이 아닌 척하라는 뜻은 아니다. 용서란 일어난 일을 일어난 대로, 부모의 영향과 그로 인한 당신의 부정적 성향까지 모두 인정한 다음, 그런 기억들의 사슬을 풀어 버리는 것을 말한다. 영원히.

부모와 화해하는 법

화해는 어렵다. 거절당할 위험이 따르기 때문이다. 진 해크먼이 가족을 버린 아버지를 용서했듯 자신에게 상처 주었던 사람에게 마음을 열고, 그 사람에게 품었던 마음가짐을 바꾸는 일은 무척 어렵다. 하지만 다음 과정을 밟으면 도움이 된다. 뻔해 보이더라도 우습게 여기지 말고 꼭 시도해 보기를 권한다. 내게 상담을 받고 다음의 과정을 밟았던 사람들 중 상당수가 희색이 만연한 얼굴로, 때로는 기쁨의 눈물이 그렁그렁해서 다시 돌아와 효과를 인정해 주었다.

같은 미소가 여러분의 얼굴에도 피었으면 좋겠다. 나로서는 사람들이 과거의 구덩이에서 걸어 나와 미래를 향해 자신만만하게 걷는 것을 보는 것이 최고의 낙이다. 당신은 많이다. 당신은 독수리처럼 날기 위해 태어났다. 하지만 그 전에 당신의 두 발을 기둥에 묶어 놓은 사슬부터 풀어 버려야 한다. 미련 없이 사슬을 버리는 것은 남이 아닌 당신 자신을 위한 것이다.

속마음 털어놓기

가능하다면 부모와 훈훈한 분위기에서 대화를 시도한다. 지난날의 경험과 감정을 원망이나 비난 없이 최대한 덤덤하게 풀어 나가자. 허심탄회한 대화는 양쪽 모두에게 도움이 된다. 부모도 자신들이 자녀에게 실수했다는 걸 알고 있을 가능성이 크다. 그리고 그 일에 대해 당신만큼이나 가슴 아프게 생각하고 있을지 모른다. 다만 그 사실을 직시하고 인정하기가 쉽지 않았을 뿐이다. (누구에게나 잘못을 인정하는 것은 쉬운 일이 아니다.)

반면 맏이가 자신을 원망하는 줄 꿈에도 모르는 부모도 있다. 하지만 알게 되면 자식과 관계 회복을 위해 최선을 다할 것이다. 그동안 자식과 소원해져서 속상했는데 이제 그 이유를 알게 돼서 다행으로 여길지도 모른다.

반면 대화를 거부하거나 자신들의 실수를 인정조차 하지 않는 부모도 있다. 그렇다 해도 적어도 당신은 상황 해결을 위해 노력했다는 만족감을 얻을 수 있다. 옳고 그른 것에 대한 판단이 뚜렷한 맏이 성격에는 그것도 상당히 중요한 일이다. 입을 꾹 다물고 있다가 나중에 오래 묵힌 분노가 폭발하는 것보다는 그게 훨씬 낫다.

부모에게 직접 말하는 것이 너무 고통스럽다면 글로 쓰면 된다. 날선 말은 피하는 것이 좋다. 공격을 하면 상대는 수세를 취하기 마련이다. "당신이 내게 이런 일을 했다."는 식의 표현 대신 "그 일이 있었을 때 내 기분은 이러했다."는 식의 표현을 쓰자. 확고하되 부드러운 말을 쓰자.

부모가 이미 돌아가셨거나 부모가 당신 말에 신경 쓰지 않거나 대화를 거부한다면 카운슬러나 성직자 등 다른 말상대를 찾는 것이 좋다. 부모 입장에서 말을 들어주고 부모를 이해하고 용서하는 데 그런 사람이 도움을 줄 수 있다. 부모가 아직 살아 계시지만 대화를 시도했다가 실패한 경우라면 그것은 부모의 손해지 당신의 손해가 아니다. 적어도 당신은 문제 해결을 위해 노력했다. 그것이 중요한 거다.

자책감에서 벗어나기

부모에게 잘못된 대접을 받은 것이 당신 탓은 아니다. 혹시 그 탓이 본인에게 있다고 생각하는가? 그렇지 않다. 정말로 믿어질 때까지 그 사실을 부단히 상기하자. 부모가 동생은 (당신 보는 앞에서) 금이야 옥이야 예뻐하면서, 당신은 못 미더워하고 불공평하게 대우한 것이 당신에게 그럴 만한 '이유'가 있었기 때문이라고 생각하는가? 그런 이유는 없다. 나와 상담한 많이 중 상당수가 부모가 자신을 못마땅하게 생각하는 빌미를 스스로 제공했다고 생각하고 있었다. 여러 말 필요 없다. 사실이 아니다. 확신이 없다는 거울 앞에서 서서 확신이 들 때까지 거울 속의 자신에게 "그건 내 잘못이 아니야."를 반복하라.

왜냐면 정말 아니니까.

또 하나 기억할 것이 있다. 당신이 어릴 때 겪은 상황은 당신이 마음속 눈으로, 즉 본인의 인지 렌즈를 통해 직접 그리고 생생히 목격한 것이다. 같은 집 아이들이라 해도 같은 사건을 각기 다르게 인식한다. 인지 내용은 각자의 사적논리에 따라 달라지기 때문이다. 그리고 심리학자 알프레드 아들러가 말했듯, 인지 내용은 객관적 진위 여부를 떠나 그렇게 인지한 아이에게는 실제고 사실이다.

그리고 맏이는 다른 아이들보다 가족의 윗사람에게 많은 영향을 받는다. 그런데 맏이 위에는 부모밖에 없다. 따라서 부모의 말과 행동은 자녀 중 맏이에게 가장 강한 영향력을 행사한다. 맏이는 '실험용 쥐'다. 부모의 '연습 상대'였다. 동생들을 잘 지키지 않았다고 혼나는 아이도 맏이고, 놀러 나가지 못하고 집에 남아 동생들을 봐야 했던 아이도 맏이고, 부모를 만족시키기 위해 종종 하고 싶은 일을 포기해야 했던 아이도 맏이다. 이 모든 것이 모이고 쌓여서 마음속에 부모에 대한 원망으로 남을 수 있다.

용서하기로 작정하기

어느 날 문득 모든 것이 잊히고 행복해질 거라는 기대를 하고 있다면 그건 당신의 오산이다. 그런 날은 오지 않는다. 설사 그런 날이 온다 해도 그동안 기다리느라 허비한 시간을 생각해 보라. 맏이 성격에 환장할 노릇이다.

원망과 분노를 품고 살면 피해 입는 사람은 당신 자신이다. 인생에 낙이 없는 우울한 사람이 될 것이고, 불행의 기운을 감지한 주위 사람들도 하나둘 떨어져 나갈 것이다. 친구들과 동료들, 심지어 배우자와 자녀까지 당신을 멀리하게 된다. 원망하는 마음은 본인의 정서와 대인관계만 갉아먹는 것이 아니다. 건강 문제를 일으키기도 한다. 위장병, 고혈압, 만성두통, 심지어 암 같은 중병까지 모두 원망과 분노 같은 화병을 다스리지 못한 데서 기인한다. 남을 용서하는 것은 결국 본인을 위한 것이다.

당장 행동에 옮기자. 용서는 행동이지 생각이 아니다. 용서는 의지의 실천이지 감정이 아니다.

분주하게 지내기

분주하게 지내자. 그런데 정도를 지켜야 한다. 당신은 맏이다. 맏이들은 혼자 옮기기 버거울 만큼 많은 짐을 지는 경향이 있다. 몸이 두 개라도 모자랄 정도로 일에 파묻혀서 스트레스를 받으라는 뜻은 절대 아니다. 다만 하릴없이 앉아 청승맞은 생각에 잠기는 것을 방지할 만큼은 분주할 필요가 있다는 뜻이다. 건설적인 궁리로 마음을 채우면 분개심이나 원망 같은 잡초가 자랄 자리가 사라진다. (저소득층을 위한 도시락 배달 서비스나 양로원 도우미 같은) 자원봉사활동에 참여하는 것도 좋다. 그렇게 하면 본인의 인생과 문제에 집중해서 끌탕하는 시간이 줄어든다. 다른 사람들이 더 가혹한 인생과 맞서는 모습을 보면 본인 문제는 상대적으로 작고 희미해 보인다. 다른 사람을 돕다 보면 어느새 더 많이 웃고, 더 많이 교류하고, 결과적으로 자신을 더 많이 사랑하게 된다.

일어나 도전하기

실패한 완벽주의자 맏이들은 잠재력을 발휘하지 못하고 산다. 비판적 부모가 주입한 "너는 못 해."라는 메시지가 머릿속에 작동해서 위험을 감수하지 않기 때문이다.

하지만 왜? 못 할 이유가 어디 있나? 당신은 이제 성인이다. 당신을 막는 것은 아무것도 없다. 떨쳐 일어나 모험을 하지 못할 이유가 없다. 세상에게 당신이 얼마나 역량 있고 총명한 사람인지 보여 주자. 꿈을 향해 날개를 펼치자.

30대의 가정주부이자 엄마인 리사가 내게 상담을 받으러 왔다. 맏이로 태어나 비판적인 아버지 밑에서 자란 리사는 자신감과 자존감 모두 파탄 난 경우였다.

리사는 대학을 졸업하자마자 결혼했고, 결혼 후 몇 년간 아이가 없었음에도 취직을 한 적이 없었다. 자긍심 부족이 주요 원인이었다.

내가 시간제라도 취직할 것을 제안했을 때 리사는 질겁했다. 그녀는 자신이 취업은커녕 어디에 입사원서를 낼 주제도 못 된다고 생각해 왔다. 하지만 이제는 자신감을 찾고 싶어 했다. 비판적 시각에 억눌려 살았던 과거에서 벗어나려는 의지가 강했다. 그래서 취직에 최선을 다하기로 동의했다.

리사는 치과병원에서 일주일에 이틀 일하는 시간제 접수원으로 취직하는 데 성공했다. 누구보다 놀란 건 그녀 자신이었다. 처음으로 출근하는 날이 되었다. 리사는 병원에 전화해서 마음이 바뀌었다고 말하고 없었던 일로 하고 싶은 마음이 굴뚝같았다. 갑자기 독감에 걸렸다고 할까 하는 생각도 했다. 하지만 결국은 용감하게 마음을 다잡고 출근했다.

리사의 남편도 취직한 아내가 자랑스러웠지만 아내가 보름 이상 버틸 거라는 기대는 없었다. 솔직히 나도 그랬다. 하지만 한 달이 지나고 또 한 달이 흘렀다. 리사는 버텨 냈다. 진료 일정에 실수가 있는 것을 발견하고 이를 사전에 조정하기까지 했다. 상사로부터 일을 잘

한다는 칭찬을 받자 리사의 자신감도 늘었다.

리사는 상사가 사무실로 불러 정규직을 제의했을 때 자신의 귀를 믿을 수가 없었다. 그녀는 상사에게 고맙기는 하지만 자신이 정말로 원하는 것은 그것이 아니라고 말했다. 상사는 이해한다고 하면서 급료를 올려 주겠다고 했다. 액수는 많지 않았지만 리사의 능력을 증명하는 커다란 증거였다.

직장에서 능력을 인정받은 것은 리사의 인생에 큰 전환점이 되었다. 리사는 인생의 다른 분야에서도 전에 없던 자신감을 얻었고, 자녀들에게 비판적으로 구는 성향도 부쩍 줄었다.

리사가 용기 내어 도전하지 않았으면 어림없었을 일이다. 당신도 용기를 내면 할 수 있다.

전문가에게 상담받기

내가 앞서 제안한 것을 모두 시도했지만 아직도 원망과 분개심이 가시지 않는다면, 유능한 심리치료사를 찾아 도움을 구할 것을 권한다. 전문가의 도움을 받는 것은 결코 이상한 일이 아니다. 당신이 패배자이거나 기준미달이라는 뜻은 더더욱 아니다. 특히 맏이들은 남의 도움을 받는 것에 익숙지 않다. 맏이들은 성격상 주도권을 잡아야지, 남에게 주도당하는 것은 못 견딘다. 도움을 구하는 것은 나약함과 실패를 인정하는 것이고, 맏이들에게 실패는 절대 허락되지 않는다. 하지만 정말로 현명한 맏이는 자신의 약점을 인정하고, 노력으로 약점을 극복해서 자신이 얼마나 강한 사람인지 보여 주는 사람이다.

부정적인 사람 피하기, 영원히

단도직입적으로 말하겠다. 당신을 헐뜯는 사람들의 말에 굳이 귀 기울일 필요 없다. 흔히 많이들은 모두의 기대에 부응하느라 바빠서, 정작 본인이 원하는 것이 무엇인지는 생각할 겨를이 없다. 오랜 세월 부모와 선생님과 친구 등 주변사람들이 원하는 기준에 맞춰 산 탓에 다른 쪽은 생각조차 힘들다. 그 결과 자신에 대해 부정적인 말을 들으면 그대로 믿어 버리는 경향이 강하다.

"내 글솜씨가 형편없다더라. 괜히 그런 말을 했겠어? 난 글 쓰는 거 포기해야 할까 봐."

"보다 보다 나처럼 연기 못하는 여자는 처음이래. 그동안 연극에 빠져 살았는데……. 하지만 할 수 없지 뭐. 되지 않을 일에 목숨 걸면서 바보 취급당해 뭐해. 다 부질없지."

"이런 부상이면 다시는 축구를 못할 거라고 하던데요. 하더라도 잘하진 못할 거랍니다. 운동을 아예 접는 게 낫겠어요."

"나는 죽었다 깨도 피아노는 못 배울 거래요. 내 생각에도 맞는 말 같아요. 음악은 내 길이 아닌가 봐요."

명예의 전당에 이름을 올린 전설적 농구감독 루트 올슨 Robert Luther 'Lute' Olson 과 나눈 대화가 잊히지 않는다. 내가 물었다. "감독님, 악평엔 어떻게 대응하십니까?"

올슨은 이렇게 대답했다. "악평하는 사람이 누구냐에 달렸죠."

우리 모두 올슨의 말을 기억하자. 모든 비판이 다 중요한 게 아니라 중요한 비판만 중요하다. 당신에게 의미 있는 비판만 신경 쓰고 받아들이면 된다.

당신 인생에서 비판적인 사람은 누구인가? 그들이 당신 인생에 기여하는 바가 있는가? 그들이 당신을 깎아내려서 얻거나 잃는 것은 무엇인가?

당신에게 부정적인 사람들의 말을 꼭 들을 필요가 있을까? 당신은 그들을 만족시키기 위해 사는 사람이 아니다. 혹시 그들을 만족시키려고 사는가? 행여 그렇다면 이제라도 스스로에게 물어보자. 내가 인생에서 정말로 원하는 것은 무엇인가? 냉철히 생각해 보자. 그들의 비판이 정말로 당신을 걱정하고 위하는 마음에서 하는 말들인가? 혹시 동기가 불순한 험담은 아닐까?

이런 질문도 필요하다. 스스로에게 터무니없는 요구를 하고 있지는 않는가? 맏이들에게 흔히 있는 일이기 때문에 묻는 거다. 맏이들은 유난히 자아상 혼란을 겪는다. 항상 무언가 해낼 것을, 그리고 최고가 될 것을 요구받기 때문이다. 자신이 동생처럼 예쁘지 않은 것을 아는 언니는 자신의 단점을 확대하는 경향이 있다. 동생보다 축구 실력이 뛰어나지 못한 형은 단지 그 이유만으로 자신을 재주 없는 얼간이 취급한다.

하지만 팔방미인과 진짜 얼간이는 세상에서 극소수에 불과하다. 나머지는 모두 그 중간이다. 맏이로 태어나 항상 주목받고 자란 사람들은 두각을 나타내고 사람들을 좌지우지하고 다른 사람들 위에 군림할 때만 존재 가치를 느끼는 경우가 많다. 진실을 말해 주겠다. 당신은 당신 자신 이상이 될 필요도 의무도 없다. 당신은 당신 자체로 가치 있다. 신은 인간을 자신의 형상대로 창조했다. 거기에 예외는 없다. 당신은 그 자체로 완벽하다. 자신이 정하지 않은 기준을 두고 거기 부합해야 한다고 믿는다면 그것은 자기기만이다. 그런 거짓말로 자신을 속이는 것은 자존감을 찢고 자기 발목을 잡는 것밖에 안 된다.

인생에서 이루고 싶은 것이 무엇인지 묻는다면 당신의 대답은? 아마도 당신에겐 이미 인생 목표가 있을 것이다. "우선 스물다섯 전까지 박사학위를 따고, 그 다음엔 대학에서 교편을 잡을 겁니다. 그것과 병행해서 집필 활동도 할 거예요. 서른 전까지 첫 소설을 출간하는 게 목표입니다."

하지만 이렇게 묻는다면? "그런 목표가 왜 생겼는데요?"

순간 당신은 허를 찔리고 비틀댄다. 갑자기 확신을 잃는다. 당신은 변호사다. 혹시 그것이 아버지의 바람은 아니었나? 치대에 진학한 이유는? 엄마를 기쁘게 해 주기 위해서? 교사가 된 이유는? 교육자 집안 출신이고 또 교사는 사회적으로 존경받는 직업이니까?

> 이런 질문도 필요하다. 스스로에게 터무니없는 요구를 하고 있지는 않은가?

부모는 이제 돌아가셨거나 멀리 사신다. 함께 산다고 해도 당신은 더 이상 부모의 그늘 아래 있지 않다. 그런데도 아직 부모를 위한 삶을 살고 있는가? 아니면 자신의 삶을 살고 있는가?

오늘은 당신 자신이 하고 싶은 것을 정하고, 누가 뭐래도 그것을 고수하기로 결심하는 날이다. (특히 당신이 '예스맨'이라면 더욱 굳게 결심하자.) 현실적인 눈으로 자신을 돌아보라. 자신의 강점과 재능을 가늠하고, 다음 질문을 스스로에게 던져 보자.

1. 나는 무엇을 할 때 가장 신나는가?
2. 다른 사람들이 나를 칭찬할 때는 언제인가?
3. 학창시절 어떤 과목을 잘했나?
4. 나에게 쉬운 일들은 무엇인가?
5. 어떤 일들이 어려운가?
6. 인생을 바꿀 수 있다면 어떤 부분을 바꾸고 싶은가?

예스맨에게 가장 힘든 일은 자신이 원하는 것을 파악해서 거기에 맞춰 소신 있게 밀고 나가는 것이다. 비판적인 부모나 친구들이 당신의 소신을 놓고 부정적인 말을 하더라도 거기 휘둘리지 말아야 한다. 다른 이의 소견을 경청하는 것과 무조건 거기에 따르는 것은 천지차이다.

놀라운 통계 결과가 또 있다. 맏이는 중간아이나 막내보다 이른바 '중년의 위기'에 취약하다. 맏이들은 평생 남들을 만족시키고 남들이 원하는 것이 되고자 노력하며 산다. 그러다 40대 또는 50대에 들어서면 불현듯 이런 생각이 밀려든다. '여태껏 나 좋은 일은 하나도 못했어.' 중년에 접어든 맏이들 가운데 갑작스레 직업을 바꾸고, 뜬금없이 나라 반대편으로 이사하고, 노란색 스포츠카를 사고 (그러다 과속 위반으로 걸리고), 심지어 젊은 여자와 바람이 나서 조강지처를 떠나기도 한다. 이들의 행동이 말하는 것은 이것이다. 사람들이 원하는 대로 사는 거 이제 진력나. 난 자유롭고 싶어. 이건 어떻고 저건 어떻고 하는 인간들로부터 벗어나고 싶어.

비판적 태도를 참고 참다가 엉뚱한 반란을 일으키는 함정에 빠지지 말자. 그 대신 크든 작든 모든 면에서, 그리고 매일매일, 스스로에게 솔직하도록 노력하자. 원하지 않는 것을 하거나 되고 싶지 않은 것이 될 필요는 없다.

흠잡는 병

익명의 '알코올중독자 모임' 같은 치료 프로그램에서는 이런 말로 자신을 소개한다. "안녕하세요. 제 이름은 [   ]입니다. 그리고 저는 [알코올중독자/약물중독자/기타]입니다."

'익명의 흠잡는 사람들의 모임'을 만들면 어떨까? 앞으로 나와 솔직히 인정하는 거다. 맏이들은 언제 어디서나 단점을 집어내는 경향이 있다. 하지만 당신이 가장 야박하게 대하는 사람은 누굴까? 바로 당신 자신이다.

"안녕하세요. 제 이름은 [   ]입니다. 저는 맏이입니다. 그리고 흠잡는 사람입니다."

화장을 완벽하게 하지 않으면 집 밖에 나서기 두려운가? 발표자로 뽑히면 미리부터 안달복달하면서 과도하게 준비하는가? 당신에게 가장 혹독한 비평가와 가장 무자비한 심판은 누구인가? 당신 자신 아닌가?

이제 솔직히 말해 보자. 당신이 정말 그 정도로 형편없는 사람인가? 아니면 흠잡는 버릇 때문에 세월이 가면서 용기를 잃은 것뿐인가?

나다니엘 브랜든$^{Nathaniel\ Branden}$ 박사의 저서 『YOU: 이 세상 최고의 가치(How to Raise Your Self-Esteem)』는 자신에게 솔직해지는 방법으로 '문장 완성하기' 기법을 제안한다.[4] 예컨대 다음 문장을 완성해 보자. "나 자신이 가장 싫을 때는 _____ 때다." 떠오르는 대로 써 넣어 보자. 누가 보면 창피할까 걱정하지 말고 최대한 솔직해지자.

이번에는 문장을 180도 바꿔서 "나 자신이 가장 뿌듯할 때는 _____ 때다."를 완성해 보자. 역시 이번에도 생각나는 것을 모두 나열한다. 다 적었으면 앞으로는 스스로에게 뿌듯한 사람이 되기로 결심하면 된다.

본인의 인생을 비판적인 눈으로 바라보는가? 이제는 스스로를 좀 너그럽게 봐 줄 때도 되지 않았나? 사람들은 당신이 특정 사람이 되기를 기대하거나 원한다. 하지만 그걸 들어줄 의무는 없다. 본연의 모습대로 살고 자기 마음이 원하는 것에 충실하면 된다.

제7장

맏이가 가정에서 잘나가는 법

> 맏이는 일등 배우자, 일등 부모가 된다.
> 맏이가 가족 구성원과 유대를 강화하는 방법을 알아본다.

　　세상에는 두 가지 종류의 맏이가 있다. 하나는 뭐든 자신이 쥐락펴락해야 하는 지배자형 맏이고, 다른 하나는 '난 네가 좋아하는 일이라면 뭐든지 해 줄 수 있는' 예스맨형 맏이다.
　당신은 둘 중 어느 유형인가?
　지배자형 맏이는 남들을 멋대로 휘둘러야 직성이 풀리고, 다른 사람이 자신의 자리를 뺏을까 봐 항상 경계한다. 지배자형 맏이가 곧잘 하는 말이 있다. "너희는 내가 하라는 대로 하면 돼." 이런 지배자들은 다른 사람과 개인적 유대를 갖는 것을 피한다. 권력지향의 겉면 뒤에는 그 지배력을 잃을까 안절부절못하는 두려움이 도사리고 있기 때문이다. 비판적 성향과 완벽주의 성향이 강한 맏이 중에 이런 사람들이 많다. 그리고 주위 사람들이 자신이 정한 규칙에 따라 한 치의 오차도 없이 움직이기를 원한다.

이런 맏이의 속마음은 이것이다. "나는 내가 주도권을 잡고, 앞장서서 끌고 가고, 관심이 나에게 집중돼 있어야 해. 그래야 비로소 쓸모 있는 인간으로 느껴지거든." 지배자형 맏이는 어른이 되어도 동생들이 태어나기 전 부모의 전폭적 관심을 받고 자라던 꼬마에 머물러 있는 사람들이다.

지배자형 맏이는 사업가로는 성공할 가능성이 높다. 하지만 바깥일을 성공으로 이끄는 재주가 가족관계에서는 독약이 될 수 있다. 직원들은 그에게 명령받는 것을 받아들일지 몰라도, 그의 아내까지 그걸 다 참아 줄까? 내가 여태껏 상담하면서 "박사님, 저는 남편이 저한테 이래라저래라 하는 게 너무 좋아요."라고 말하는 아내는 한 명도 못 봤다.

지배자형 맏이라고 해서 다 공격적이고 저돌적인 것은 아니다. 개중엔 수줍어하거나 아첨을 잘 떠는 사람도 있다. 하지만 그것도 엄연히 통제의 한 형태다. 이들은 남을 원하는 대로 조종하고 구워삶는 데 선수다. 지배자 아내는 남편을 틀어쥐고 남편이 집에서 숨 쉴 틈도 주지 않는다. 지배자 아버지가 현관을 들어서는 순간 모두들 목소리를 낮추고 낮은 포복을 시작한다. 괜히 지배자의 심기를 건드렸다간 혼꾸멍이 날지 모르니까. 또한 지배자형 맏이는 본심을 드러내지 않은 채 상대로 하여금 속셈이 뭘까 궁리하게 만드는 고단수의 지배력을 발휘하기도 한다.

한편 예스맨형 맏이는 모두를 만족시키기 위해 항상 동분서주한다. 이런 맏이의 인생 목표는 모두를 행복하게 하고 평화를 유지하는 것이다. 비판적인 부모에게 주눅 든 맏이 중에 이런 사람들이 많다. 이런 맏이의 마음은 이것이다. "그래요. 원하는 대로 해 드리죠. 괜히 분란 만들고 싶지 않아요."

예스맨형 맏이는 자신을 높이 평가하지 않는다. 자신감이 부족하고 자신의 위치에 확신이 없다. 이런 사람은 남을 위해 무언가를 할 때만 자기 가치를 느낀다. 예스맨형 맏이는 가족에게 쉽게 이용당한다. 이런 맏이에게 가장 중요한 것은 인정이고 인정을 받지 못하면 좌절한다. 이런 성향 때문에 종종 현명하지 못한 결정을 내리기도 한다. (예를 들어 딸이 집안 형편에 가당치 않은 비싼 옷에 돈을 써도 말리지 못한다.) 이 일을 지배자형 남편이 아는 날엔 어떻게 될까? 그때는 집안에 화산이 터진다. 내가 가족관계를 논하는 장에서 이 두 가지 성격 유형을 중요하게 언급하는 이유가 있다. 사람은 흔히 반대성향끼리 끌리고, 그 결과 보스와 예스맨이 결혼하는 경우가 많기 때문이다. 둘의 결혼생활에 오해와 갈등이 깊어질 것은 불 보듯 뻔하다.[1]

여기서 잠깐 짚고 넘어갈 것이 하나 있다. 독자도 이미 눈치챘을 내용이다. 바로 '맏이 성향이 성별에 따라 차이를 보인다'는 점이다. 성별에 상관없이 모든 맏이에겐 완벽주의 성향이 있다. 원칙에 어긋나는 것을 못 견뎌 하고, 일이 이지러지는 낌새를 재빨리 간파한다. 그런데 이런 완벽주의 욕구에 대응하는 방식은 남녀간에 큰 차이를 보인다.

남자 맏이들은 지배자형이 되기 쉽다. 남자 맏이는 쓰레기 버릴 때를 누구보다 먼저 인지한다. 그리고 다른 사람에게 내놓으라고 시킨다. 배우자나 애인에게 살을 빼라고 하거나 머리 모양을 바꾸라고 하거나 말수를 좀 줄이라고 타박한다. 이성을 대할 때 특히 많이 기질이 두드러져서, 독불장군 남성우월주의자가 될 소질이 다분하다.

반면 여자 맏이들은 예스맨형이 될 확률이 높다. 필요한 일을 깨알같이 알아보고, 자신이 그 일을 할 수 있고, 또 했다 하면 잘한다는 것을 안다. 그리고 남들의 인생을 편하게 해 주기 위해 부지런히 움직인다. 하지만 그 과정에서 남이 하기 싫은 일을 도맡아 하는 우를 범한다. 남편이 하겠다고 해 놓고 하지 않는 일이 있으면 맏이 아내는 한숨을 쉬며 '그래, 차라리 내가 하고 말지.'라고 생각한다. 하지만 그것이 애초에 누구의 일인가? 당신이 대신할 이유가 없다.

맏이 아내는 결혼생활을 실질적으로 이끌어 가는 중추 역할을 한다. 남편은 너무나 믿음직한 아내만 믿고 무책임하게 행동한다. 그 피해는 누구에게 돌아올까? 바로 아내 자신이다. 그뿐인가? 자칫하면 결혼 자체가 제물이 된다.

성별에 따른 이런 성향 차이 때문에, 맏이끼리 결혼하면 그들의 결혼생활은 남편은 한없이 조종하고 아내는 그에 따라 끝없는 마라톤을 뛰는 이상한 관계가 되기 십상이다. 지배자형 남편은 자기가 이기고 있다고 생각하겠지만, 언젠가는 지쳐 버린 아내가 '이따위 남자와 더는 이러고 못 살겠다.'고 생각하는 날이 오게 돼 있다. 그 다음은 파경으로 향하는 꾸준한 내리막길의 시작이다.

이를 사전에 예방할 길은 없을까? 당연히 있다. 백년해로의 비결은 '주는 게 있으면 받는 것도 있는' 건강한 타협점을 찾는 데 있다. 남자 맏이들은 아내를 배려하는 태도를 익히고, 여자 맏이들은 남보다 자기 자신을 우선시하고 자신의 한계수위를 알고 조절하는 법을 익혀야 한다.

당신의 인생관에 가정의 행복이 달려 있다

맏이들은 완벽주의자고, 규범에 엄격하고, 체계적이고, 질서정연하고, 분석적이고, 목표지향적이다. 이런 성향을 스스로 인지할 필요가 있다. 당신의 인생관이 배우자와 자녀를 대하는 방식을 결정한다 해도 과언이 아니다. 그리고 인생관, 다시 말해 어릴 적부터 형성되어 사고방식과 상황 대응 방식을 결정하는 사적논리는 과거 부모가 당신을 대했던 방식과 무관하지 않다.

생각해 보자. 당신은 어떤 부모 밑에서 성장했는가? 완벽에 목숨 거는 부모였는가, 아니면 탁월함을 추구하는 부모였는가? 당신의 실수는 어떻게 받아들여졌나? 살다 보면 있을 수 있는 일이었나, 아니면 세상이 뒤집히는 일이었나? 어쩌다 일을 망쳤을 때 당신도 부모님도 웃어넘길 수 있었나?

그리고 결과적으로 당신은 어떤 기질을 가지게 되었나? 예스맨형? 지배자형? 자신의 강점과 약점을 이해하는 것이 행복한 가정을 이루는 첫걸음이다.

부모의 영향은 거기서 그치지 않는다. 어릴 때 아버지가 당신의 인생에 적극적으로 관여했는지 여부도 중요하다. 아버지와 소원했던 맏이는 어른이 되어서 남들과 감정적 거리를 두는 경우가 많다. 교우

> 놀랍게도 바깥일에서는 자기주장 강하고 성공적인 여자 맏이들이 결혼생활에서는 의지박약 예스맨인 경향이 있다.

관계나 연애에 서툴다. 사적인 모습을 보여줄 만큼 친해지는 것에 경계심을 가진다. 하지만 어쨌거나 사업에는 성공해서 큰돈을 벌고, 가족도 넉넉히 부양한다. 눈 돌아가는 물건들과 옷과 자동차를 두루 갖추고 남들의 부러움을 받는다.

그런데 이런 맏이의 배우자는 없는 사람 취급을 받는 '결혼한 독신' 신세가 되기 쉽다. 부부는 집과 방과 자녀들을 공유할 뿐, 남이나 다름없는 사이가 된다.

자녀의 성장 과정에 능동적 관심을 보이지 않은 부모를 둔 사람들은 나중에 결혼했을 때 배우자와 팀워크를 발휘해 자녀를 양육하는 데 서툴다. 이런 현상은 인간관계 스킬이 부족한 남자 맏이들에게 한층 강하게 나타난다.

결혼은 배우자 두 사람만의 결합이 아니다. 양가 부모가 아들딸에게 미친 영향이 결혼생활에 고스란히 딸려온다.

놀랍게도 바깥일에서는 자기주장 강하고 성공적인 여자 맏이들이 결혼생활에서는 의지박약 예스맨인 경향이 있다. 왜 그럴까? 어릴 때 보고 자란 것이 그대로 발현되는 것은 아닐까? 그렇다면, 엄마를 소홀히 대하는 아빠를 보고 자란 남자 맏이가 나중에 자기 아내를 어떻게 대할지는 안 봐도 뻔하다.

세상사 돌고 돈다. 이것은 진리다. 그리고 그 진리는 가족 구성원 모두에게 영향을 미친다.

예스맨형 맏이를 의한 처방

예스맨형 맏이들은 모든 이의 바람과 필요를 충족시키려 애쓰다가 육체적, 감정적으로 소진되기 일쑤다. 또 여자가 남자보다 관계지향적 성향이 강하기 때문에 여자들이 예스맨 카테고리에 떨어질 위험 또한 크다. 모두의 기대에 부합하려는 것은 파멸의 지름길이다. 더 나쁜 것은, 남의 일을 열심히 대신 해 주다 보면 남들이 그걸 당연하게 여긴다는 것이다. 하지만 당신은 남 뒤치다꺼리하는 사람이 아니다.

그렇다면 예스맨의 수렁에서 빠져나오려면 어떻게 해야 할까?

- 자기 의사를 분명히 한다. 할 말 안 하고 희생하며 살 필요 없다. 자기 목소리를 내자. 가족에게 솔직한 기분을 말하고 남들 뒷바라지에 지쳤다고 선언하자. 식구들 뒤치다꺼리를 도맡아 하다 보면 이용당하는 느낌이 들고 가족의 일원이 아니라 하인이 된 기분이 든다.
- 당신이 배우자와 자녀들 대신 하는 일들을 모두 적는다. 그리고 과감히 줄인다. 배우자와 자녀들이 각자 알아서 할 수 있는 일들이라면 왜 당신이 하고 있는가?
- 가족 모두 집안일에 힘을 보태게 하고, 각자에게 일을 할당한다. 맡은 일을 하지 않는 사람이 있으면 일이 돼 있거나 말거나 내버려 둔다. (예스맨형 맏이에게는 몹시 힘든 일이다. 하지만 꾹 참고 내버려 두자.) 아침에 샤워하고 갈아입을 속옷이 없어서 입던 속옷을 그대로 입고 출근해 보면, 남편도 다음부터는 퇴근해서 세탁기 돌리는 것을 잊지 않을 것이다. 아이들이 도시락 싸는 것을 깜빡해서 학교에 빈손으로

가사 분담 상황 파악하기

일	본인	배우자	아이들	분담
잔디 깎기와 잔디에 물 주기	☐	☐	☐	☐
세탁기 돌리기	☐	☐	☐	☐
저녁 차리기	☐	☐	☐	☐
눈 치우기	☐	☐	☐	☐
아이들 숙제 봐주기	☐	☐	☐	☐
화장실 청소	☐	☐	☐	☐
아이들 재우기	☐	☐	☐	☐
자동차 관리	☐	☐	☐	☐
아이들 병원에 데리고 가기	☐	☐	☐	☐
정리정돈, 청소	☐	☐	☐	☐
침대 정리	☐	☐	☐	☐
반려동물 밥 주기	☐	☐	☐	☐
개 산책시키기	☐	☐	☐	☐

각각의 일에 10점씩 준다. 본인이 몇 점인지 합산해 보기 바란다.

90~130점: 당신은 배우자 없이 혼자 자녀를 키우는 사람이거나, 전혀 돕지 않는 가족을 둔 사람이다. 당신은 예스맨형 맏이다. 지금이라도 변화를 요구하고 가족에게 일을 나눠 주자.

70~80점: 일이 당신에게 몰려 있다. 누구의 탓일까? 곰곰이 생각해 볼 문제다.

40~60점: 맏이치고 잘하고 있다.

0~30점: 당신, 맏이인 게 분명한가?

간다 해도 할 수 없다. 점심 한 번 굶었다고 죽지는 않는다. 하지만 그날의 뼈아픈 교훈은 당분간 잊지 못할 것이다.

- 당신은 당신의 일에만 책임이 있을 뿐, 남이 하거나 하지 않아서 생

긴 일에는 책임이 없다는 점을 기억한다. 책임소재는 분명히 짚을 필요가 있다. 백문이 불여일견이다. 체험으로 배우게 하자.
- 당신 혼자 모든 일을 할 수 없다는 것을 명심한다. 당신도 몸은 하나다. 당신의 시간도 남들처럼 하루 24시간뿐이다. 자신에 대한 기대치를 낮추고 '아니오(No)'라고 말하는 훈련을 하자.

내가 아는 주부 중에 집에서 보내는 시간보다 운전하며 보내는 시간이 많은 사람이 있었다. 동네 아이들을 자신의 미니밴에 태우고 이 학원에서 저 학원으로, 이 집에서 저 집으로 돌아다니느라 바쁘기 때문이다. 미니밴은 택시가 아닌데도 모두들 공짜 택시처럼 넙죽넙죽 타고 있었다. 이 여성은 예스맨이었다. 본인 얘기 같아서 찔리는가? 만약 그렇다면 마음을 모질게 먹고 태도를 바꾸자. 그것이 본인뿐 아니라 가족 전체를 위한 길이다. 당신의 배우자와 자녀도 이제 정신 바짝 차리고 책임을 나눠 가져야 한다.

지배자형 맏이를 위한 처방

지배자형 맏이들은 자신에 대한 기대치가 몹시 높다. 그리고 주변 사람들에게도 똑같이 높은 기대수준을 적용한다.

"집안 꼴이 이게 뭐야? 대체 하루 종일 뭘 한 거야?"
"아직도 신발 끈 맬 줄 몰라? 넌 벌써 네 살이야. 마이클은 네 살도 되기 전에 자기 신발 끈은 자기가 맸어. 넌 왜 제대로 하는 게 없니?"
"오늘 발표에 반드시 필요하단 말이야."

또한 지배자형 맏이들은 남들을 제 마음대로 휘두른다. 자신의 방식만이 옳은 방식이다. 그리고 다른 사람들과 소통할 필요를 그다지 느끼지 않는다. 자신이 원하는 것이 무엇인지만 일방적으로 전달할 뿐이다.

독불장군이긴 하지만 그래도 맏이라서 결코 일을 허투루 하지는 않는다. 오히려 세세한 부분까지 놓치지 않는다. 이들이 직장에서 인정받고 승진하는 데는 다 이유가 있다. 다만 모든 사람이, 하다못해 자신의 두 살배기 아이마저 자신처럼 정확하기를 바라는 게 문제다. 그렇게 하면 주변에 아무도 남지 않는다. 심지어 가족마저 당신 기척이 나면 순식간에 반대 방향으로 흩어진다.

그렇다면 지배자형 맏이가 가정의 평화를 지키는 방법은 무엇일까?

- 입을 열기 전에 듣기부터 한다. 다른 사람의 말을 듣다 보면 의외로 솔깃한 얘기가 많다. 애초에 말하려고 했던 것에 대해 마음을 바꾸게 될지도 모른다. 좋은 소리를 하지 못할 거면 아예 말을 말라는 격언이 있다. 그 말을 잊지 말자.
- 다른 사람의 입장과 견해를 받아들인다. 가족의 속마음을 헤아려 본다. 가족이 당신과 당신의 요구들을 어떻게 받아들이는가? 당신이 자식들의 기를 죽이고, 배우자의 속을 화병으로 시커멓게 태우고 있지는 않은지 생각해 보자.
- 권한을 위임한다. "뭐 하나라도 제대로 하려면 내가 나설 수밖에 없어."라는 식의 태도는 가족의 자존심을 건드리는 것이다. 대등한 위치에서 함께 하거나, 주도권을 넘기는 연습을 하자. 이런 메시지를

전달하자. "난 당신이 할 수 있다고 생각해. 생각하는 정도가 아니라 잘할 수 있다고 믿어. 우리 함께 하자. 당신은 그걸 하면 나는 이걸 할게. 그러면 혼자 하는 것보다 빨리 할 수 있어." 당신이 혼자 했을 때보다 일의 마무리가 완벽하지 않을지도 모른다. 하지만 사랑하는 배우자와 자녀의 자신감을 높여 주고, 당신도 건전한 리더로 자랑스럽게 거듭날 수 있다.

- 지나간 일은 지나간 일로 묻는다. 그리고 한번 묻은 것은 다시 파내지 않는다. 가족 구성원의 과거 잘못을 낱낱이 들추지 않는다. 그리고 과거 잘못으로 가족들을 두고두고 들볶지 않는다. 누군가 당신에게 그런다면 기분이 어떻겠는가? 굳이 당신이 지적하지 않아도 사람들은 실수에 의기소침해진다. (그리고 의외로 오래 그리고 생생히 기억한다.) 과거는 과거로 흘려보내고 앞으로 잘할 생각만 하자.

- 혹평에 고삐를 채운다. 날선 비판은 가족에게 생각보다 큰 상처를 입힌다. 그 후유증이 가족 구성원 간 관계와 가족 개개인의 자존감에 미치는 영향은 평생 간다.

- 본인의 기대치를 매의 눈으로 통제한다. 당신이 스스로에 높은 기대치를 적용한다고 해서 다른 사람들도 그 기대치에 부합해야 한다는 법은 없다. 맏이인 당신은 매사 분명하고 빈틈이 없다. 하지만 가족 모두가 그래야 할까? 그들이 당신만큼 '완벽'하지는 않을지 몰라도 나름대로 세상과 인생에 기여하는 바가 있다. 그것을 즐길 기회를 놓치지 말자.

배우자나 자녀에게 집안일을 거들게 하고 싶은데 맘처럼 되지 않는다. 그 이유가 뭘까? 아들에게 잔디를 깎으라고 지시한다. 하지만 아들이 잔디를 깎으면 당신이 득달같이 달려 나와 다시 깎는다. 왜? 아들이 당신 성에 차도록 딱 부러지게 못했으니까. 아들이 다음에도 잔디를 깎을 마음이 날까? 그 시간에 딴 거 하는 게 낫겠다고 생각하지 않을까? 이번엔 딸에게 침대 정리를 시킨다. 하지만 이번에도 당신은 딸내미가 방을 나가자마자 쏜살같이 들어와 침대를 홀라당 벗기고 처음부터 다시 '완벽하게' 정리한다. 딸은 다음부터는 아예 엄마가 하도록 놔두자고 작심한다. 시도 자체를 하지 않으면 실패할 일도 없을 테니까. 당연한 일이다.

당신도 바보가 아닌 이상 내심 아들과 딸이 옳다는 걸 안다. 어차피 엄마가 다시 할 건데 뭐하러 쓸데없는 일에 시간과 노력을 낭비하겠는가? 당신은 스스로 무덤을 판 것이다. 그래 봐야 당신 일만 늘어난다. 자잘한 일에까지 안달복달하면 주위 사람들이 견뎌 내지 못한다. 그리고 당신의 기대치에 맞추지 못하기 때문에 결국 당신에게 모든 일을 떠넘기는 형국이 되고 만다.

점심 도시락 샌드위치가 완벽한 대각선으로 잘리지 않았다. 그렇다고 누가 뭐라고 하나? 그리고 드라이클리닝 맡긴 옷을 반드시 오늘 찾아와야 할 이유가 있나? 남편이 오늘 저녁에 찾아오는 것을 잊었다면, 내일 출근길에 찾아서 차에 실어 놓았다가 저녁에 가지고 들어와도 큰일 나지 않는다. 또는 아내가 화장품을 부엌 조리대에 어질러 놓고, 간혹 치약 한가운데를 눌러 짠다고 해서 세상에 종말이 오는 것은 아니다.

이런 식으로 생각하자. 당신의 기준은 당신의 기준에 불과하다. 다른 사람의 기준은 다 틀린 기준인가? 그렇지 않다.

당신은 아들이 일주일에 한 번 잔디를 깎았으면 하고, 아들은 2주에 한 번 깎아도 충분하다고 생각한다. 아들의 기준을 수용한다 해도 별 탈 없다. (이웃에서 매일 이쪽 잔디 길이를 재는 것도 아니지 않은가? 혹시 당신이 이웃의 잔디 길이를 재고 있나? 정말 그렇다면 걱정도 팔자요 사서 고생한다는 말밖에 할 말이 없다. 얼른 정신과 상담을 받기를 권한다.)

딸이 방을 돼지우리로 만드는 재주가 있다. 그래서 당신이 딸 꽁무니를 따라다니며 쓸고 닦고 하는가? 그렇다면 딸과 이런 거래를 해 보자. 딸이 일주일에 두 번씩 혼자 알아서 청소를 한다면, 더는 방 치우는 일로 잔소리하지 않겠다고 해 보자. 딸의 기준도 받아들일 줄 알아야 한다. (물론 받아들일 수 있는 정도의 한계는 있다. 예를 들어 서비스 나온 해충방제회사 직원이 저런 방에 들어갔다가 죽으면 산재보험도 못 탄다며 딸의 난장판 방에 들어가는 것을 꺼릴 정도라면, 그때는 특단의 조치를 취해야 한다.)

맏이여, 당신이라고 모든 일을 혼자 할 수는 없다. 때로는 권한과 책임을 나누고, 남들도 제 역할을 해낼 거라 믿어야 한다. 당신의 '완벽한' 기준에 부합하지 않아도 그냥 지나가는 맛이 있어야 한다. 인간사 완벽한 것이 어디 있는가.

배우자의 출생순서

본인의 가족을 잠시 생각해 보자. 가족 구성원 중 당신과 가장 많

> 출생순서가 같은 사람끼리는 충돌위험이 크다.

이 부딪히는 사람은 누구인가? 배우자? 자녀 중 한 명? 그 사람의 출생순서는 무엇인가? 아마 당신처럼 맏이일 것이다. 출생순서가 같은 사람끼리는 충돌위험이 크다. 그러니 만약 배우자가 맏이라면 주의를 요한다.

맏이가 맏이와 결혼했을 때

당신이 맏이니까 맏이 성격이 어떤지는 잘 알 것이다. 맏이끼리 결혼하면 두 자아의 충돌이 예상된다. 부부가 둘 다 고집 세고(좋게 말하면 '뚝심 있고'), 깐깐하고(즉, 남들 보기에 별것 아닌 일로 전쟁을 벌인다), 완벽주의자라고 상상해 보라. 맏이인 당신은 인생에 대해 진지하고 목표지향적이다. 그리고 분석적이고 원칙과 정도(正道)가 뚜렷하다. 당신처럼 맏이인 배우자도 그건 마찬가지일 것이다. 그런데 배우자의 생각이 당신의 원칙과 차이를 보인다면?

자기주장이 강하고 주도적인 사람끼리 결혼하면 애로가 많다. 하지만 불가능한 것은 아니다. 다만 서로 조금씩 양보해서 휴전협정을 이끌어 내고 평화를 유지하는 노력이 필요하다. 그런 노력 없는 부부관계는 끝없는 권력투쟁이다.

두 맏이가 조화롭게 살려면 어떻게 해야 할까?

- 각자의 강점을 고려해 할 일을 분배하고, 어떤 일에서 누가 주관이 될지 명확히 한다. 그 다음에는 자신에게 할당된 역할과 책임에 집중한다. 그래야 각자의 영역에서 왕과 여왕으로 확실하게 군림할 수

있다. 관건은 어떤 이유에서든 배우자의 영역을 함부로 침범하거나 배우자가 맡은 일에 주도권을 행사하지 않는 것이다.

- 비판을 멈춘다. "그렇게 했으면 얼마나 좋아." "그게 아니라 이렇게 했어야지." 이런 말은 필요 없다. 벌어진 일은 벌어진 일이다. 사후 비판은 파트너의 기를 죽이고 분노와 적개심을 키운다. 부부 모두 지나간 일에 대해 왈가왈부하는 것을 멈추면 집안 분위기가 싹 달라진다.

- 배우자가 한 일을 다시 고쳐 하지 않는다. 물론 당신이 손을 대면 결과가 나아질 수 있다. 하지만 꼭 그럴 가치가 있을까? 새우를 접시에 정렬하는 방식이 이런들 어떻고 저런들 어떻겠는가.

- 자기 방식만 고집하는 태도는 폐기처분한다. 결혼서약은 일심동체가 되겠다는 맹세다. 거기에는 혼자였을 때 누리던 특권을 일부 포기한다는 뜻도 포함돼 있고, 자기 방식만 고집하지 않겠다는 다짐도 들어 있다. 내가 원하는 것보다는 배우자가 좋아할 일에 힘쓰는 자세가 중요하다.

- 느긋해지자. 인생과 생활 앞에 늘 그렇게 진지할 필요는 없다. 저녁으로 뭘 먹든 누가 어떤 식으로 저녁을 하든, 그게 며칠 후까지 영향을 미칠까? 음식은 일단 뱃속에서 소화되면 모두 똑같다.

다시 말해서 경쟁을 그만두자는 뜻이다. "내 방식대로만 할 거야."와 결혼생활은 양립할 수 없다. 성격 같아서는 혁명가처럼 배우자를 완전히 뜯어고치고 싶겠지만, 그건 언감생심 시도조

> 결혼생활은 이겨야 하는 시합이 아니다. 결혼생활은 관계고 유대다.

차 않는 게 좋다. 처음 배우자에게 끌렸던 이유를 생각해 보라. 그 매력과 장점은 여전히 존재한다. 그런데 왜 배우자를 뜯어고치려 하는가? 남자 맏이를 변화시키는 것은 쉽지 않다. 괜히 짜증만 돋울 뿐이다. 그리고 투지 넘치는 여자 맏이에게 이래라저래라 해 봤자 분노만 산다. 둘 다 맏이인 부부가 서로를 바꾸려 드는 것은 산양 두 마리가 뿔을 부딪치며 영역 다툼을 하는 것과 같다.

결혼생활은 이겨야 하는 시합이 아니다. 결혼생활은 관계고 유대다. 승패주의가 끼어들 자리가 없다.

맏이가 중간아이와 결혼했을 때

중간아이들은 사귐성 좋고 융통성 있다. 자랄 때 엄마아빠를 독차지해 본 적이 없어서 타협과 절충이 삶의 방식이 되었고, 맏이와 막내 사이에 끼어 자란 탓에 있는 듯 없는 듯 사는 것에 익숙하다. 가족에서 중간자였기 때문에 본인 의견이 중요하게 다뤄지거나 크게 주목받은 일이 별로 없었다. 따라서 자기주장 강하고 고집 있는, 그리고 가끔은 대놓고 독단적인 맏이 배우자가 '내가 법이고 진리'라는 철학을 내세우면 중간아이 배우자는 묵인하고 따르는 경우가 많다.

표면상으로는 맏이에게 더할 나위 없는 배우자처럼 보인다. '야, 내 맘대로 할 수 있겠구나.' 당신은 이렇게 생각하고 회심의 미소를 날리며 다음 산으로 영역을 확장할 꿈에 부풀어 있을지 모른다.

하지만 누군가는 반드시 대가를 치르게 돼 있다. 이 조합에서 그 희생자는 중간아이이다. 중간아이는 감정을 표출하는 편이 아니어서 속으로 원망과 섭섭함과 분노를 키운다. 중간아이는 이런 감정을 계속 속으로 삭히다가 결국 어느 날 쓰라리게 깨닫는다. '난 남편/아내를 내조/외조하면서 평생을 분란 만들지 않고 조용히 살았어. 하지만 난 뭐야? 나는 아무것도 아닌 거야?'

맏이가 중간아이와 행복한 부부가 되려면 어떻게 해야 할까?

- 항상 배우자에게 의견을 구한다. 중간아이에겐 세상을 사는 지혜가 많다. 다만 사람들이 의견을 묻는 일이 드물 뿐이다. 더구나 자랄 때 중간에 끼어 있었던 관계로 묻기 전에는 나서서 말하지 않는 버릇이 들었다. 어떤 때는 몇 번을 물어야 조심스레 의견을 내놓는다. 그나마도 "좋을 것 같아." 등으로 짧게 끝나기 일쑤다. 하지만 거기서 포기하면 안 된다. 배우자에게 그의 의견이 정말로 궁금하다고, 그의 의견이 얼마나 중요한지 모른다고 간곡히 말하라.
- 배우자를 특별한 사람으로 대우한다. 왜냐면 특별하니까. 중간아이 배우자가 아니었으면 오늘날의 당신도 없다. (적어도 지금처럼 친구가 많지는 않을 거다. 그거 하나는 확실하다.)
- 의사결정 과정에 배우자를 참여시킨다. 아이디어 단계부터 배우자와 의논하라. 당신처럼 재빨리 결론을 도출하고 신속한 결정을 내리지는 못하지만, 그렇다고 배우자의 지력이 당신만 못하거나 지혜가 부족한 것은 아니다. 내 말을 믿어도 좋다.

중간아이와 결혼해서 신나는 일 중 하나는 중간아이가 인간관계에 능하다는 것이다. 친구들은 중간아이의 가장 든든한 지원군이다. 아는 것 많고 통찰력 있다고 자부하는 맏이일수록 중간아이 배우자에게 조언을 구할 것을 권한다. 중간아이는 사냥개가 아이오와 옥수수밭에서 꿩 냄새를 맡듯 기차게 사람 냄새를 맡는다. 중간아이의 직감과 인간관계 스킬이면 맏이를 민망하고 거북한 상황에서 백 번 구하고도 남는다. 통계에도 중간아이가 백년해로할 확률이 가장 높게 나타난다.

막내끼리 결혼하면 일만 벌이고 아무것도 마무리하는 것 없이 인생의 바다를 마냥 신나게 미끄러지다가 마침내 곤란한 지경에 풍덩 빠진다. 그래 놓고는 서로 배우자의 탓만 한다. 막내들은 잘못을 저질러 놓고 자수하는 경우가 드물다. 하지만 이런 격언을 기억하자. "누군가를 손가락질할 때 다른 손가락 세 개는 나 자신을 향하고 있다."

한편 맏이끼리 결혼하면, 서로 기선 제압을 노리다가 자칫 치열한 경쟁 체제에 빠져들게 된다. 그러지 않으려면 각자 '전문가' 행세를 할 영역을 따로 정하는 게 좋다.

하지만 맏이나 막내가 중간아이와 연합하면 인생의 바다에 위험이 사라지면서 항해하기가 한결 편해진다. 중간아이는 갈등 상황에서 양편 모두를 보며 자랐기 때문이다. 이들은 형과 동생 사이에서 파도를 고르며 물길을 잡았고, 때로는 자기 길을 가는 대신 중재자 역할을 하며 양편 사이를 표류해야 했다. 중간아이들은 의리 있는 친구로, 현명한 절충자로, 그리고 균형을 이루는 사람으로 자란다.

맏이가 막내와 결혼했을 때

이 조합에 관해서는 내가 진정한 전문가다. 내가 바로 맏이와 결혼한 막내다. 내 아내와 나는 맏이-막내 조합이 얼마나 경쟁력 있는지 보여 주는 산 증거다. 정반대끼리 만나 오히려 서로의 단점을 보완하고 시너지 효과를 일으키는 경우다. 맏이는 사소한 일에도 안달복달하는 반면 막내는 인생의 예봉을 술렁술렁 넘기는 재주가 있다. 막내는 인생의 많은 부분을 담담히 받아들이고 쉽게 분노하거나 흥분하지 않는다. 그리고 유머감각도 엄청나다. 유명 코미디언 짐 캐리, 드루 캐리Drew Carey, 마틴 쇼트, 체비 체이스, 제이 레노, 우피 골드버그, 스티븐 콜버트, 엘런 드제너러스 모두 막내로 태어났다. (막내가 풍선처럼 하늘로 둥실둥실 떠올라 땅 위에서 벌어지는 일을 잊고 있을 때) 맏이는 그 풍선 줄을 현실에 잡아매는 닻 역할을 하고, 막내는 항상 진지한 맏이가 여유를 가지고 인생을 낙천적으로 바라보도록 도와준다.

정말 천생연분이 존재한다면 그것은 맏이-막내 조합이 아닐까 한다. 하지만 천국에도 가끔은 애로사항이 발생한다.

이런 상황을 생각해 보자. 당신의 아내는 막내다. 아내는 방금 〈마사 스튜어트 리빙 쇼〉에서 구리로 만든 싱크대를 보고는 당장 구매할 마음을 먹었다. 마침 부엌을 새로 단장하는 중이었고, TV에서 본 구리 싱크대라면 세련된 부엌 분위기에 아주 그만이다. 하지만 맏이인 당신은 문제의 싱크대 가격이 3,700달러나 한다는 사실에 주목한다. 부엌 리모델링 예산을 고려하면 턱없는 금액이다. 홈디포에 골백 번도 더 가 봤지만 그렇게 비싼 싱크대는 듣도 보도 못했다. 구리가 아니라 금괴로 만드나? 무슨 싱크대가 그렇게 비싸단 말인가?

> 맏이는 사소한 일에도 안달복달하는 반면 막내는 인생의 예봉을 술렁술렁 넘기는 재주가 있다.

하지만 원래 막내들에겐 논리가 잘 통하지 않는다. 아내는 즉각적 만족에 익숙한 사람이다. 어렸을 때 오빠는 막내 여동생이 귀여워서 달라는 장난감을 다 주었고, 엄마는 다른 아이들을 제쳐 두고 막내부터 먹였다.

이번에도 아내는 "저거 갖고 싶어. 그리고 당장 가질래." 식의 떼를 쓴다.

이때 맏이인 당신은 어떻게 반응할까? "그렇게 갖고 싶으면 할 수 없지. 하지만 지금 우리 예산으로는 그럴 돈이 없다는 거 알지? 앞으로 차근차근 돈을 모아야 해. 그리고 살 때는 현금으로 삽시다. 그래야 할부이자를 절약할 수 있으니까."

막내들은 비싼 차 중에서도 금색 테두리의 빨간 컨버터블을 사는 사람들이고, 맏이들은 생긴 건 좀 보수적이어도 연비가 좋은 자동차를 사는 사람들이다.

맏이가 막내와 행복한 부부가 되려면 어떻게 해야 할까?

- "저거 갖고 싶어." 식 요구 중에서 필요한 것과 단순히 갖고 싶은 것, 지금 당장은 없어도 되는 것을 구분한다. 다만 그 과정에서 배우자의 꿈을 박살내지 않도록 조심한다.

- 배우자가 맡은 일에 대해서는 따로 도와주지 않는다. 예를 들어 보자. 남편이 토요일 아침 친구들과 놀러 갈 계획을 세워 놓고 그때 가져갈 도넛은 자기가 알아서 준비하겠다고 큰소리쳤다. 토요일은 다 가오건만 막내로 태어난 남편은 도넛 사 오는 걸 잊었다. 그래도 금요일에 도넛을 상기시키지 말자. 다음 날 아침 9시에 도넛 가게로 뛰

어가 사다 주지도 말자. 어차피 남편의 소풍이지 당신의 소풍은 아니다. 배고픈 남편 친구들이 알아서 남편의 책임감 부재를 질타할 것이다. 남편 버릇도 고치고, 당신은 잔소리꾼 마누라가 되지 않았으니 일석이조다.

- 필요할 때는 배우자를 현실세계로 살살 끌어내린다. 예를 들어 보자. 막내로 자란 아내가 자기는 꼭 필요할 때만 카드를 긁는다고 주장한다. 그게 사실이라면 아무 문제가 없다. 하지만 현실적이고 실리적인 맏이 남편이 결국 참았던 말을 해야 하는 때가 오고야 만다. "여보, 당신이 나보다 잘하는 건 당신이 하기로 했잖아. 그런데 이런 말 하기는 좀 그렇지만 돈 관리는 내가 당신보다 좀 나은 것 같아." 아내가 계속 신용카드를 관리하면 다음 생에도 신용카드 빚을 갚을 수 없을 것 같다는 말도 덧붙인다. 가족 모두를 위해 씀씀이를 고쳐야 하며, 그러지 않으면 돌려막기를 하다 자폭해서 식구 수대로 신용불량자가 될지도 모른다는 말도 필요하면 해야 한다. 이런 경우도 있다. 막내 남편이 아내의 승진 축하식에 20분이나 늦게 도착한다. 이사회 임원들에게 눈치 보이고, 사장에게도 좋은 인상을 주기 어렵다. 이때 똑똑한 맏이 아내라면, 걸핏하면 늦는 남편의 습성을 일찌감치 파악하고 7시 30분이 아니라 7시까지 식장에 와야 한다고 알려 준다. 지피지기면 백전백승의 원칙이 출생순서라고 예외는 아니다.

- 비판에 신중하자. 비판은 막내들의 사기에 찬물을 끼얹을 수 있다. 막내들이 만사태평처럼 보이지만, 속이 여려서 상대가 행복해야 자기도 행복한 경우가 많다.

- 둘이 함께 결정한다. 맏이들은 독자적으로 결정하고 계획하는 데 능하다. 하지만 배우자와 마주 앉아 의견을 절충하는 듀엣 정신이 필요하다.
- 느긋하게 인생을 즐긴다. 막내와 결혼하면 인생이 모험이다. 하지만 이런 모험을 할 기회가 아무에게나 오는 게 아니다!

막내는 즉흥적이고 여유롭다. 반면 맏이는 미리 계획하고 체계적으로 움직인다. 행복한 중간점을 찾는 게 중요하다. 맏이 배우자가 너무 지배적이거나 막내 배우자가 너무 태평하고 제멋대로이면 심각한 문제들이 발생한다. 함께 노력해서 서로의 극단적인 면을 상쇄해야 한다.

자기 할 말만 하기 vs. 소통하기

행복한 결혼생활을 위해 꼭 필요한 것이 소통 능력이다. 그런데 남자들은, 그중에서도 남자 맏이들은 대부분 이 능력에 취약하다.

남자 맏이는 대단히 유능하다. 엔지니어나 변호사를 하면 따라올 사람이 없다. 현란한 말솜씨로 승소하고, 계약을 성사시키고, 발표를 성공적으로 이끈다. 하지만 집에 가면? 언어의 마술사가 집에 가는 순간 입을 다문다. 오늘치 할 말은 다 했다.

그렇다면 그의 아내는? 아내도 그럴까? 그럴 가능성은 희박하다. 조사에 따르면 여자는 남자보다 하루 최대 3.5배 더 말을 한다. 남자는 동료들에게 안녕을 고하고 퇴근하면 그날 할 말을 다 끝낸 셈이지만, 그의 아내는 그때부터 시작이다. (특히 아내가 귀염둥이 막둥이로 컸다면 더 그렇다. 막내들에게는 상호작용이 삶의 본질이고 핵심이다.) 원활한 결혼생활의 관건은 소통이다. 파경에 이르는 가장 큰 이유는 소통 방식의 차이다.

특히 남자 맏이들은 아내와의 대화에 노력해야 한다. (아내가 맏이든 중간아이든 막내든 상관없다.) 아내는 당신과 대화하고 싶어 한다. 동물 소리인지 사람 소리인지 알 수 없는 1음절 대답이나, 오늘 어땠냐는 물음에 "그냥." 같은 건성 대답으로는 아내를 만족시킬 수 없다.

아내도 당신처럼 맏이라면, 오늘 있었던 일을 간단히 요약하고 몇 가지 하이라이트만 집어 주는 선에서 군말 없이 넘어가 줄 것이다. 어쩌면 아내는 자기 자신과의 대화에 더 바쁠지도 모른다. '그래, 저녁 먹자마자 세탁기 돌리는 거야. 그 다음엔 교무위원회에서 맡은 일을 시작하고 애를 목욕시켜야지. 애를 지켜보면서 메모해 놓은 것을 읽으면 되겠다.'

아내가 중간아이라면 남편이 입을 다물고 있어도 굳이 다그치지 않을 거다. 하지만 이렇게 생각할 거다. '이이는 내 앞에서는 왜 이렇게 말이 없을까? 나한테는 말할 가치를 못 느끼나? 나하고 말해 봐야 재미도 없고 소용도 없다 이건가? 아니면 내가 아예 알아듣지 못할 거라 생각하나? (한숨) 좋아, 대충 사는 거지, 뭐.'

하지만 막내 아내는 남편이 구구절절 떠들어 주기를 원한다. 남편이 완벽한 문장을 구사하기를 원한다. 생각을 강처럼 쏟아내고 그날 일들을 옛날이야기처럼 펼쳐 주기를 기대한다. 남편 성격상 단답형 대답도 버겁다는 생각은 하지 않는다. 그저 언어의 향연을 요구한다.

사실 출생순서에 상관없이 여성은 누구나 대화를 통해 남편과 친밀감을 쌓고 싶어 한다. 기본적으로 여성은 남성보다 소통에 능하고 소통으로 행복을 느낀다.

반면 맏이 남자뿐 아니라 대다수의 남자들은 천성적으로 소통에 약하다. 하지만 그건 면죄부가 되지 못한다. 결혼서약은 평생 이 여인을 사랑하고 아끼겠다는 약속이고, 그 약속에는 아내가 인생을 바라보는 방식에 적극 호응하겠다는 것도 포함된다.

부부가 연합하면 천하무적이다

부부는 각자 강점과 약점이 있다. 그러니 경쟁하는 대신 결속을 다져서 강점은 늘리거나 강화하고 약점은 보충하거나 상쇄하는 게 어떨까? 결혼도 결국은 팀워크다. 따로 행동하는 두 명의 묶음이 아니다. 하지만 일심동체가 되는 것은 쉬운 일이 아니다. 하나로 움직이기 위한 신뢰도를 높이려면 단순히 말을 주고받는 차원이 아니라 소통을 해야 한다. 다시 말해 상대의 말뿐 아니라 느낌까지 이해해야 한다.

서로의 강점과 약점을 파악하려면 서로에 대해 많이 알아야 한다. (자신의 강점과 약점을 파악하는 법에 대해서는 내가 쓴 책 『혼자서 하는 정신분석(Be Your Own Shrink)』에 자세히 나와 있다.)[2]

집안일을 나눌 때는 이른바 '남자일', '여자일'이 아니라 각자의 강점에 따라 나눠야 한다. 공과금과 청구서를 담당할 사람은? 주부가 담당하는 게 관례지만 꼭 여자가 맡아야 할 이유가 있을까? 여자보다 꼼꼼한 남자들도 많다. 한 사람은 컴맹이고 한 사람은 컴퓨터 마법사라면? 돈 관리를 손으로 쓰고 발로 뛰는 게 빠르겠는가, 아니면 온라인으로 관리하고 처리하는 게 빠르겠는가? 즉, 함께 의논해서 둘의 수고가 가장 적어지는 방향으로 일을 분배하는 게 중요하다. 결혼생활은 평등한 파트너십이지, 한 사람이 다른 사람 일을 모두 떠맡는 관계가 아니다.

각자의 강점과 약점을 따져 보고, 그 평가를 기반으로 누가 무슨 일을 할지 결정하자. 각자 자신 있는 일을 맡으면 훨씬 행복해진다. 서로를 비판하는 일은 한결 줄고, 상대의 장점을 존중하게 된다. 둘에게 각자 다른 재능을 주신 하늘에 감사하게 된다.

> 집안일을 나눌 때는 이른바 '남자일', '여자일'이 아니라 각자의 강점에 따라 나눠야 한다.

그렇다고 모든 것에 합의를 봐야 한다는 뜻은 아니다. 남자와 여자는 다르다. 내 아내 샌디는 네일살롱에서 손톱 손질을 받고, 나는 운전하다 신호대기 중에 손톱을 다듬는다. 샌디는 화장실에 갈 때 동행이 있으면 좋아하고, 나는 혼자 가는 게 좋다. 어느 것이 더 좋고 나쁘고의 문제가 아니다. 그저 다를 뿐이다.

출생순서에 상관없이 모든 부부가 지켜야 할 원칙이 있다. 다음의 원칙을 명심한다면 순풍에 돛단 결혼생활을 할 수 있다.

- 부부관계란 기선 제압이 아니라 파트너십이다. 부부는 경쟁자가 아

니다. 공동의 이익을 위해 사랑으로 협력하는 관계다. 당신도 완벽하지 않고 배우자도 완벽하지 않다. 항상 의견이 일치할 필요는 없다. 다만 강점은 모으고 약점은 보충해서 가족의 행복과 안녕을 위해 공동노력 체제를 구축하자.

- 행복한 결혼생활은 배우자의 감정과 관점을 이해하는 데 달려 있다. 상대의 말에 귀 기울이고 진정으로 소통하려면, 사랑하는 마음뿐 아니라 물리적 시간도 투자해야 한다.
- 부부는 상대방을 특별한 사람으로 대우해야 한다. 배우자를 위해 일부러, 그리고 특별히 무언가를 한 적이 있는가? 얼마나 자주 하는가? 맏이들은 일에만 집중하고 정작 사람은 잊고 지낼 때가 많다. 이제라도 마음먹고 앉아서 짧은 편지를 써 보자. 이메일도 괜찮다. 커피숍에 들러 커피를 사 가자. 빨간 장미를 사고, 영화표를 예매하자.

당신은 바쁜 사람이다. 맏이들은 원래 일이 많다. 맏이들 없이는 세상이 돌아가지 않는다. 하지만 당신에게 가장 소중한 관계를 위해, 평생을 함께할 배우자를 위해 조금씩 짬을 내보면 어떨까?

피는 같아도 **성격은 다르다**

아이마다 천차만별이다. 맏이 다르고 중간아이 다르고 막내 다르다. 자녀를 대하는 방식이 각각 달라야 함은 두말하면 잔소리다. 맏이인 당신은 잘할 수 있다. 맏이 특유의 분석력을 십분 활용해서 출생순서에 따른 차이를 인지하고, 그에 따른 인간관계 유형을 파악해서 성공적인 부모자녀 관계를 구축하자.

맏이 부모와 맏아이

걸음마를 시작하는 평균 연령이 생후 12개월이라면, 당신은 맏이가 적어도 11개월 20일쯤에는 걷기를 바란다. 아이들이 평균적으로 만 4세 때 글을 뗀다면, 당신은 맏이가 세 돌 때부터 책을 읽기를 기대한다. 첫아이 때는 초짜 부모이기 때문에 약간 과욕을 부리는 경향이 있다. 사실 좀이 아니라 모든 면에서 상당히 과욕을 부린다. 아니라고 하고 싶은가? 자녀가 세 명 이상이라면 첫아이 때와 셋째 때를

> **출생순서 맞히기**
>
> 1. 집 전화가 울린다. 누구에게 걸려온 전화일까?
> a. 맏이
> b. 중간아이
> c. 막내
>
> 2. 아들아이가 셔츠에 구김이 한 줄 갔다고 걱정한다. 이 아이는?
> a. 맏이
> b. 중간아이
> c. 막내
>
> 3. "지금 당장 하라면 못해. 하려면 연습하고 해야지." 누가 한 말일까?
> a. 맏이
> b. 중간아이
> c. 막내[3]

비교해 보기 바란다. 셋째가 태어났을 때는 자녀 양육에 관해 이미 많은 지식을 섭렵했을 것이다. 아이가 흙을 좀 파먹어도, 화분에 깐 짚을 뜯어 먹거나 죽은 무당벌레를 집어 먹어도 아이 생명에는 별 지장 없다는 것을 알고 있었다. 하지만 첫째가 그랬을 때는 어땠는가? 비명을 지르며 달려가서 아이 입에서 죽은 벌레를 냅다 꺼내고, 그것도 모자라 아이 입을 일곱 번이나 헹구지 않았는가?

이러니 맏이가 신중한 완벽주의자로 자라지 않으면 그게 더 이상한 일이다. 그리고 맏이들은 다른 아이들보다 어른과 함께 있는 것을 편하게 여긴다. 부모가 곁에 붙어 있었던 시간이 많고, 부모를 직접적인 롤모델로 보고 자라기 때문이다.

되돌아보면 부모로서 맏이를 지나치게 밀어붙였다는 걸 느낄 것이다. 아이의 결과물을 존중하지 못하고 당신이 다시 해 준 적도 많았다. 당신은 아이 주변을 너무 서성대고 아이를 너무 지적했다.

> 걸음마를 시작하는 평균 연령이 생후 12개월이라면, 당신은 맏이가 적어도 11개월 20일쯤에는 걷기를 바란다.

그뿐 아니다. 부모는 자신이 과거에 이루지 못한 꿈을 맏이를 통해 이루려는 경향을 보인다. 바이올린을 배우고 싶었던 부모는 자식을 바이올린 학원에 등록시킨다. 아이가 싫어하는데도 2년이나 억지로 배우게 한다. 둘째 아이가 태어난 다음에야 아이들이 각양각색인 것을 깨닫는다.

당신은 자녀 중 누구와 가장 자주 충돌하는가? 물을 것도 없이 맏이다. 당신과 가장 비슷한 아이이기 때문이다. 맏이로 태어난 당신은 맏아이를 누구보다 잘 이해한다. 하지만 당신을 가장 돌아 버리게 하

맏이에게 좋은 부모가 되기 위한 5가지 팁

1. 맏이들은 어느 상황에서나 원칙을 명확히 하고자 하는 욕구가 있다. 맏이들은 하나부터 열까지 공들여 원칙을 세운다. 원칙이 서야 안정감을 느낀다.

2. 맏이의 성격에 깊이 뿌리내린 완벽주의 성향을 더 이상 심화시키지 않는다. 맏이의 말과 행동에서 사사건건 개선의 여지를 찾는 것은 좋지 않다. 맏이에게 강요하지 말자. 맏이는 혼자서도 충분히 잘할 수 있다. 자꾸 고쳐 주려 들지 말고 아이가 혼자서 한 대로 받아들이자.

   자신이 너무 비판적인 시선으로 아이를 보지는 않는지 조심한다. 맏이들은 비판과 지적에 굉장히 민감하다. 아이가 자기 기술을 혼자 시험하도록 놔두고, 직접 도움을 청할 때까지 기다리자. 도움을 청하면 몇 가지 팁만 주고 아이 옆에 붙어 있지 않는다. 다만 부드럽게 용기를 준다. 예를 들어 맏이가 수학 문제를 풀 때 서둘러 끼어들어 설명하지 말고, 되도록 혼자 풀도록 놔둔다. 아이가 답답해하면서 "나 못하겠어."라고 하면, 처음 하는 거라서 그런 것이고, 처음에는 다 어려운 법이며, 하다 보면 곧 요령을 알게 될 거라고 부드럽게 말한다. 맏이는 부모가 자신을 믿어 주고 응원하기를 원하지 재촉당하기를 원하지는 않는다. 맏이는 특유의 완벽주의와 자아비판 정신 때문에 안 그래도 자기를 너무 몰아붙여서 탈이다.

3. 맏이에게 집중되는 책임을 보상할 특권을 주고, 맏이가 가족에서 차지하는 특별한 위치를 인정해 준다. 맏이는 커 갈수록 점점 더 많은 책임을 떠안는다. 그러나 동생들은 맏이보다 나이가 어릴 뿐이다. 일을 못할 이유가 없다. 동생들에게도 일을 나눠 주고, 아이들 모두 제몫을 하도록 이끌자.

   어떤 맏이가 이런 말을 했다. "저는 쓰레기꾼이에요." 자기가 집에서 쓰레기 담당이라는 뜻만은 아니었다. 동생들은 빈둥거리는데 자기 혼자 일을 한다는 뜻이었다. 맏이의 마음속에 이런 분노가 싹트게 하지 말자.

4. 맏이를 애보는 사람 취급하지 말자. 맏이에게 동생을 맡겨야 하는 상황이 되면, 그날 오후나 저녁에 동생을 돌볼 시간이 되는지 사전에 물어보고 양해를 구한다. 맏이는 24시간 대기 무보수 베이비시터가 아니다.

5. 맏이에게 특별한 시간을 할애한다. 동생들을 떼어 놓고 맏이만 데리고

> 맏이가 좋아하는 것을 한다. 가장 좋은 방법은 부모와 맏이 셋이서 놀러 나가는 것이다. 맏이에겐 어른과 보내는 시간이 무척 중요하다. 동생들이 태어나기 전의 삶을 기억하고 그리워하기 때문이다.

는 아이 역시 맏아이다. 맏아이는 특유의 완벽주의자 기질 때문에 다른 자녀보다 부모의 격려를 더 필요로 한다. 하지만 진정한 격려를 원하는 것이지 입에 발린 칭찬을 원하는 것은 아니다. 격려가 노력과 결과물에 초점을 맞춘다면("약속에 늦지 않으려고 애 많이 썼구나." "이번 시험에서 성적이 많이 올랐네."), 칭찬은 행위자에 초점을 맞춘다("넌 늦는 법이 없지." "넌 언제나 일등이야"). 당신은 비판적 부모인가? 그렇다면 부모의 비판이 자녀, 특히 맏아이의 성격 형성에 깊은 영향을 미친다는 사실을 인지하자.

그럼 맏이에게 어떤 부모가 되어야 할까?

맏이 부모와 중간아이

중간아이의 생활신조는 "어떤 일이 있어도 분란을 피하자."다. 따라서 부모와 갈등이 가장 적은 아이가 중간아이다. 중간아이는 맏이와 막내 사이에서 이도 저도 아닌 취급을 받는 경우가 많다. 그래서 인생이 때로 불공평하고 불합리해도 세상사 다 그렇다는 진리를 일찌감치 파악한다. 덕분에 쓸데없는 환상이 없고, 남의 말에 쉽게 현혹되지 않는다. 중간아이는 형제 사이에 외교관과 중재자 역할을 한다. 부모의 관심을 가장 적게 받고 자라기 때문인지 또래관계가 인생에서 중요한 부분을 차지한다. 중간아이는 의리 있고 비밀을 지킬 줄 아는 친구가 된다. 하지만 속마음을 내보이고 생각을 나누는 데는 가장 느리다.

그럼 중간아이에게는 어떤 부모가 되어야 할까?

중간아이에게 좋은 부모가 되기 위한 5가지 팁

1. 의견을 물어보라. 중간아이는 고집 세고 자기주장 강한 맏이와 말 많고 애교 많은 막내의 기에 눌려서 좀처럼 자기 생각을 내세우지 않는다. 가족이 자신의 의견도 중요하게 생각한다는 것을 알게 하자.

2. 가족 나들이 때 중간아이에게 행선지를 결정할 권리를 주자. 중간아이의 관심사도 다른 누구의 관심사 못지않게 중요하다. 그걸 알게 해 주자. 그걸 모르는 중간아이는 남이 원하는 대로만 움직이는 줏대 없는 사람으로 자라기 쉽다.

3. 중간아이에게는 또래집단이 중요하다는 것을 알고 이를 배려한다. 놀러 갈 때 중간아이의 친구를 함께 데려가거나, 학교 끝나고 친구들을 불러 집에서 놀게 한다.

4. 형제간에 중재자 역할을 하는 것에 고마움을 표한다. "오늘 오빠와 남동생이 싸웠는데, 네가 중간에서 잘 해결해 주더라. 엄마는 네가 남의 말을 잘 들어 주고, 사람들 기분을 잘 헤아리고, 모두가 좋아할 방법을 찾아 주는 게 그렇게 기특할 수 없어." 하지만 무슨 일 있을 때마다 아이가 발 벗고 나설 것으로 기대해서는 안 된다. 아이에게 그런 부담을 주지 않도록 조심한다. 중간아이는 남의 싸움 뜯어말리고 분쟁 해결하라고 태어난 아이가 아니다.

5. 중간아이가 도움을 필요로 할 때와 혼자 힘으로 하고 싶어 할 때를 잘 구별한다. 중간아이는 도움이 필요해도 내색하지 않는다. 대장 노릇하려 드는 형에게 도움 받는 것도 꺼리고, 항상 챙겨 줘야 하는 막내 취급받는 것도 싫어한다. 그래서 필요한 도움도 받지 않는 경우가 많다.

맏이 부모와 막내

이것부터 인정하자. 셋째나 넷째까지 낳았다면 당신은 지친 상태다. 그리고 육아라면 도가 텄다. 그래서 막내는 제멋대로 해도 부모가 내버려두는 경향이 있다. 더구나 어리광 부리는 귀염둥이를 이기기란 쉽지 않다. 막내는 다정하고 싹싹해서 누구에게나 사랑받는다. 막내는 사람들과 어울리는 것을 좋아하고 가족의 스타로 주목받는 것을 즐긴다.

막내는 원하는 것을 쉽게 포기하지 않는다. 떼를 쓰면 대개는 뜻이 관철된다는 걸 알기 때문이다. "엄마, 쿠키 하나 남은 거 내가 먹어도 돼?" 꼬마가 생글거리며 묻는다. 당신은 두세 번 안 된다고 하다가 결국 아이에게 쿠키 단지를 내민다. 꼬맹이가 또 한 건 올렸다.

집에 놀러 온 손님들 앞에서 재롱을 떠는 것도 막내다. 막내는 사람들의 관심을 먹고 산다. 당신이 아무리 엄격한 기준과 빡센 인생관으로 무장했어도, 막내는 그 단단한 벽을 단숨에 와르르 무너뜨린다. 막내는 내 손녀딸 아델라인처럼 응석받이 개구쟁이가 될 가능성이 농후하다. 하지만 다른 아이라면 몰라도 막내를 혼내기란 쉽지 않다. 꼬맹이가 풀죽어 있는 모습은 차마 볼 수가 없다. 막내는 하는 짓이 귀엽고 같이 있으면 즐겁다. 그래서 그러면 안 되는 줄 알면서도 허물을 덮어 주고 넘어간다. 당신 같은 원칙주의자 맏이도 예외는 아니다. 막내도 부모가 자기한테는 깐깐하게 굴지 않는다는 것을 안다. (문제는 그걸 눈치 채는 이가 막내뿐은 아니라는 거다. 다른 자녀들도 다 안다.)

그럼 막내에게는 어떤 부모가 되어야 할까?

막내에게 좋은 부모가 되기 위한 5가지 팁

1. 귀염둥이 꼬마도 집안일에 참여시킨다. 할 일이 생기면 무조건 맏이나 둘째부터 찾지 말고 막내도 기억하자. 그 나이 아이들이 할 수 있는 일이라면 어리광쟁이 막내도 할 수 있다. 막내의 역량을 의심하지 말자. 막내도 자기 일은 자기가 해야 한다.
2. 막내는 천성적으로 사람 다루는 데 능숙하다. 막내의 교활한 작전에 넘어가지 않도록 조심한다. 꼬맹이라고 얕보면 안 된다. 어른도 멋대로 조종해서 제정신으로는 절대 하지 않을 결정을 하게 만든다. 고사리 같은 손짓 하나에, 아양이나 칭얼거림 한 번에 어른들이 줄줄이 무너진다. 막내들의 설득 능력은 상상을 초월한다. (위대한 세일즈맨 중에 막내가 많은 데는 다 이유가 있다.)
3. 막내도 행동의 결과를 감수하게 한다. 막내는 즉흥적이고 무사태평하다. 사고 쳐도 계속 봐주면 자신의 행동에 책임질 줄 모르는 사람이 된다. 가끔은 막내의 기세에 찬물을 끼얹는 것도 나쁘지 않다.
4. 아이에게 세상이 자신을 중심으로 돌지 않는다는 것을 가르친다. 각자는 인생이라는 바퀴의 중심이 아니라 여러 바퀴살 중 하나일 뿐이다. 막내가 그 사실을 모르고 있다면 이제라도 아는 게 좋다. 막내가 귀엽다고 아이를 늘 관심의 중심으로 만드는 것은 장기적으로 아이에게 몹쓸 짓을 하는 것이다.
5. 아이에게 '지연된 만족'을 가르쳐라. 사람은 더 큰 보상을 위해 때로 당장의 욕구를 참을 줄도 알아야 한다. 아이는 당장 달라고 한다. 하지만 해달라는 대로 즉각 들어주면 안 된다. (다른 아이들도 막내에게 그러지 못하게 하라.) 기다리는 자에게 복이 오나니, 옛말 그른 것 없다.

두 가지 특별한 사이

가족에는 두 가지 아주 특별한 사이가 존재한다. 하나는 아빠와 딸

성격으로 출생순서 알아맞히기

고집이 장사	
보스 기질	
중재의 달인	
주로 애칭으로 불림	맏이
남 탓하기 좋아함	(또는 외동아이)
있는 건 친구뿐	
맘에 들지 않아도 "난 상관없어."라고 함	중간아이
애교라면 호랑이 줄무늬도 벗겨갈 정도	
웬만해서는 감정을 드러내지 않음	막내
비밀이 많음	
허세를 잘 부림	

답은 주(註)에 있음[4]

사이고, 다른 하나는 엄마와 아들 사이다. 이들 사이가 왜 유난히 중요할까? 딸은 아빠를 통해 남성상을 형성하고, 그것이 나중에 딸의 이성관에 큰 영향을 미치기 때문이다. 아들도 마찬가지다. 엄마를 통해서 여성상을 형성하고, 그것이 나중에 아들이 여성을 대하는 방식에 큰 영향을 미친다.

아빠와 딸

딸과 아빠의 유대는 매우 중요하다. 딸에게 아빠는 세상 모든 남자를 대표하는 존재다. 자상한 아빠 밑에서 아빠의 관심과 사랑을 듬뿍 받으며 자란 딸은 자신은 사랑받을 가치가 있다고 믿는 당당한 여성으로 자라고, 그에 합당한 건전한 이성관을 구축한다.

하지만 아버지로부터 정서적, 물리적으로 버림받은 딸은 이른바 '남자에 굶주린' 애정결핍형 여자가 되기 쉽다. 멀리 볼 것도 없다. 14~17세만 되어도 '남자 허기' 증세를 보이는 경우가 많다. 이런 딸들은 남자에 쉽게 애착하고, 상대적으로 어린 나이에 성에 눈 뜨고, 혼외정사에 빠지고, 어릴 때 가지지 못했던 아빠를 대체하기 위해 자기보다 훨씬 나이 많은 남자에게 끌린다.

딸을 방치한 아버지 때문에 피해를 당하는 사람은 그 딸뿐이 아니다. 아버지에게 버림받은 딸은 남자를 여럿 사귀는 한편, 아버지에 대한 일종의 복수 심리로 블랙위도(black widow, '검은 과부'란 뜻으로 교미 후 암컷이 수컷을 잡아먹는 미국산 독거미―옮긴이) 같은 여자가 되기도 한다. 부모 노릇을 못한 아버지는 딸의 생활방식을 망치고, 그 딸과 엮이는 남자들까지 애꿎은 피해자로 만든다.

이런 악순환을 예방할 방법이 있을까? 물론 있다. 소녀의 삶에 비어 있는 아버지 자리를 다른 사람이 대신할 수 있다. 그 사람이 할아버지나 큰아버지일 수도 있고, 가족의 친구일수도 있고, 의붓아버지일 수도 있다. 친아버지가 아니어도 아버지 대역과 건전한 유대를 형성하면, 남자가 여자를 어떻게 대하는 것이 옳은지 배우고, 자신이 소녀에서 멋진 여성으로 성장하고 있다는 확신을 얻을 수 있다.

아빠가 딸에게 쓰는 말투와 말도 딸의 성격 형성에 큰 영향을 미친다. (6장에서 논한 대로) 냉소적이고 비판적인 아빠는 딸에게 깊은 상처를 준다. 딸은 아빠에게 강한 충성심을 가진다. 심지어 가족을 떠난 아빠에게도 충성심을 보인다. 그래서 누군가 아빠에 대해 부정적인 말을 하면 아빠를 맹렬히 변호해서 기어코 좋은 사람으로 만든다.

존재하지 않는 관계를 만들어 내서라도 가지고 싶은 심리적 욕구가 있기 때문이다.

미국 서부지방을 여행해 본 독자라면 인앤아웃버거(In-N-Out Burger, 인앤아웃은 직역하면 '들락날락'이라는 뜻—옮긴이)의 기막힌 햄버거를 맛봤을 것이다. 염소보다도 채식을 즐기는 내 아내 샌디도 운전하다가 이 가게를 발견하면 신이 나서 소리 지른다. "우와, 저기 인앤아웃버거 있네! 어서 유턴해야지!" (의도하지 않게 인앤아웃버거를 광고하는 꼴이 되었다면 양해를 구한다.)

들락날락 햄버거는 훌륭할지 모르지만, 들락날락하는 아버지들은 결코 그렇지 않다. 자기 시간표에 맞춰 왔다 갔다만 하는 아버지들, 자식의 인생에 자기 편의대로 불쑥 들어왔다가 다시 불쑥 떠나는 아버지들은 아이에게 전혀 영양가가 없다. 직설적으로 말해서, 그런 아버지라면 정신 사납게 들락날락하느니 차라리 자녀의 인생에서 아예 빠져 주는 게 좋다. 기억할 아버지가 없는 것도 힘든 일이지만 들락날락 아버지도 아이의 인생에 전혀 도움이 되지 못한다.

> 딸은 아빠 하기 나름이다.

반면 딸에게 자신이 멋진 여성이라는 믿음을 심어 주는 아버지는 딸의 인생에 돈보다 귀한 것을 투자하게 된다. 딸은 아빠 하기 나름이다. 딸에게 다음과 같은 말로 긍정의 힘을 심어 주자. "우리 딸, 이렇게 차려입은 걸 보니 예쁜 아가씨가 다 됐네. 당당한 모습이 더 예쁘다. 거기다 피할 곳과 피할 사람들을 현명하게 구별할 줄도 알고, 우리 딸이 최고다."

딸은 있는 모습 그대로, 됨됨이 그대로 인정받고 싶어 한다. 그렇다고 자잘한 것을 무시하면 안 된다. 운동에서 두각을 나타내거나 체스클럽에서 우승했을 때도 아빠가 알아주기를 바란다.

아빠들이여, 오늘 당장 딸에게 "우리 딸은 있는 그대로 최고야."라고 말하자. 말하는 데 돈 들지 않는다. 하지만 딸의 인생과 딸의 장래 남편과 그들의 장래 자녀들에게 값으로 따질 수 없는 선물이 된다.

엄마와 아들

엄마는 아들이 장차 어떤 남자로 성장하는지에 지대한 영향을 미친다. 아빠가 엄마를 대하는 방식도 중요하지만, 아들의 인생에 가장 큰 영향을 미치는 부모는 오히려 엄마 쪽이다. 나는 젊은 엄마들에게 아들 녀석이 엄마에게 함부로 굴 때 절대 봐주지 말 것을 당부한다.

지난 수세기 동안 남자는 여자를 부당하게 대우했다. 여러 가지 방법으로 착취하고 무시했다. 이제는 멈춰야 한다. 그러려면 꼬맹이 아들이 엄마에게 주제넘게 말대꾸하는 버릇부터 고쳐 놓아야 한다. 아무리 어려도 녀석이 엄마를 때리면 혼을 내야 한다. 그런 버릇들을 가만 놔두면 녀석은 자라서도 만나는 여성마다 무시하고 함부로 대한다. 아들을 여성학대자로 키운 것이나 다름없다.

그런 일을 예방하려면 어떤 조치를 취해야 할까? 아들이 태어나는 날부터 엄마를 부모로서 그리고 여성으로서 존중하는 훈련을 시키자. 이런 마음가짐으로 아들을 양육하는 것은 미래의 며느리에게 커다란 선물을 하는 것이다. 언젠가 며느리가 시어머니에게 크게 감사할 날이 올 것이다.

자녀 모두에게 맏이의 **책임을 지우자**

맏이는 책임감 있고, 성실하고, 매사 준비성이 강하다. 그 결과는? 걸핏하면 맏이에게 일을 맡긴다. 할 일이 생기면 맏이부터 찾는다. 중간아이도 가끔 돕지만 슬쩍 구석방으로 도망칠 때가 많다. 그럼 막내는? 막내는 큰누나에게 떠넘길 핑계 찾는 데 귀신이다.

자, 이게 과연 공평한 일일까?

엄마는 장을 보러 가면서 맏이에게 말한다. "엄마는 얼른 가게에 갔다 와야 해. 그동안 네가 집 보고 있어." 그렇게 맏이에게 주택경비원과 베이비시터의 임무를 던져 주고 나가 버린다. 집을 비운 동안 무슨 일이 생기면 누구의 잘못인가? 물론 맏이의 잘못이다. 당신이 맏이에게 집과 동생들을 맡겼으니까.

다시 생각해 보자. 이게 맏이에게 공평한 일일까?

아이들을 책임감 있게 키우려면 어떻게 해야 할까? 책임을 주어야 한다. 아이들이 할 수 있는 일을 대신 해 주지 말자. 출생순서나 나이에 상관없이 누구나 자기가 책임질 것은 책임져야 한다. 맏이에게만 자기 몫 이상의 책임을 지우거나, 단지 맏이가 더 잘하고 더 빠르다는 이유로 동생이 할 일을 대신 시키지 말자.

맏이뿐 아니라 중간아이와 막내까지 모두에게 책임을 묻자. 모두 가족 구성원이다. 일도 함께 나눠야 하고 공도 함께 나눠야 한다. 맏이에게만 책임을 물으면 맏이는 가족의 일원보다는 일벌이 된 것처럼 느낀다. 아이들 모두에게 책임감을 심어 주자.

똑같은 취급은 **말썽을 부른다**

아이들이 또 싸운다.

"얘가 그랬어!" 하나가 주장한다.

"언니가 시켰잖아!" 다른 아이가 맞받아친다.

형제간 경쟁의식은 카인과 아벨 시대부터 있었다. 앞으로도 없어지지 않을 것이다. 하지만 그 뒤에 숨은 진실을 알면 형제간 경쟁의식을 최소화할 수 있다. 형제간 경쟁의식은 각자 특별한 존재가 되고 싶은 아이들의 욕구와, '아이들을 모두 똑같이 대하려는' 부모의 의지가 충돌해서 생긴다.

예를 들어 둘째 녀석에게 이렇게 말한다 치자. "네 형이 처음 이걸 했을 때가 생각난다." 아이가 이 말을 어떻게 해석할까? 아무리 다정하게 한 말이라도 아이는 이렇게 받아들인다. "그래 봤자 넌 넘버 투야. 다 예전에 네 형이 했던 거야. 특별하거나 새로울 거 하나 없어." 아이 기죽이는 것은 순식간이다!

어떤 경우에도 비교하는 것은 피하자. 자녀 한 명 한 명을 세상에 유례없는 존재로 여겨야 한다.

실제로 아이들은 다 다르다. 똑같은 취급을 당할 이유가 없다. 심지어 나라법과 시장도 아이들을 똑같이 취급하지 않는다. 만 12세가 할 수 있는 일과 만 19세가 할 수 있는 일이 다르다. 신도 인간을 똑같이 취급하지 않았다. 사람마다 다른 재능과 기질을 주었다. 모두가 거기서 거기라면 세상이 얼마나 따분하겠는가. 굳이 자녀들을 똑같이 취급한다면, 두 살배기도 열한 살짜리 형처럼 9시 30분에 잠자리에 들어야 한다.

형제간 경쟁의식을 최소화하려면 누가 시작했는지 따지지 않는 게 좋다. 다툼은 협업이지 단독행동이 아니다. 내 말에 동의하지 않는다면 부부싸움을 떠올려 보라. 작은 말들이 오가며 서로를 자극하다가 상황이 악화되지 않았는가?

손바닥도 마주쳐야 소리가 나는 것처럼 싸움에는 두 사람이 필요하다. 따라서 둘 다에게 책임을 물어야 한다. 마지막 하나 남은 초콜릿케이크 조각을 놓고 두 아이가 싸운다. 당신은 형에게 빵 칼을 주고 "좋아, 네가 잘라."라고 한다. 그러면 아이는 승리의 미소를 지을 것이다. 그때 동생에게 이렇게 말하자. "형이 자르면 네가 먼저 골라."

그러면 싸움을 조기 종식시킬 수 있다.

이기는 관계

자녀마다 적성이 다르고 취향이 다르다. 맏이는 책벌레고 군계일학을 목표로 한다. 둘째는 책보다는 사람을 잘 읽고, 모험을 즐기듯 인생의 변화구를 즐긴다. 그리고 막내는 낯을 안 가리고 넉살이 좋고, 결국 자기가 좋아하는 것을 하고야 만다.

그렇다면 부모의 역할은? 자녀들 한 명 한 명을 지원하고, 각각의 차이를 인정하고, 자녀들이 각기 다른 삶을 선택할 때 이를 받아들이고 격려하는 것이다.

아이들이 문제에 직면할 줄 알아야 문제를 깨부술 줄도 알게 된다.

부모는 자녀에게 장래에 훌륭한 결정을 내릴 힘을 길러 주는 사람들이다. 아이들은 부모가 자신의 성과뿐 아니라 자기 자체를 인정하고 긍정해 주기를 바란다. 그리고 자신의 인생이라는 모험에 부모가 동참해 주기를 원한다.

제8장

맏이가 학교에서 잘나가는 법

> 맏이는 학부형으로 또 학생으로 성공을 거둔다.
> 맏이가 합리적 목표를 세우고 좌절이 아닌
> 탁월을 추구하는 방법을 알아본다.

    어릴 때를 떠올려 보자. 처음으로 유치원 문을 들어서던 순간이 기억나는가? 전에 보지 못하던 넓은 세상으로 첫걸음을 내딛던 순간. 부모가 뒤에서 "얼른 들어가. 괜찮아. 재미있을 거야."라고 용기를 준다. 하지만 당신은 확신이 없다. 아니나 다를까 처음 며칠은 그다지 환상적이지 않다. 다른 아이들은 연필도 막 다룬다. 그런 아이들과 크레용과 색연필을 나눠 써야 하는 것부터 마음에 들지 않는다. (부러진 연필을 쓰기는 정말 싫다.)

    운동장은 또 하나의 아수라장이다. 집에 있는 막내 동생만 시끄러운 줄 알았더니 유치원 운동장의 난리법석에 비하면 댈 것도 아니다. 하지만 그 속에서 친구가 하나둘 생기기 시작한다. 그리고 어느새 당신이 운동장에서 놀이를 주도하고 있다. 아이들은 이제 뭘 하고 놀까, 누구랑 놀까 하고 바보처럼 두리번거리는 대신 당신을 바라본다. "우리 뭐 하고 놀아? 말뚝박기? 닭싸움?" 당신의 한마디면 모든 논란이 종결되고 다들 일사불란하게 움직이기 시작한다.

다시 교실로 들어오면 당신은 선생님의 위대한 조력자다. 선생님은 아이들에게 나눠 줄 게 있으면 무조건 당신에게 맡긴다. 당신만큼 정확히 해내는 아이가 없기 때문이다. 당신은 교실에서도 리더다. 미술시간만 되면 아이들은 목을 길게 빼고 당신이 뭘 하는지 살핀다. 그리고 당신의 아이디어를 따라 한다. 남과 차별화되고 싶은 당신은 그게 심히 불만이다. 당신은 유치원 콘서트 때도 솔리스트로 뽑힌다. (유치한 나뭇잎 모자를 써야 하는 것만 빼면 무척 우쭐한 일이다.)

또한 다른 아이들과 달리 당신은 책과 친하다. 당신은 네 살 때부터 책을 읽어 온 베테랑이다. 다른 아이들은 겨우 그림책 가지고 씨름할 때 당신은 이야기책을 읽는다. 당신은 멀리 앞서 나간다. 당신은 성공이 적성이다. 하지만 가끔은 뛰어나기 때문에 외로울 때가 있다. 아이들은 당신이 '대장 행세하고,' '선생님한테 잘 보이려고' '더럽게 아는 척한다'고 욕한다.

남의 얘기 같지 않을 것이다. 당신은 맏이니까.

약간의 경쟁은 약이 된다?

베이비 아인슈타인 Baby Einstein(아기침대에 달아 주는 수면훈련용 장난감으로, 아기가 장난감을 건드리면 잔잔한 음악과 영상이 흘러나와 다시 잠들게 해 준다―옮긴이)이 요즘 부모 중에 모르는 사람이 없을 정도로 인기다. 이 장난감을 고안한 사람에게 노벨 음악상을 줘야 한다는 의견도 있다. 부모라면 누구나, 특히 맏이로 태어난 부모들은 자기 아이를 아인슈타인으로 키우고 싶어 한다.

아이가 태어나는 순간부터 부모는 달콤한 환상에 취한다. 자기 아이 앞에 펼쳐질 승리의 순간들을 미리 만끽한다. 이런 원대한 꿈의 주인공이 되는 아이는 누구일까? 말할 것도 없이 맏이다. 맏이는 신참 부모의 야심찬 데뷔 무대다. 부모 중 특히 맏이로 태어난 엄마들은 경쟁심이 엄청나다.

MOPS^{Mothers of Preschoolers}(미취학 아동의 엄마들) 모임을 상상해 보자. 모임이 파한 뒤 두 엄마가 당근케이크를 먹으며 대화를 나눈다. 엄마1이 말한다. "우리 집 애는 22개월째에 용변을 딱 가리더라고요. 신통하게 애도 안 먹이고 수월하게 했어요. 댁의 아이는 어때요? 지금쯤 댁의 아이도 용변을 가리겠네요?"

한 대 얻어맞은 엄마2는 잠시 말이 나오지 않는다. "음, 우리 집 애는 애를 좀 먹는 편이에요. 아직 그 수준은 아니에요."

엄마1이 말한다. "지금 거의 세 살 아닌가요?"

엄마2의 고개가 더 떨어진다. "지난달에 세 살이 됐죠."

엄마1은 의기양양하게 자리를 뜬다. '봤지? 우리 애가 그쪽 애보다 한 수 위야.'

엄마2는 자존심이 시퍼렇게 멍든 채 자리를 뜬다. '아, 짜증 나. 제시는 왜 그 모양이야? 우리는 왜 제꺼덕 못하냐고!'

엄마들의 경쟁은 정말 무섭다. 자식을 내세운 대리전이다. '피 튀기는 전쟁'이 따로 없다.

하지만 진실은 이렇다. 용변을 가리는 시기는 아이마다 다 다르다. 즉, 아이마다 다 때가 있다는 것이다. 억지로 재촉하면 아이에게나 부모에게나 좋을 것 하나 없다.

내가 항상 부모들에게 당부하는 말은 '장기적으로 보라'는 것이다. 부모가 채근하지 않아도 때가 되면 모두 기저귀를 졸업한다. 특별한 신체적 문제가 있는 게 아니라면 유아원 나이가 지나서까지 지저귀를 차고 있을 가능성은 희박하다. 유아원에서 자기만 두세 시간에 한 번씩 기저귀를 바꿔 차고 싶은 꼬마가 어디 있겠는가? '다 큰 아이'가 되고 싶은 욕망은 엄청나게 강력한 동기유발인자다. 아이가 유아원 갈 나이가 되었는데도 혼자 용변을 가리지 못한다면, 아이가 아직은 유아원에 갈 준비가 안 됐다는 뜻은 아닐까? 그럴 때 1년쯤 집에 더 있다가 유아원에 간들 그게 그리 큰일일까?

아이들은 저마다 발육 속도에 차이를 보인다. 부모가 할 일은 아이가 다음 단계로 넘어갈 준비가 되었는지 명민하게 살피는 것이다.

하지만 부모들, 특히 맏이로 태어난 부모들은 맏아이를 아기 때부터 남보다 앞서도록 몰아붙인다. 하지만 맏이들은 몰아붙이지 않아도 이미 성공지향적이다. 맏이들은 더 일찍 기고, 더 일찍 걸음마를 한다. 더 일찍 뛰기 시작하고 용변도 먼저 가린다. 맏이는 주위에 어른들밖에 없다. 그래서 일찍부터 어른을 흉내

> 아이들은 저마다 발육 속도에 차이를 보인다. 부모가 할 일은 아이가 다음 단계로 넘어갈 준비가 되었는지 명민하게 살피는 것이다.

낸다. 엄마아빠처럼 성큼성큼 직립보행하고 싶지, 구태여 오래 기어다니고 싶은 아이는 없다. 맏이는 엄마아빠처럼 우아하게 화장실을 이용하고 싶은 마음에 기저귀와 기저귀팬츠와 아기침대와 요강을 일찌감치 정리한다. 어른처럼 행동하는 게 훨씬 재미있다.

요즘 부모들은 너무 경쟁적이다. 유치원을 고를 때도 '수학과 과학 준비반이 잘 갖춰진' 곳을 고른다. 황당한 기준이 아닐 수 없다. 유치원은 원래 또래그룹과 어울리는 법을 익히고 손가락그림을 즐기는 곳 아니었던가? 어쩌다 유치원이 이렇게 심각해졌나?

맏이는 인생을 너무 앞질러 생각하는 경향이 있다. 자녀 교육 문제에 있어서도 예외는 아니다. 판단의 순간마다 완벽지향 자체여과기가 쉬지 않고 돈다. 아이가 '경쟁력 있는' 유치원에 들어가지 못하면, 명문대학에 들어갈 길이 막힌 것처럼 난리법석을 떤다.

맏이 부모는 6~9세용 교육용 게임을 사 가지고 와서 네 살배기한테 강요한다. 하나만 물어보자. 부모의 조급증을 이용한 상술에 당했다는 느낌을 들지 않는가? 교육용 게임 시장은 "부모여, 당신의 아이가 뒤떨어지는 것을 바라지 않는다면 이것을 사라."는 말로 당신을 현혹한다.

반면 나는 "부모들이여, 조기교육의 덫에 걸리지 말자."고 외치고 싶다. 특히 맏아이는 구태여 조급하게 등을 떠밀 필요가 없다. 맏아이는 패밀리 트리에서 자신이 차지하는 위치 때문에 이미 충분히 압박받고 있다.

패밀리 **트리**

가족은 나무와 같다. 나무줄기는 부모다. 나무줄기에서 나뭇가지들이 제각기 다른 방향으로 뻗어 나간다. 나뭇가지들은 일단 방향을 잡고 움트기 시작하면 계속 그 방향으로 자란다. 맏이는 자력으로 놔두어도 3~4년 안에 꼭대기가지로 튼튼하게 자리 잡는다. 그 후에도 계속해서 가장 높이 뻗어 나간다.

그런데 맏이와 둘째아이가 겨우 18개월 터울이라면? 만일 (2장에서 다룬 내용처럼) 둘째가 첫째보다 더 저돌적이고, 더 예쁘고, 더 체격이 좋다면? 그러면 맏이 나뭇가지가 둘째 나뭇가지에 추월당할 위험이 커진다. 자녀 간 나이 차가 적을수록 경쟁은 더 심해지고 역할이 뒤바뀔 가능성도 커진다. 여기에 부모의 비판적 성향까지 가세하면, 둘째가 맏이 자리를 차지하는 건 시간문제고, 맏이는 그 과정에서 맏이의 장점을 잃어버리게 된다.

본인의 형제들을 떠올려 보라. 각자 결과적으로 어떤 위치를 점하게 되었고, 그렇게 된 배경에는 어떤 요인이 있었는가? 맏이인 당신은 맏이답게 쭉쭉 앞서 나갔는가, 아니면 실패한 완벽주의자가 되었는가? 바로 밑의 동생은 형제간 경쟁에서 어떤 역할을 했는가? 그리고 당신의 부모는 어떤 역할을 했는가?

맏이의 IQ

첫째로 태어난 아이의 지능지수가 동생들보다 높다는 조사 결과가 있다. "첫째아이의 평균 IQ가 둘째아이보다 3점 높게 나타난다. 숫자적 차이는 미미하지만 그 의미는 크다."[1] 어째서 그럴까? 그 차이는 성적으로 치면 B플러스와 A마이너스 차이 정도 된다. 나중에 대학이 달라질 정도로 큰 영향을 미칠 수 있다. 흥미롭게도 첫째아이와 셋째아이 IQ 차이는 더 커서, 첫째가 약 4점 더 높다.

연구 결과는 여기서 그치지 않는다. "사회학자들은 출생순서에 따른 지능지수 차이를 이렇게 설명한다. 맏이는 아기 시절 부모의 관심을 혼자 집중적으로 받는다. 나중에 동생들이 태어나 관심이 균등하게 분배되더라도, 관심의 양을 누적하면 결과적으로 맏이가 어른에게 가장 많은 관심을 받는다. 이 점 때문에 맏이의 어휘력과 추리력이 강화되었을 것이다."[2]

또한 맏이들은 일반적으로 규율에 충실하고, 책임감 강하고, 성공 지향적이다. 이 점도 지능에 영향을 미쳤을 것이다. 나중에 태어난 아이들은 차별화를 위해 다른 종류의 스킬을 개발하는 경우가 많다. 사교계 인사가 되거나, 변화구나 베이스기타의 대가가 되거나, 배우가 되어 스포트라이트를 받는다.[3]

노벨상 수상자 중 맏이가 많은 것도 새삼스럽지 않다. 역대 미국 대통령 중에 로즈 스콜라$^{Rhodes\ Scholar}$(영국 옥스퍼드 대학에서 공부하는 미국 및 영연방국가 출신 학생 중 우수 학생을 선발해 수여하는 로즈장학금의 수혜자—옮긴이)가 한 명 있다. 그렇다. 맏이로 태어난 빌 클린턴이다.

학문적 탁월성이나 성취도에 있어서는 맏이들이 타의 추종을 불허한다.

너무 과격한 일반화라고 생각하는 사람도 있을 것이다.

하지만 형제 중 가장 공부 잘하는 아이를 맞히는 것은 누워 떡 먹기다. 대입 시험에서 고득점자들은 보통 맏이들이다. 그렇다고 동생들은 줄줄이 대학에 떨어지고 영원한 열외로 전락한다는 뜻은 아니다. 다만 맏이는 어릴 때부터 성공가도를 달린다는 뜻이다.

맏이는 특히 과학과 수학에 두각을 나타내는 경향이 있다. 논리적이고 분석적인 성향 때문이다. 최초의 우주비행사 23인 가운데 21명이 맏이고 두 명이 외동아이였다. 막내나 중간아이는 아무도 끼지 못했다. 7인의 머큐리 우주비행사들도 모두 맏이 남자들이었다. 1986년 우주개발 사상 최악의 참사라는 아픈 기록을 남기며 폭발한 챌린저호에 민간인 최초 우주인으로 탑승했던 37세의 크리스타 맥컬리프 Charista McAuliffe를 기억하는가? 그녀는 두 아이의 엄마이자 고등학교 교사였다. 불행한 사고가 아니었다면 최초로 우주에서 수업하는 선생님이 되었을 것이다. 맥컬리프 선생님도 맏이였다. 당시 BBC 뉴스는 그녀가 10,000:1의 경쟁률을 뚫고 선발되었다고 했다.[4] 맏이다운 일이다.

건축설계와 엔지니어링, 마취학을 비롯한 의학 전반, 그리고 오케스트라 바이올리니스트 등 정교함과 완벽함을 요구하는 직종에 유난히 맏이가 많은 것은 당연한 일이다. 내가 아는 여덟 살짜리 맏이는 재미 삼아 음악이론 책을 읽는다. 우리 집의 또 다른 맏딸 로렌은 내가 아침에 학교에 데려다줄 때 차 안에서 라틴어 책을 읽곤 했다. (우

탁월한 코스비 씨

여덟 남매 중 맏이로 태어난 코미디언 빌 코스비는 다섯 자녀 모두에게 알파벳 E로 시작하는 이름을 지어주었다. 탁월함^{Excellence}을 추구하라는 뜻이었다.

교육학 박사이기도 했던 코스비는 교육과 품성 개량을 통한 흑인사회의 갈등해소와 공동체 수준 향상을 역설했다. 그는 이렇게 말했다. "어떤 소녀가 이렇게 말한다고 합시다. '아기를 하나 낳고 싶어요. 나를 사랑해 줄 무언가가 필요하니까요.' 그렇다면 이 소녀에게 사랑의 의미를 좀 가르쳐야 하지 않겠어요?"[5]

탁월함을 강조한 코스비의 이런 의견이 항상 환영받은 것은 아니었다. 하지만 그는 범죄와 가난은 제대로 교육받지 못했기 때문에 초래된 것이며 교육에 무관심한 공동체는 비난받아야 한다는 입장을 고수했고, 반대 의견과 비판에 주눅 들지 않았다.

리 집 아이들은 터울이 있어서 두 그룹으로 나뉜다.)

"오늘 시험 보니?"

그러면 딸아이는 이렇게 대답했다. "아니. 그냥 라틴어 동사 복습하는 거야."

막내였으면 어림 반푼어치도 없는 소리다. 나는 그 나이에 상쾌한 아침 바람을 맞으며 라디오에서 나오는 록큰롤에 맞춰 헤드뱅잉하기 바빴다.

이렇듯 맏이는 본능적으로 탁월함을 추구한다.

빨리 시작하는 게 중요한 게 아니라
잘 시작하는 게 중요하다

맏이들은 학교에 입학해 첫 수업종이 치는 순간부터 앞장서서 달리기 시작한다. 그리고 〈위풍당당행진곡〉에 맞춰 졸업식장에 입장하는 순간까지 선두를 놓치지 않는다.

그렇다고 맏이를 학교라는 경쟁무대에 최대한 빨리 밀어넣는 것이 능사일까? 학년도 끄트머리, 즉 12~2월에 태어난 아이를 꼭 다른 아이들에 맞춰 유치원에 넣는 게 좋을까?

아이의 생일이 늦다면 서둘러서 학교에 넣지 말자는 것이 내 의견이다. 또래보다 성숙한 것은 문제 될 게 없지만 미숙한 것은 아이에게 좋지 않다. 다음 학년도까지 기다린다고 해서 엄마나 아이가 망하는 것은 아니다. 오히려 아이가 인생을 시작하는 길에 땅을 다져 주는 효과가 있다. 지적으로 학교 공부를 따라갈 준비가 돼 있다고 해서 정서적으로도 학교 환경에 적응할 준비가 돼 있다고는 볼 수 없다. 학교에 가면 혼돈에 노출되고 명령과 규칙이 쏟아지고 타인과 끊임없이 상호작용해야 한다.

학교는 아이가 태어나 처음 만나는 시험대다. 특히 맏이들은 완벽주의자 성향 때문에 스트레스를 더 받는다. 맏이들은 천성적으로 다른 아이들보다 인생을 고달프게 산다. 무질서와 무체계를 견디기 어려워하고, 시작한 일은 끝내야 한다는 부담을 느낀다. 심지어 자신의 주가를 증명하기 위해 기한보다 앞서 끝내려는 강박

> 아이는 최대한 오래 아이로 남아야 한다.

관념까지 있다. 맏이들은 그림을 그려도 대충 그리지 않는다. 완벽한 그림을 위해 두 시간씩 매달린다. 맏이들은 책에 파묻혀 지낸다. 배운 것이 확실히 이해될 때까지 복습을 거듭한다.

맏이들은 천부적 성공의지 덕분에 항상 승리한다. 하지만 치러야 할 대가도 있다.

아이는 최대한 오래 아이로 남아야 한다. 어린 시절은 잠깐이고, 누구나 자기 앞가림을 해야 하는 시기가 온다. 그 시기를 미리 당길 필요는 없다. 맏이를 위한 부모의 역할에서 가장 중요한 것은 아이의 스트레스와 부담감을 줄여 주는 것이다. 맏이들은 인생을 빡빡하게 산다. 가끔은 술렁술렁 사는 법을 가르치자. 체육에서 B마이너스를 받았다고 인생이 끝나는 것은 아니며, 그림이 애초 생각만큼 멋지지 않다고 찢어 버릴 필요는 없다는 것을 가르치자.

완벽하지 않은 세상의 **완벽한 아이**

맏이들은 체계적이고 조직적이고 자기규율이 강하고 분석적이고 논리적이어서, 방법과 결과물에 대한 주관이 뚜렷하다. 맏이들은 이미 머릿속에 '완벽한' 이미지를 가지고 있다. 미술시간에 완성할 그림의 수준, 수학시험에서 받을 점수, 학교 뮤지컬 연습 방식, 야구에서 진루 전략 등등.

그러다 그 완벽함이 현실화되지 않으면? 그러면 아이는 풀이 죽어 이런 생각을 한다. '이건 아니야. 이건 의미가 없어.' 이런 일이 반복

되면 아이는 실패가 두려워 더는 아무것도 시도하지 않는다. 이런 실패한 완벽주의자 맏이는 숙제를 마치고도 선생님에게 제출하지 않는다. '좋은 점수를 받지 못하면 어떡해? 나쁜 점수를 받느니 아예 제출하지 않는 게 나아.'

건전한 상상은 유익하다. 행복한 공상에 젖는 것이 뭐가 나쁘겠는가? 거기에 실제가 휘둘리지 않는다면 문제될 것 없다. 하지만 (완벽을 좇도록 길러진) 맏이들은 머릿속 판타지가 현실보다 훨씬 강하고, 그 때문에 성격장애를 겪기도 한다. 부모는 아이에게 정직할 필요가 있다. 목적한 성공을 거두는 때가 있으면 실패할 때도 있다는 것을 가르쳐야 한다.

맏이들은 하나에 실패하고 자괴감에 사로잡혀 모든 일에 용기를 잃기 쉽다. 그런 맏이들에게 다음 사람들을 소개하고자 한다. 놀라운 업적을 쌓은 사람들이지만 항상 올A를 받았던 것은 아니다.

- 찰스 다윈 Charles Darwin (영국 자연학자). 어려서는 열등생이었고, 적성에 안 맞아 의과대학을 중퇴했다.
- 알베르트 아인슈타인 Albert Einstein (독일 물리학자). 학교 때 수학을 제외한 모든 과목에서 부진했으며, 대학 입학을 위한 학력검정시험에서 떨어져서 다시 고등학교에 들어갔다.
- 윈스턴 처칠 Sir Winston Churchill (영국 정치가). 학교에서 말썽꾸러기 낙제생이었고, 사관학교도 삼수 끝에 겨우 입학했다.
- 파블로 피카소 Pablo Picasso (스페인 화가). 열 살까지 제대로 읽고 쓰지도 못했다. 화가 난 아버지가 학교를 그만두게 하고 가정교사를 들였으

나 가정교사도 가르치기를 포기하고 염증을 내며 그만뒀다.
- 파울 에를리히$^{Paul\ Ehrlich}$(독일 세균학자). 1908년 노벨의학상을 수상했다. 하지만 학창시절에는 시험을 증오하던 열등생이었으며, 구술 발표는 엄두도 못 내고 작문 실력도 형편없었다.[6]

> 실패를 피할 유일한 방법은 구석에 쭈그리고 앉아 아무것도 하지 않는 것뿐이다.

맏이들이여, 어떤 생각이 드는가? 가끔은 일이 안 풀리지만, 당신만 그런 게 아니다. 위대한 사람들도 피차일반이었다. 실패했다고 세상이 끝나는 것도 아니고, 하나에 실패했다고 다른 것에도 실패하란 법은 없다.

루이 파스퇴르가 화학 과목에서 일등을 하지 못했다는 이유로 자신은 과학에 소질이 없다고 판단하고 다른 직업을 택했다면, 광견병 백신이나 저온살균법은 훨씬 나중에야 개발됐을 것이다.

베토벤이 자신을 '구제불능 멍청이'라고 부르는 선생의 말을 곧이곧대로 믿고 정말로 아무것도 시도하지 않았다면?[7] 이 천재가 용기를 잃고 그 이후 단 한 소절도 작곡하지 않았다면? 그 결과 오늘날 우리가 놓쳤을 명곡들을 생각해 보라.

태어나서 뭐라도 시도했던 사람 중에 이래저래 실패를 겪지 않은 사람은 단 한 명도 없다. 당신도 예외는 아니다. 당신은 앞으로도 또 실패할 것이다. 당신이 아무리 똑똑하고 재능 있고 노련해도 어쩔 수 없다. 실패를 피할 유일한 방법은 구석에 쭈그리고 앉아 아무것도 하지 않는 것뿐이다.

중요한 것은 실패하지 않는 게 아니라 실패에 반응하는 방식이다.

실패가 당신을 패배자로, 무능력자로 만들어서 다시 시도할 용기조차 죽이도록 내버려둘 것인가, 아니면 좋은 경험했다고 생각하고 그 경험을 바탕으로 더 강한 사람이 될 것인가?

본인의 실패나 자녀의 실패에 의연히 대처하는 부모가 되자. 그런 부모의 자녀는 실패가 세상의 끝이 아니라 단지 학습과정임을 깨닫고 자신감을 가지고 미래를 향해 나아갈 것이다.

비교 게임

맏이들은 비교 게임을 유난히 잘한다.

- 우와, 저 여자애는 엄청 잘나가네. 체스클럽 회장에 학교무도회 여왕에. 못하는 게 뭐야?
- 저 녀석은 이번 게임에서 세 번째 터치다운인데, 난 지난 게임에서 두 번밖에 못했어.
- 쟤는 뭐든 잘 풀리는구나.
- 쟤는 어떻게 수석 트럼펫이 됐지?
- 공부를 죽어라 한 건 난데, A는 쟤가 받네?
- 나도 쟤의 반만 됐으면.
- 난 저 사람 따라가려면 멀었어.

비교 게임은 학교를 졸업하고 어른이 되었다고 끝나는 게 아니다.

많이의 경우 오히려 강도가 더해진다.

이제는 길 건너 이웃집 주부와 자신을 비교한다. '하나같이 예쁘고 말 잘 듣는 애들 넷에, 애처가 티 팍팍 내는 남편에, 옷도 잘 입고 몸매도 잘 빠지고, 저 여자는 다 가졌구나. 저런 여자는 밥상을 차려도 5가지 기초식품군을 골고루 챙기겠지? 자선활동은 활동대로 하고, 꽃꽂이 사업은 사업대로 하고, 그러면서 몸매 가꿀 시간은 대체 어디서 나는 거야. 정말 알 수가 없네. 나는 이게 뭐야.'

또는 회사동료와 자신을 비교한다. '히야, 저 나이에 벌써 은행 부사장 직함에 신형 BMW를 몰고 다니는구나. 나는 언제나 저런 차를 타 보나. 저 친구, 스포츠클럽에서도 테니스 챔피언 먹었잖아. 거기다 주변엔 근사한 여자들이 끊이질 않네. 저기 대면 나는……'

하지만 당신이 모르는 것이 있다. 길 건너 여자는 사랑 없는 결혼생활에 밤마다 베개를 외로운 눈물로 적신다.

그리고 그 잘나가는 은행 부사장은 사실 날마다 협심증을 부르는 업무 스트레스에 시달리고, 이를 잊기 위해 저녁마다 신경안정제를 삼키고 진토닉을 들이킨다. 그걸 당신이 모를 뿐이다.

비교 게임을 하는 사람은 하나의 고지를 점령하기 무섭게 또 다른 고지를 노린다. 영원히 끝나지 않는 롤러코스터를 타는 것과 같다. 얼마나 피곤한 삶인가? 정말 그렇게 살고 싶은가? 그렇게 사는 사람은 숨을 고르며 달콤한 승리의 향기를 만끽할 여유도 없다. 항상 한 걸음 앞서가는 사람의 뒤통수를 쳐다보느라 다른 것은 전

> 비교 게임을 하는 사람은 하나의 고지를 점령하기 무섭게 또 다른 고지를 노린다. 영원히 끝나지 않는 롤러코스터를 타는 것과 같다.

혀 보지 못한다. 많이 본능이 그 사람을 따라잡으라고 채찍질하기 때문이다. 당신도 그런가?

자신을 남과 끝없이 비교하는 것은 쓸데없는 자학이다. 누구나 한 가지는 당신보다 잘났다. 어떤 이는 더 부자고, 어떤 이는 더 잘생겼고, 어떤 이는 사회적으로 더 성공했고, 또 어떤 이는 지능이 높다. 반면 당신에게 뒤떨어지는 사람들 또한 부지기수다.

비교 게임을 하는 대신, 당신이 가장 잘하는 일과 당신이 보여 줄 수 있는 가장 멋진 모습에 집중하자. 신이 주신 재능과 많이로 타고난 장점을 활용하는 데 힘쓰자. 남들을 의식할 필요 없다. 사실 의식한다고 달라질 것도 없다. 탁월함을 추구하는 사람은 다음에 더 잘할 수 있다는 기대감으로 장래를 준비하는 사람이다. 남을 보지 말고 자신과 자신의 소질을 보는 데 힘쓰자.

강점과 **약점**

아이의 강점과 약점을 가장 확실히 파악할 수 있는 사람은 부모다. 아이에게 음악적 재능이 있는가? 운동신경이 뛰어난가? 공부라면 못하는 과목이 없는데 친구 사귀는 데는 애를 먹는가?

나에게 와서 맏아이를 영재 프로그램에 넣을지 말지 상담하는 부모들이 많다. 우리 부부도 맏딸 홀리를 영재 프로그램에 넣은 적이 있다. 하지만 얼마 안 가 프로그램에서 뺐다. 또래 아이들이 다 하는 걸 가지고 우리 부부가 괜히 설레발을 쳤던 것이다.

학교 교육의 목표는 아이가 생각하고, 알아 가고, 성장하도록 자극하는 것이다. 그런데 아이가 학교를 지루해한다면? 그걸 바랄 부모는 없다. 그런데 명석한 아이들은 학교를 곧잘 지루해한다. 그 아이들 입장에서는 학교에서 배우고 경험하는 것들이 '평균'이나 '평균 이하의' 아이들에게 맞춰 '하향 조정돼' 있기 때문이다. 당신의 아이가 이런 경우인가? 아이가 학교를 재미없어하는 징후가 보이면, 교사와 상의해서 아이에게 추가 과제를 주는 게 좋다. (여기서 말하는 '추가 과제'란, 기존 과제에서 양만 늘린 것이 아니라, 질적으로 앞선 과제를 말한다.) 교사가 특별히 신경 써 주면 고맙지만, 여의치 않은 경우에는 아이의 소질 개발과 동기부여를 위한 방과 후 프로그램을 알아보는 것이 좋다. 아니면 아이의 필요에 부합하는 학교로 전학시키는 것도 좋은 방법이다.

그런데 이걸 알아야 한다. 학습 수준을 따라갈 수 없어서 좌절 상태로 내몰리는 것보다는 공부가 쉬워서 학교가 조금 지루한 것이 훨씬 낫다.

〈쓰리 아미고〉라는 영화가 있다. 내가 최고로 좋아하는 영화다. 영화 속 인물 중에 엘 구아포 El Guapo로 불리는 남자가 있다. ('미남자'란 뜻이지만 역설적이게도 영화 속 남자는 굉장히 못생겼다.) 이 남자가 자신이 이끄는 무법자 무리에게 이렇게 말한다. "난 너희 모두를 내 체취처럼 속속들이 알아."

당신도 자녀 각각을 속속들이 안다. 그리고 자녀교육이야말로 부모의 판단이 가장 중요한 부분이다. 홈스쿨링이 유리한 아이가 있는가 하면, 제도권 학교에 잘 적응하는 아이도 있고, 사립학교에 넣는 것이 바람직한 아이도 있다. 부모가 할 일은 아이의 강점과 약점을 고려한 최선의 선택을 하는 것이고, 선택 후에는 아이와 함께 물결을 타는 것이다. 험한 파도에서 구해 줘야 할 때도 있고, 아이 스스로 헤엄치도록 놔둬야 할 때도 있다.

아이 인생에서 물결을 죄다 잠재우는 것이 부모의 역할은 아니다. 실패를 경험해 본 아이가 더 강한 사람이 되고, 더 훌륭한 배우자가 되고, 더 바람직한 부모가 된다.

당신도 부모이기 전에 맏이다. 당신부터 탁월함에 대한 본능적 갈망이 있다. 그 갈망 때문에 자녀를 너무 심하게 몰아붙이지 않도록 조심해야 한다. 맏이가 느끼는 중압감을 누구보다 당신이 잘 알지 않는가? 자, 매사 앞서려는 욕구가 있는 사람이 자기 자녀에게 같은 압력을 행사하는 것을 피하려면 어떻게 해야 할까?

숙제 전쟁

부모들이 하는 하소연 중 가장 흔한 것이 이것이다. "리먼 박사님, 우리 집은 맏아이 숙제 수발에 저녁마다 전쟁이에요. 아주 진저리가 나요. 아이가 학교에서 돌아오는 순간부터 시작이에요. 별 방법을 다 썼지만 소용없어요. 밤이 되면 아이 때문에 녹초가 돼서 남편은 챙겨 주지도 못하고, 딸애는 결국 울고, 숙제는 숙제대로 된 게 없고……."

하나만 물어보자. 도대체 누구의 숙제인가?

이 대답 하나로 벌써 문제의 반은 해결된 거다. 맏이인 당신은 자녀가 뒤떨어지는 꼴은 절대 못 본다. 하지만 그런 극성은 피해를 부른다. 당신과 자녀, 그리고 가족 전체가 피해를 본다.

아이의 숙제 문제로 매일 전쟁터가 되는 가정을 위한 팁이 여기 있다.

1. 누구의 숙제인지 기억한다. 아이 숙제를 절대 대신 해 주지 않는다.

"내일 수학시험 어떡해. 망칠 게 뻔해. 이 부분은 하나도 모르겠단 말이야. 그런데 도와주는 사람이 아무도 없어." 맏아이가 울고불고한다.

"괜찮아, 걱정 마. 엄마가 도와줄게. 밤 12시까지라도 공부하자. 그러면 내일 시험 망치지 않을 거야."

> 하나만 물어보자. 도대체 누구의 숙제인가?

시험을 준비할 시간이 2주나 있었다. 이해가 안 되는 부분이 있으면 적어도 며칠 전에 엄마나 선생님에게 물어볼 수 있었다. 아이가 시험을 망친다면 누구의 잘못인가? 분명한 건 당신 잘못은 아니라는 거다. 잘잘못과 책임소재는 분명할수록 좋다. 그것은 맏아이의 잘못이다.

하지만 아무도 도와주는 사람이 없다는 말이 당신의 죄책감을 자극한다. 그래서 당신은 아이를 데리고 앉아 몇 시간이고 수학공부를 한다. 다른 일로 보내야 할 시간이 고스란히 날아간다.

내가 해 줄 수 있는 충고는 아이가 시험을 망치도록 내버려 두라는 것이다. 한 번 데고 나면 다음부터는 모르는 것이 있을 때 미리미리 물어볼 것이다.

아이가 제때 물어보지 못하고, 숙제를 꼬박꼬박 하지 못하고, 시험

공부를 할 줄 몰라서 성적이 좋지 못한 책임이 당신에게 있는 건 아니다. 측은지심을 갖는 것은 아름다운 일이지만, 그렇다고 아이를 걸핏하면 동정에 호소하는 사람으로 키울 수는 없지 않은가.

전국 방방곡곡 동네마다 아파트 단지마다 똑같이 일어나는 장면이 있다. 아이가 숙제를 하다 말고 짜증을 낸다. "나 이거 못하겠어." 이때 부모의 반응은? "알았어. 엄마가 설명해 줄게."

엄마가 설명을 시작한다. (하지만 아이는 듣는 둥 마는 둥이다. 부모가 숙제를 대신 해 주는 것에 익숙해서 자기 힘으로 숙제할 마음조차 없어진 지 오래다.) 아이는 여전히 이해를 못한다. 엄마가 재차 설명한다. 먼젓번보다 목소리가 커지고 화가 치민다. 이것이 몇 번 반복되다가 급기야 아빠나 형, 누나까지 끼어들어 말을 보탠다. 하지만 아이는 알아듣기는커녕 갈수록 더 짜증을 부린다. 아이가 원하는 것은 누가 하든 빨리 숙제를 끝내고 나가 노는 것이다. 얼마 안 가 가족 전원이 서로에게 분통을 터뜨린다. 여기저기서 방문이 쾅쾅 닫힌다. 모두들 저녁에 쉬지도 못하고 기분만 잡쳤다. 고작 아이 숙제 때문에.

이런 일이 일어나지 않도록 하자. 아이의 숙제는 당신의 숙제가 아니다. 아이가 별도의 도움을 필요로 하면 학교 선생님과 상의한다. 선생님에게 시간이 없으면, 아는 고등학생에게 부탁해서 아이 공부를 도와달라고 하자. 당신은 감독을 하면 된다.

당신이 직접 홈스쿨링 교사로 나선 게 아니라면 집 안을 교실로 만들지 마라. 설사 홈스쿨링 교사로 나섰다 해도, 교사도 저녁이 되면 학교에서 퇴근하고 쉰다는 것을 명심하자. 공부방은 오로지 정규 공부시간에만 개방한다. 모르는 것이 있다고 한밤중에 학교 선생님에게 전화하겠는가? 마찬가지다. 아이들이 시도 때도 없이 물어보고 도움을 청하지 않도록 훈련시키자.

그리고 자녀의 학교 숙제를 대신 해 주지 말자. 아이의 숙제는 아이의 책임이다. 자녀가 자기 앞가림하는 아이가 되고 나중에 책임 있는 어른이 되기를 원한다면 조금 냉정해질 필요가 있다. 그것이 진정한 부모 역할이다.

2. 숙제하는 시간을 정하고 정해진 시간을 지키도록 한다.

당신의 자녀는 주로 언제 숙제를 하는가? 숙제하는 시간을 따로 정해 놓는 게 좋다. 하교 즉시 시작하는 것은 실효성이 떨어진다. 아이는 그때까지 학교에서 공부 생각에 시달렸다. 그런데 아이가 현관을 들어서기 무섭게 엄마가 또 숙제 책상을 펴면, 국지전으로 끝낼 숙제 전쟁을 전면전으로 키우는 불상사가 일어난다. 나이에 상관없이 모든 아이는 놀면서 긴장을 풀 시간이 필요하다. 특히 맏이와 외동아이는 학교의 번잡한 상호작용에서 소진된 기력을 재충전할 혼자만의 시간이 필요하다.

즉, 아이에게 쉴 틈을 주어야 한다는 뜻이다. 우선은 좀 놀게 해 주자. 간식을 주는 것도 도움이 된다. 간식 싫어할 아이는 없다. 당신의 기분에도 도움이 된다. 아이 입을 먹을 것으로 막아 놓으면 칭얼대거나 떼쓰는 소리를 듣지 않아도 된다.

잊지 말아야 할 것이 또 있다. 아이들은 (축구, 연극 연습, 음악 레슨 등의) 방과 후 활동이나 학원 수업은 쉬는 시간으로 생각하지 않는다. 아이를 이 학원 저 학원 쉴 틈 없이 돌리면 반드시 부작용이 난다. 결국 집에 올 때쯤엔 아이가 녹초가 되고 진이 빠져서 숙제는 하고 싶어도 할 기력이 없다. (내가 권하는 것은 한 학기당 과외활동 하나다. 그 이상이면 아이에게 해롭다.)

저녁을 일찍 먹는 집이라면 아이의 숙제시간을 저녁 먹은 후로 정하는 게 좋다. 그러면 아이가 학교 다녀와서 쉴 시간도 보장되고, 포만감이 가족 화합과 인내심 증대에 도움을 준다. 또한 부모가 식탁 뒤처리나 설거지처럼 상대적으로 '머리를 덜 쓰는' 일을 하기 때문에 아이가 좀 귀찮게 해도 참을성 있게 대응하기 쉽다.

또한 숙제를 끝낼 마감 시점을 정해 놓자. 맏아이들은 완벽주의자 기질 때문에 고치고 또 고치면서 만족할 때까지 쓸데없이 시간을 끈다. 숙제를 성의껏 하는 것은 나쁘지 않지만, 간단한 그림을 곁들인 짧은 글짓기면 될 일을, 피카소 뺨치는 입체파 그림을 곁들인 10쪽짜리 논문을 쓰느라 저녁나절을 다 잡아먹는 것은 결코 바람직하지 않다. 맏이들은 성에 찰 때까지 마냥 일을 붙들고 있을 수는 없다는 것을 배워야 한다. 어느 선에서 타협하고 일을 마무리하는 능력을 키워야 한다.

초등학교 4학년짜리 완벽주의자 맏아이를 다음과 같은 말로 멋지게 길들인 엄마가 있다. "그림을 더 손보고 싶으면 주말에 시간 있을 때 해. 그게 더 낫잖아? 지금은 앞으로 20분 안에 하던 일 정리하고 자야 돼." 이 말이 먹혔다. 여기서 끝이 아니다. 막상 주말이 왔을 때 '반밖에 끝내지 못했던' 그림은 아이의 기억 저편으로 사라지고 없었다. (사실 본인 기준에나 '미완성품'이지 다른 아이들이 어설프게 그려 놓은 것에 비하면 명작이었다.)

3. 학습 친화적 환경과 적절한 학습도구를 제공한다.

아이에게 공부할 환경을 갖춰 주는 것도 중요하다. 아이가 숙제하기 좋은 환경이 무엇일까 고민해 보자. 아이가 집중하지 못하고 꾸물대는 편이라면(실패한 완벽주의자의 성향), 자기 방에서 혼자 숙제하는 것은 그다지 좋은 방법이 아니다. 그렇다고 동생들이 사방으로 뛰어다니며 술래잡기하는 거실에서 숙제를 하라고 할 수도 없다. 자녀가 여럿인 가정에서는 모두가 '조용히 공부하는 시간'을 정해서 식탁에 모여 숙제하게 하는 게 좋다. 부모의 서재도 좋은 장소가 된다. 그러면 아이들을 가시권에 두고 말썽 부리지 못하게 단속하기 쉽다.

그리고 연필과 종이, 자와 계산기 등 아이들이 숙제할 때 필요한 도구를 갖춰 놓는다. 그래야 아이들이 숙제하다 말고 필요한 물건을 찾느라 주의가 산만해지는 것을 막을 수 있다.

요즘은 아이들이 공부나 숙제에 컴퓨터를 많이 이용한다. 아이들이 쓰는 컴퓨터는 가족이 지나다니는 곳에 있어야 한다. 아이들이 인터넷으로 학교 공부에 필요한 자료를 찾다가 본의 아니게 불순한 사이트로 흘러들어 포르노나 엽기물을 접하는 경우가 부지기수다. 컴퓨터에 불량 사이트 접근을 방지하는 프로그램을 설치하거나 부모가 접속 기록을 확인할 수 있는 장치를 마련해 아이들이 어떤 사이트를 방문하는지 확인할 필요가 있다. 부모가 지나다니며 모니터를 쉽게 볼 수 있는 곳에 컴퓨터를 놓는 것도 좋은 생각이다.

4. 격려하되 옆에 붙어 있지 않는다.

자녀가 어릴 때는 어쩔 수 없이 부모의 도움이 많이 필요하다. 도화지도 챙겨 줘야 하고, 소파 틈으로 사라진 크레용도 찾아 줘야 한다. 그리고 어린아이들은 자기가 그린 그림을 항상 부모에게 보이고 싶어 한다. 아이들에겐 아주 중요한 일이다. 부모도 (무엇을 그렸는지 종잡을 수 없더라도) 그림을 성의껏 쳐다보며 "그림 그리면서 노니까 재미있지?" 정도의 멘트는 쳐 주어야 한다. 그것이 부모의 도리다. 그래야 꼬마의 작은 가슴이 뭔가를 해냈다는 기쁨으로 부푼다. 물론 어른이 지키고 있어야 하는 경우도 있다. (예를 들어 유치원생 혼자 스테이플러나 글루건 같은 도구를 사용하는 것은 위험하다.)

하지만 자녀가 커 갈수록 격려하는 역할은 유지하되 관여 수준은 조금씩 줄여 가는 것이 바람직하다. 자녀의 질문을 받아 주는 것은 필요하지만, 내내 아이 곁에 붙어 있는 것은 피한다. 아이에게 분명히 일러두자. 필요할 때 도움을 청하는 것은 괜찮지만 부모가 자기 일을 대신 해 줄 거라고 기대해서는 안 된다.

요즘 부모들은 종종 극과 극으로 치닫는다. 자녀의 숙제를 다 알아서 해 주거나, 반대로 아이 공부를 완전히 방치한다. 전자의 경우, 아이가 하는 일이라고는 엄마나 아빠가 숙제를 끝내기만을 기다리는 것이다. 당연한 얘기지만 아이는 결과물에 대해 전혀 자부심을 느끼지 못한다. 후자의 경우는 아이가 학습 지도를 받지 못해 고립감을 느끼고 의기소침해진다. 극단으로 흐르지 않고 균형을 유지하는 게 중요하다. 당신은 맏아이가 항상 최선을 보여 주기를 바란다. 당신의 맏이도 부모의 기대를 아는 것이 좋다. 하지만 그것은

> 부모의 역할은 숙제 게슈타포가 되는 것이 아니다. 자녀가 자기 일에 최선을 다하도록 격려하는 것이다.

숙제 전쟁을 종식시키는 4가지 방법

1. 누구의 숙제인지 기억한다. 아이 숙제를 절대로 대신 해 주지 않는다. 필요하면 가정교사를 구하라. 고등학생이나 대학생 정도면 충분하다. 이웃이나 교회나 모임에서 도와줄 학생을 찾으라. 아이들 숙제를 부모가 해 주면 부모끼리 대결하는 기현상이 벌어진다.
2. 아이에게 숙제하는 시간을 지정해 준다. 그리고 할당된 시간 안에 숙제를 끝내게 한다.
3. 학습 친화적인 환경과 필요한 도구를 갖춰 준다.
4. 격려하되 아이 옆에 붙어 있지 않는다. 숙제 게슈타포가 되지 않도록 조심한다.

매번 최고점수를 받아 오라는 뜻이 아니라, 맡은 바 일에 최선을 다하라는 뜻임을 알려 주자.

부모의 역할은 자녀의 성적이 아니라 노력을 치하하는 것이다. "우와! A마이너스 받았네. 진짜 뿌듯하겠다. 힘든 과제였잖아."

부모의 역할은 숙제 게슈타포가 되는 것이 아니다. 자녀가 자기 일에 최선을 다하도록 격려하는 것이다.

샌디와 나는 다섯 남매를 두었다. 그 중 셋(홀리, 케빈 주니어, 그리고 로렌)이 서열상 맏이 또는 기능적 맏이다. 우리 부부는 아이들 학교 문제로 법석을 떤 적이 없다. 옆에 붙어 앉아 숙제를 도와준 적도 없다. (로렌은 현재 고등학교 1학년인데 나는 지난 몇 년간 로렌의 숙제장도 본 기억이 없다.) 그래도 우리 집 아이들 모두 성적이 좋았다. 우리 집 아이들은 부모가 자신에게 최선을 기대한다는 것을 안다. 그리고 실제로 최선을 다해 주었다. 항상 완벽했다는 뜻은 결코 아니다. 가끔 실패했지만 그것이 그들의 최선이었다.

전투에 나서야 할 때

아이들 싸움이 어른 싸움으로 번지는 일이 많다. 특히 학부모가 학교 일에 적극 개입하는 요즘은 이런 현상이 과열양상을 띤다.

- "그 집 애가 우리 애를 그렇게 못살게 구는 이유가 뭔지, 선생님을 만나 얘기 좀 해야겠어요."
- "애들이 책상에 물감 칠을 하면서 난장을 벌이는데 선생은 대체 뭘 하고 있었던 거죠? 우리 딸애 옷이 엉망이 됐잖아요."
- "아이들이 웅덩이 속에 들어가 텀벙거리는 걸 어른들은 보고만 있었나요? 이해가 안 가요. 그 어린 것이 하루 종일 젖은 양말을 신고 있었어요."

여기서 분명히 해 둘 말이 있다. 장기적으로 봤을 때 중요하지 않은 일이라면 그러려니 하고 넘길 줄도 알아야 한다. 작은 일에 매번 목숨 걸 수는 없다.

하지만 학부모가 학교 일에 개입해야 할 때도 있다. 아이를 대변해서 필요한 질문을 하고 중재에 나서야 할 때가 있다.

얼마 전 어떤 엄마가 자신의 맏아이 얘기를 했다. "우리 아들이 학교에서 괴롭힘을 당하고 있어요. 어째야 좋을지 모르겠네요. 아이한테 비굴하게 피하지 말고 떳떳하게 맞서야 남들이 만만하게 보지 않는다고 말하고는 있지만……."

이 엄마는 싱글맘이었다. 아들은 초등학교 2학년이고 괴롭히는 아이는 중학교 1학년이었다. 엄마는 시골에서 자랐고, 엄마가 어릴 때 아버지는 딸에게 "못된 놈이 때리거든 너도 때려라. 그럼 놈이 그만두게 돼 있다."고 가르쳤다. 하지만 지금 어린 아들에게 똑같이 말하는 것은 무리였다. 괴롭히는 녀석은 아들아이보다 덩치가 두세 배는 더 큰 중학생이었다.

내가 말했다. "걱정하시는 게 당연합니다. 학교 괴롭힘에 대한 전통적 조언은 요즘 세상에는 맞지 않습니다." 나는 옛날과 비교해 세상이 얼마나 달라졌는지 설명했다. 내가 어릴 적만 해도 괴롭힘은 한 아이가 다른 아이를 등하굣길에 따라다니며 욕하고 놀리고, 심하면 밀거나 코피 터뜨리는 것을 뜻했다. 하지만 오늘날의 괴롭힘은 그 정도에서 그치지 않는다. 때로는 흉기나 집단폭행도 동원된다. 오늘날의 괴롭힘은 예전보다 훨씬 치명적이다.

자녀가 괴롭힘을 당하면 부모는 그 즉시 학교의 담당교사에게 자세한 상황을 알려야 한다. 교사가 적절한 관심을 보이지 않으면 교장에게 가라. 학교 괴롭힘은 가벼이 넘길 수 없는 중대한 문제다. 당장에 근절되어야 한다.

당신의 아이가 가해 학생이라 해도 마찬가지다. 괴롭힘은 반드시 없어져야 한다.

자기 아들이 같은 반 여학생을 괴롭히고 있다는 사실을 알고 기절초풍한 엄마가 나에게 왔다. "리먼 박사님, 어떻게 해야 할까요?"

나는 이 엄마에게 이렇게 조언했다. "아들에게 이렇게 말하세요. '네가 얼마나 자신감이 없고 못났다고 느꼈으면 약한 사람을 괴롭혀서라도 자기만족을 하려고 했겠니. 엄마는 그게 너무나 마음 아프다.

거기에 대해 얘기 좀 해 보자.'"

그 엄마는 내 조언에 따랐고 효과가 있었다. 아들은 엄마의 말에 충격을 받고 창피해했다. '약자를 괴롭히면 사람들이 나를 못난 인간으로 보는구나.' 이런 생각에 자존심이 상했던 것이다. 아들은 엄마와 함께 그 여학생과 여학생 어머니를 만나 사과했다.

엄마가 훌륭히 대처한 덕분이었다. 몹시 창피한 상황이었지만, 이 엄마는 용감히 정면돌파하는 방법을 택했고, 아들의 행동뿐 아니라 아들이 인생을 보는 태도까지 바꿔 놓았다. 아들이 다른 아이를 괴롭히는 일은 이제 다시는 없을 것이다.

부모가 긴장하고 경계해야 할 경우가 또 있다. 아이가 선생님의 공평치 못한 처사를 지속적으로 토로할 때다. 물론 성급히 행동하면 안 된다. 이런 종류의 불평은 다분히 주관적이기 때문이다. 하지만 다음의 경우라면? 모두 내가 학부모들에게 실제로 들은 얘기들이다.

- 초등학교 3학년 아이들에게 매주 19쪽에 달하는 수학과 과학 숙제를 내주는 열혈 교사가 있었다. 다른 과목 숙제까지 합하면 숙제 양이 엄청났다. (8~9세 아이들이 밤잠 줄여 가며 숙제를 하는 것은 정상이 아니다.) 나는 부모에게 선생님을 찾아가서 선생님의 기대치와 부모의 기대치를 조율할 것을 권했다.
- 고등학교에서 한 여학생이 수업이 시작된 줄 모르고 친구와 떠들고 있었다. 화가 난 교사가 여학생의 팔을 홱 낚아챘다. 어찌나 세게 잡았는지 팔에 멍이 들었다. 물론 수업에 집중하지 않고 떠든 것은 학생이 잘못한 일이다. 하지만 교사에게도 그런 식으로 물리적인 힘을

쓸 권리는 없다. 교사의 행동은 항의받아 마땅한 것이었다. 나는 부모에게 교사가 항의를 무시하거나 사과하지 않으면 교장에게 정식으로 항의하라고 말했다. 감정적으로 학생을 대하거나 폭력을 사용하는 교사는 학교에 있을 수 없다.

- 중학생 하이디는 학교에서 아른바 '잘나가는' 여학생 무리의 '왕따 대상' 리스트에 올랐다. 하이디의 친구들도 계속 하이디와 친하게 지내면 함께 블랙리스트에 오르게 될 거라는 협박을 받았다. 하이디는 왕따에 시달린 나머지 성적이 떨어지고 몸이 야위고 활기를 잃었다. 하이디의 학교는 사립학교였다. '잘나가는' 여학생들은 학교에 상당한 재정 지원을 하는 부유층 자녀들이었고, 그 때문에 담당교사와 교장은 가해 여학생들과 그 부모들에게 항의하기를 꺼렸다. 결과적으로 하이디의 부모는 딸에게 학교를 그만두게 한 다음, 1년 동안 홈스쿨링을 거쳐 멀리 떨어진 곳에 있는 고등학교로 진학시켰다. 학부모가 학교와 힘을 합해 가해 요인 제거를 위해 노력할 때도 있지만, 이렇게 부모가 뛰어들어서 자녀를 가해 요인에서 분리시켜야 할 때도 있다. 이 일은 후자의 경우였다.

위의 경우들은 극단적이기는 해도 모두 실제로 일어난 일들이고, 학부모라면 직간접적으로 겪는 상황들이다. 물론 학교에서 흔히 일어나는 갈등은 이보다 훨씬 작은 갈등이고, 아이들은 작은 갈등들을 스스로 극복하는 법을 배워야 한다. 일반적으로 맏이들은 부모의 개입을 필요로 하지 않는다. 자상한 격려와 신뢰를 원할 뿐이다. 맏이들은 매일 부딪히는 장애물쯤은 스스로 뛰어넘을 수 있다. 또한 그 과정을 통해 자기 문제는 자기가 알아서 해결하는 자신감 있는 어른의 소양을 갖추게 된다.

맏이 격려하기

맏이가 부모에게 바라는 것은 무엇일까? 일단 맏이들은 따로 동기부여가 필요 없다. 이미 충분히 자기 동기부여가 돼 있다. 맏이들이 부모에게 정말로 원하는 것은 격려다. 확실히 말해 둔다. 아이 옆에 내내 붙어 있는 것이 격려는 아니다. 숙제를 마칠 때까지 엄마아빠가 들여다보고 있는 것을 좋아할 아이는 없다. 특히 맏이들에겐 그렇게 하면 안 된다. 부모가 매번 들러붙어 있거나 숙제를 이리 고치고 저리 고치고 하면 부작용이 난다. 다만 앞으로 나아가도록 격려해 주자. 격려와 칭찬 사이에는 큰 차이가 있다. ("수학에서 꽤 까다로운 부분인데 너는 제대로 이해했구나. 뿌듯할 만해."는 격려고, "와, 넌 정말 똑똑해. 엄마는 네가 딱 알아들을 줄 알았어. 누굴 닮아 이렇게 똑똑할까!"는 칭찬이다.) 맏이들은 칭찬은 부질없다는 것을 안다. 그래서 한 귀로 듣고 한 귀로 흘린다.

또한 맏이들은 부모의 흥미를 원한다. "『키 크고 수수한 새라 아줌마(Sarah, Plain and Tall)』를 읽는구나. 엄마도 4학년 때 읽었어. 어때, 재미있어?" 맏이치고 책 좋아하지 않는 아이는 드물다. 따라서 책은 훌륭한 대화 주제 겸 토론 소재가 된다. 독후감을 나누다 보면 아이의 자아상과 인생관이 저절로 파악된다.

맏이에게는 책임소재가 분명한 게 좋다. 맏이의 숙제는 맏이의 책임이다. 다가오는 밴드 경연이나 축구팀 입단 테스트도 맏이의 책임이다. 남의 책임을 두고 전쟁을 벌이거나 소유권을 빼앗지 말자.

맏이들은 좀 느긋해질 필요가 있다. 항상 등 떠밀리면 오히려 실패한다. 실패한 완벽주의자만 아니라면 맏이들은 이미 충분히 동기부여가 돼 있다. 어깨너머로 지키는 사령관 없이도 혼자 숙제를 해낸다. 믿고 맡겨도 된다. 괜히 부담감을 줄 필요 없다. 본인의 어린 시절을 돌이켜 보자. 숙제하려고 했는데 엄마나 아빠가 숙제하라고 다그치면 기분이 어땠는가?

맏이들은 완벽함이 아닌 탁월함을 위해 노력하는 법을 익혀야 한다. 맏이들은 매사 완벽을 기하려 한다. 하지만 우리가 사는 세상 자체가 완벽하지 않다. 실패는 인생의 피할 수 없는 일부다. 자녀가 이 사실을 빨리 깨달을수록 좋다. 실패는 세상의 끝이 아니다. 자녀에게 당신이 겪었던 실패를 들려주고 거기서 배운 것을 나누라. 자녀들이 부모를 너무 완벽하게 봐도 문제다. 부모가 자신도 결점이 있다는 것을 보여 주면 자녀는 이렇게 생각할 것이다. '그래, 나 이번에 망쳤어. 하지만 엄마아빠도 망한 적이 있어. 한 번 망쳤다고 못난 인간이 되는 건 아냐. 기분은 나쁘지만 인생은 계속될 거고, 다음엔 어떻게 해야 하는지 알았으니까 더 잘됐어.'

만학도 되기

못 다한 학업을 어른이 된 후 재개할 계획이거나, 이미 야간학교에

다니거나, 다시 학위에 도전하는 맏이들에게 박수를 보낸다. 이들은 꿈을 포기하지 않는 사람들이다. 그중 상당수는 대학 시절에 사랑하는 사람을 만나 결혼하고 자녀를 낳는 바람에 학업을 포기한 사람들이다. 이제 그때 포기한 졸업장과 학위를 따기 위해 다시 학생이 되었다. 사회인이 되어 보니 원하는 직장이나 직업의 문턱이 예전보다 높아져 특정 입장권이 없으면 들어가기 어려워졌다. 그리고 그 입장권은 대학 졸업장인 경우가 대부분이다. (분야에 따라서는 석사학위나 박사학위일 수도 있다.)

그런데 좋은 소식이 있다! 당신은 맏이라는 이유만으로 남들보다 이미 한 수 챙기고 들어간다! 맏이는 규율이 잡혀 있고 체계적이고 분석적이다. 특히 학구적인 도전에 천성적으로 강하다.

맏이는 대학 공부나 대학원 공부에서 특히 빛을 발한다. 공부는 행동적, 정신적 측면 모두에서 자율을 필요로 하기 때문이다. 학교는 삶의 시험장이고, 맏이들은 학교에서 진가를 발휘한다. 학구적 분위기를 편히 여기고 공부와 관련된 일이라면 어디서든 두각을 나타낸다. 맏이들은 학교에서 요구되는 것이 무엇인지 본능적으로 안다. 맏이들에겐 이미 모든 해답이 학사일정 안에 굵고 선명하게 쓰여 있다.

문제는 맏이가 상아탑을 나와 현실세계에 들어오면서부터다. 다른 사람들보다 명철하고, MBA 학위도 있고, 사업가인 부모에게 보고 배운 게 많은 맏이가 있다고 치자. 하지만 사람들을 이끄는 것도 잘할까? 남에게 냉담하거나, 반대로 주위 사람들의 요구에 휘둘리지는 않을까?

공학도를 예로 들어 보자. 당신은 치밀하고 정교한 일에 그만이다.

첨단상품에 대한 아이디어가 풍부하고 개발 능력도 갖췄다. 하지만 획기적인 제품을 개발만 하면 뭐하나? 팔아야 한다. 제품을 팔 사람들을 모으고 판매조직을 구성할 사람은? 실제로 제품을 마케팅하고 판매할 사람들은? 그런 사람들은 당신 같은 맏이가 아닐 가능성이 크다. 사람들을 모아 조직을 갖추고 당신의 아이디어를 현실로 만드는 실질적 일꾼들은 중간아이일 가능성이 크다. 그리고 당신의 제품을 상품으로 만드는 사람들은 학교 때 공부는 하는 둥 마는 둥 놀기만 좋아하던 막내들이기 쉽다.

기업에서 승진을 거듭해 CEO의 자리에 오르거나 가업을 이어받는 사람들은 주로 맏이다. 맏이들은 현상을 옹호하는 보수주의 성향이 짙다. 위험을 감수하는 것은 맏이의 전형적인 성격이 아니다. 반면 중간아이들 중에서 (하버드를 중퇴하고 벤처회사를 차렸던) 빌 게이츠나 부동산 개발로 부를 쌓은 도널드 트럼프 같은 통 큰 기업가들이 배출된다. 중간아이 기업가는 맏이보다 용감해서 도박성 선택과 모험적 시도를 즐긴다.

앞서 얘기한 것처럼, 맏이 혼자 살 수는 없다. 세상엔 각각의 출생순서가 다 필요하다.

당신이 아무리 천재여도 균형이 없이는 인생에서 큰일을 이룰 수 없다.

> 당신이 아무리 천재여도 균형이 없이는 인생에서 큰일을 이룰 수 없다.

감당할 만큼만 하자

당신은 '자신의 체취'를 알고 있는가? 다시 말해 본인의 강점과 약점을 파악하고 있는가? 한꺼번에 두 우물 세 우물 판다고 두 배 세 배

효과가 있을까?

요즘은 인터넷으로 석사학위를 따는 세상이다. 성취욕 강한 맏이들이 자기계발을 위해서, 또는 실패율을 줄이기 위해서, 감당치 못할 만큼 많은 일을 벌이기 딱 좋은 여건이다. 이런 사람들은 겉으로는 잘나가는 사람 같아도 속으로는 패배자처럼 초조하다. 혹시 당신도 그중 한 사람인가?

사람들 대부분, 특히 완벽주의자 성향이 있는 맏이들은 한 번에 한 가지 일에만 전념할 때 더 나은 성과를 낸다. 공부할 때도 한 번에 한 과목씩 하는 게 좋다. 학업을 다시 시작할 계획

> 한꺼번에 두 우물 세 우물 판다고 두 배 세 배 효과가 있을까?

이라면 다른 일은 줄이거나 그만두는 게 좋다. 지역사회나 종교단체에서 자원봉사 하는 일을 접거나, 회사 야근을 줄여야 할지 모른다. 누구나 한계가 있다. 그리고 가족이나 친구와 놀면서 재충전할 시간도 반드시 필요하다.

당신은 당신 자신이 가장 잘 안다. 스스로에게 묻자. 지금이 학위에 도전할 시기인가? 그렇다는 결론이면 진행하는 거다. 하지만 거기에 따라 인생의 우선순위와 일정도 함께 조정돼야 한다.

벼락치기를 피하자

혹시 자신이 공부를 주말까지 미뤘다가 막판에 '벼락치기'하는 편은 아닌지 돌아보자. 만약 그렇다면, 그런 습성 때문에 가족이 피해를 보고 있을 가능성이 높다.

공부는 계획을 세워 매일 일정량을 지켜 가며 꾸준히 하는 게 좋

다. 월요일 저녁 수업에 가져갈 과제를 토요일 아침에야 시작해서 주말 내내 집안 분위기를 이상하게 만들지 말고, 매일 밤 아이들이 잠든 후 두세 시간씩 짬을 내어 공부하는 습관을 들이자.

맏이인 당신은 천성적으로 조직적이다. 당신은 장점이 많다. 그 장점을 적극 활용하자. 당신에게는 천부적인 자율 능력이 있다. 그것을 공부에 적용시켜서, 숙제에 쓰는 시간과 자기 기대치를 적정 수준으로 유지하자. 결혼했다면 배우자와 상의해서 정한다. 배우자와 전략적 제휴 관계를 구축한다. (맏이 성격에는 어려운 일일 수도 있다.) 배우자에게 이렇게 부탁하라. "여보, 당신이 나를 계속 일깨워 줘. 난 앞으로 매일 저녁 두 시간씩 공부할 거야. 당신 도움이 필요해. 아이들을 재운 다음에도 내가 TV를 보고 있으면 당신이 와서 공부할 시간이라고 말해 줘. 반대로 내가 두 시간 넘게 공부하고 있으면 그만하라고 말해 줘."

혼자 속으로 결심하지 말고, 타인을 결정에 동참시키자. 자기 말에 책임을 느껴야 꾸준한 실천과 균형 있는 생활이 가능하다. 계획이 조금만 틀어져도 좌절하고 포기하기 쉬운 맏이들에게 꼭 필요한 일이다.

한 가지 더 있다. 배우자에게 "당신 의견은 언제든 환영이야."라고

맏이 어른을 위한 주경야독 성공 비결

1. 한 번에 한 과목만 듣는다.
2. 학업을 위해 기존 일정을 조절한다. 자원봉사일이나 시간외 근무를 줄인다.
3. 숙제나 시험공부를 할 때 벼락치기를 하지 않는다.
4. 훌륭한 멘토의 경험담과 조언을 적극 참고한다.

맏이들이 마음의 여유를 찾는 5가지 방법

1. 실패를 치명적이 아닌 일시적인 것으로 받아들인다. (화학에서 C를 받았다고 나의 인생이나 됨됨이까지 C는 아니다.) 실패에서 배우자. 실패는 적이 아니다.
2. 자신의 재능을 현실적으로 바라본다. 완벽이 아닌 탁월을 추구한다. (농구팀에 들어가지 못했지만, 계속 실력을 키우며 취미로 즐기면 된다. 이번에는 목표이익률을 달성하지 못했지만 다음번에 하면 된다.)
3. 현실 세계에 사는 법을 배운다. 현실에서는 사람들이 완벽하지 않다. 일도 두서없이 이유 없이 일어난다. (어쩌다 한 번 복습을 걸렀더니 다음 날 쪽지시험을 본다. 단지 재수가 없었을 뿐이다. 그 이상도 이하도 아니다.)
4. 두려움과 맞선다. (호랑이 같은 스승도 때 되면 나처럼 화장실에 간다. 내 상사도 생긴 것만큼 이상한 사람은 아닐 것이다. 다만 직장 내 의사소통 능력이 좀 떨어지는 사람일 뿐이다.)
5. 행동에 책임을 진다. (리포트를 제때 끝내지 못했다면 교수에게 솔직히 말한다. 핑계는 사람을 옹졸하게 만든다. 이실직고와 실수 인정은 빠를수록 좋다.)

자포자기와 망연자실은 금물이다. "내가 이럴 줄 알았어! 난 언제나 되는 일이 없어!" 이런 식의 태도는 인생에 도움이 되지 않는다. 대신 상황을 마주하고 실패 원인을 궁리하는 것이 훨씬 건설적이다. "그래, 내가 어디서 실수했는지 알았어. 덕분에 과제를 확실히 이해하게 됐으니 다음엔 같은 실수를 하는 일은 없을 거야." 이것이 바로 진전이다. 학교에 다니는 이유가 바로 이런 것 아니겠는가.

하는 건 좋은데, 진심이 아니라면 섣불리 말하지 말자.

두려움에 맞서자

누구나 두려운 것이 있다.

람보나 인디아나 존스처럼 겁 없는 사람도 때로는 맥박이 빨라지고 뒷머리가 쭈뼛 선다.

예를 들어 사람들 앞에서 연설하는 것은 누구에게나 식은땀 나는 일이다.

하지만 분명한 것이 있다. 두려움을 부인하거나 피하면 아무것도 얻을 수 없다. 두려움과 맞서고 때로 인정하고 받아들여야 극복할 수 있다.

여러 사람 앞에서 말할 때 오금이 저린다. 하지만 학교에 가면 학생과 교수 앞에서 발표해야 할 일이 빈번하게 생긴다. 그때 어떤 말로 스스로에게 용기를 줄 것인가?

"반 전체 앞에서 연설하는 게 떨리긴 하지만, 내가 연설가도 아닌데 떨리는 건 당연하잖아? 떨지 않으면 그게 더 이상하지."

맞다.

"할 말을 잊어먹거나 멍청한 소리를 하면 어떡하지? 다들 얼마나 비웃을까?"

나만 하는 실수도 아니다. 하지만 두려움을 분석하는 것이 두려움 정복의 첫걸음이다.

"그래! 걱정되고 무서워. 하지만 그렇다고 무슨 일 나겠어?"

긴장을 오히려 유머 소재로 삼으면 어떨까? 무릎이 부딪히고 심장 뛰는 소리 때문에 목소리를 높여야 할 판이라는 농담으로 연설을 시작해 보자. 그 말에 청중이 웃어 주면 더 좋다. 남들이 내 말에 웃어 주는 것만큼 힘나는 일도 없다.

두려움을 인정해 버리면 맘이 편하다. 누구나 겁나는 것은 있다.

두려움을 웃어넘기는 모습을 보여 주자. 어떻게 항상 편하고 좋은 일만 있겠는가. 때로 겁나고 자신 없는 일도 해야 한다.

걱정과 두려움에 발목 잡혀 꿈을 향해 나아가다 넘어지지 말자. 여든 살에도 학교로 돌아가 학위를 따거나, 그림을 시작하고 사진을 배우고 작가의 길에 도전하는 얘기를 들으면 얼마나 가슴 훈훈한가. 여든 해의 내공이면 노련미와 무게감 그리고 기발함에서 타의 추종을 불허한다. 여든 살에도 새로운 인생을 시작하는 사람들에게 무한한 존경을 보낸다.

"내가 이겼어!"

예전에 나는 행동장애 아동들을 가르친 적이 있다. 행동장애 아동은 타인에 대한 배려가 극히 부족하고 반사회적 행동을 지속적으로 보이는 것이 특징이다. 이 아이들은 모든 면에서 서로에게 가혹했다. 그 '가혹'의 수준은 일반인의 상상을 초월한다. 나는 아이들의 체육 시간도 담당했다. 해당 정신보건센터에는 체육관이 없었기 때문에 우리는 근처에 있는 YMCA 회관을 이용했다.

아이들을 데리고 게임을 종류별로 다 해 봤지만 언제나 끝은 난폭한 싸움판이었다. 특히 리치라는 어린 소년이 적대 행동의 표적이 되곤 했다. 한번은 편을 나눠서 고무공으로 상대편을 맞추는 놀이를 했는데, 리치는 몸이 중뚱해서 맞추기가 쉬웠다. 모든 공이 리치에게로 날아갔고 리치는 공에 맞아 몸이 가루가 될 판이었다. 난 아이가 너무 불쌍했다. 사람들의 장점을 찾아내고 긍정적인 면을 부각시키는 데 일가견이 있는 나로서도 리치의 경우엔 그저 난처하고 민망할 따름이었다.

그러던 어느 날 아이디어가 떠올랐다. "모두들 바닥에 누워. 어서."

아이들은 나를 멍하니 바라보았다. "무슨 말이에요?"

"바닥에 누워. 얼른." 나는 재차 말했다.

아이들은 하나둘 바닥에 무릎을 깔고 앉았다. 나는 아이들 하나하나와 눈을 맞췄다. 아이들은 내가 보통 어른들과 좀 다르다는 걸 알고 있었다. 아이들 눈에 질문이 가득했다.

"바닥에 드러누워."

녀석들은 시킨 대로 했다. 리치만 빼고. 리치는 여전히 쭈그리고 앉아서 몸을 바닥으로 굽히려 용을 쓰고 있었다.

내가 말했다. "오늘 우리는 구르기 시합을 한다. 체육관 이쪽 끝에서 저쪽 벽까지 굴러갔다가 다시 굴러서 돌아오는 거야."

이 시합을 한두 번 해 봤더니 리치가 가능성을 보였다. 나는 리치에게 양팔을 머리 위로 똑바로 뻗어서 빨리 구르는 방법을 가르쳤다.

리치는 요령을 터득했고 제대로 구르기 시작했다. 녀석은 정말로 멋지게 굴렀다. 구르는 속도가 점점 붙었다. 아이의 기세는 산비탈을 타고 미친 듯 굴러 내려오는 거대한 맥주통을 연상시켰다.

예상대로 리치가 다른 아이들보다 몇 미터나 앞서서 일등으로 들어왔다. 리치가 난생처음 해 본 일등이었고, 아이의 반응은 기대 이상이었다. 나는 그 모습을 죽을 때까지 잊지 못할 것이다.

리치는 무릎을 대고 어렵사리 몸을 일으켰다. 그리고 완전히 일어났다. 그리고 불끈 쥔 두 주먹을 머리 위로 번쩍 치켜들었다. "내가 일등이야! 내가 일등이야! 내가 이겼어!" 리치의 목소리가 체육관에 쩌렁쩌렁 울려 퍼졌다.

맏이들은 물론이고 누구나 일등이 되기를 원한다. 당신도 그렇고 당신의 맏이도 그렇다. 관건은 자신의 강점을 발견하고, 약점을 개선하고, 두려움에 당당히 맞서고, 다른 사람의 영양가 있는 의견에 귀 기울이고, 빠르게 실천하는 것이다.

무엇을 할 수 없고 무엇을 할 수 있는지는 시도해 보기 전까지는 아무도 모른다.

제9장

맏이가 직장에서 잘나가는 법

> 맏이는 비즈니스에서 백전백승한다.
> 맏이가 본인과 주변사람 모두를 성공으로
> 이끄는 방법을 알아본다.

어떤 사무실에 들어간다. 완벽하게 걸려 있는 액자들과, 얼룩 하나 없는 가구들과, 책상 위에 가지런히 정돈돼 있는 파일들이 한눈에 들어온다. 재킷도 사무의자 등받이에 반듯하게 걸려 있다. 이 사무실 주인은 몇째로 태어났을까?

물어볼 것도 없이 맏이다. 막내들은 뒤죽박죽이어도 만사태평이다. (막내들은 어디선가 완벽주의자 맏이가 나타나 자신의 어지럽고 흐트러진 세상을 싹 정리해 주길 바란다.) 맏이들에겐 권력과 통제에 대한 욕구가 있다. 그들은 질서를 바라고 규율을 원한다. 그들은 목표지향형 인간이다. 또한 분석적이고 논리적이고, 명석하고 일의 마무리가 반듯하다. 어떤 과제가 됐든 맏이들에게 맡기면 든든하다.

맏이들은 거물이고 유력자다. 인명사전의 명사들, 로즈 장학금 수혜자들, 대학 교수들 중에 유난히 맏이 비중이 높다.

조직심리 석학이자 뉴욕대학교 교수로 출생순서를 연구해 온 벤 다트너Ben Dattner의 말에 따르면 "맏이들은 다른 사람들에 비해 외향적이고, 자신감이 넘치고, 자기주장이 강하고, 권위적이고, 지배성향이 강하고, 융통성 없이 완고하고, 체제 순응적이고, 정치적으로 보수적이고, 과업 지향적이고, 성실하고, 기강이 있고, 실수를 두려워하고, 지위와 계급을 잃는 것을 두려워한다."[1] 한마디로 맏이들은 최고의 위치에 오르기에 적합하다.

나는 기업체 임원 대상 세미나를 할 때마다 빼놓지 않고 맏이가 몇 명인지 조사한다. 최근에 만난 두 그룹이 최고점을 찍었다. 하나는 최고경영자 세미나였는데. 참석자 20명 중 19명이 맏이였다. 다음은 신세대 단체장들이 모인 세미나였는데 젊은 남녀 26명 중 23명이 맏이였다.

앞서 언급한 대로 과학 분야 노벨상 수상자 중에도 맏이가 많다. "맏이 수상자들은 기존의 이론을 뒤집기보다 진전시켰다."[2] MIT의 연구학자 설로웨이는 "26년에 걸쳐 맏이와 사람들 간의 실질적 차이를 보여 주는 방대한 양의 자료를 수집했다. 그 결과 맏이들은 보수적이고 현상유지 성향이 강한 반면, 동생들은 보다 허심탄회하고 모험심 많고 새로운 아이디어와 이론에 강한 것으로 나타났다."[3] 설로웨이는 맏이의 성격을 다음과 같이 표현했다.

- 경험에 대한 개방성Openness to Experience — 맏이는 체제 순응적이고,

전통을 고수하고, 부모 세대와 공감하는 편이다.
- 성실성^{Conscientiousness} – 맏이들은 책임감이 강하고, 성과 지향적이고, 조직적이고, 계획성이 있다.
- 외향성^{Extraversion} – 맏이들은 외향적이고, 자기주장이 강하고, 리더십을 드러낸다.⁴

(위의 세 가지 요소는 심리학에서 말하는 5가지 성격 특성 요소, 즉 OCEAN 모델 중 앞의 세 가지다. 나머지 두 요소는 친화성^{Agreeableness}과 신경성^{Neuroticism}이다—옮긴이)

다시 말해 해결할 일이 있으면 맏이에게 맡기는 것이 좋다. 맏이들은 의사와 변호사와 엔지니어 중 다수를 차지하고, 학교이사회와 시의회와 국회에 포진하고 있다.

「USA투데이」도 맏이에 대한 글을 게재했다.

기업 중역회의실마다 맏이로 그득한 이유는 뭘까? CEO들이 직접 하는 말에 따르면 맏이들은 태어나면서부터 성공인자를 먹고 자란다. 태어나서 적어도 한동안은 부모의 관심을 집중적으로 받는다. 그리고 엄청난 기대치의 압력을 느끼며 자란다. 일찍부터 자기 앞가림을 하고 그 이상을 하도록 요구받는다. 맏이는 어린 동생들을 돌봐야 하지만 정작 자신을 돌봐 주는 형이나 누나, 오빠나 언니는 없었다.⁵

맏이들은 대부분 명석하다. 몸담은 기업체나 공동체에서 우두머리 자리에 있다. 학업에서도 두각을 나타낸다. 그런데 의외로 맏이들의 삶의 질은 그다지 높지 못하다. 왜 그럴까? 균형이 부족하기 때문이다.

맏이는 크게 두 가지로 나뉜다. 어떤 맏이들은 자기 일은 물론이고 남의 일까지 전부 어깨에 걸머진다. (이런 맏이들의 논리는 이거다. "누군가는 해야 돼. 그리고 나 아니면 제대로 할 사람이 없어.") 반면 어떤 맏이들은 주위 사람들을 자기 이익에 이용만 하거나 무조건 밟아 버리는 독재자가 된다.

하지만 맏이 성격 특성을 본인과 주위에 두루 유리하게 쓰는 사람도 많다. 이런 맏이들이 인생에서 거두는 성과는 상상을 초월한다! 이런 맏이는 사람들을 이끈다. 이런 맏이가 팀장인 팀원들은 팀장을 믿고 지지하며, 팀의 미션에 만족감과 성취감을 느낀다.

당신도 할 수 있다. 당신의 직업이 무엇이든 상관없다. 당신이 일하는 곳이 사무실이든 비행기 격납고든 상관없다. 당신이 가업을 이어받은 사업가이든 자원봉사자를 모으는 사람이든 상관없다. 이 장에서 소개하는 원칙을 따른다면 당신도 주위에 막강한 인적자원을 구축할 수 있다.

책임감이 너무 강해도 탈이다

당신은 일을 잘한다. 당신은 유능한 사람이고 언제나 맡은 바 일을 끝까지 해낸다. 일이 생기면 동료들이 당신만 쳐다보는 것도 무리가 아니다. (조심하자. 이때의 '일'이란 누구나 하기 싫은 궂은일을 뜻하니까.)

제이나의 경우를 예로 들어 보자. 비상근 간호사로 일하는 제이나는 소아과 진료실 주방을 청소하곤 했다. 따로 당번이 있는 건 아니었지만 제이나는 솔선해서 매주 금요일마다 냉장고를 말끔히 닦고 정리했다. 하지만 화요일에 다시 출근해 보면 주방은 예외 없이 더럽고 지저분했다. 그러다 제이나는 『출생순서 백서』를 읽었다. 읽고 느끼는 바가 많았다. 그녀는 동료들을 상대로 조사에 들어갔다. 아니나 다를까 동료 소아과 간호사들 모두 막내였다. 아시다시피 막내들의 슬로건은 "누군가가 내 뒤치다꺼리를 해 줄 거야. 엄마처럼 다 알아서 해 줄 거야."다. 제이나는 엄마 노릇을 집어치우기로 했다. (제이나가 냉장고에서 손을 뗀 지 몇 주가 흘렀다. 하지만 아무도 청소하는 사람이 없었다. 동료들은 냉장고 안에 시커멓게 곰팡이 슨 음식이 굴러다니는 걸 보고서야 눈치를 챘다.)

정도의 차이는 있지만 맏이라면 누구나 이런 강박관념에 시달린다. '내가 안 하면 누가 하겠어? 일이 되겠어? 그리고 된다 한들 제대로 되겠어?' 자신이 나서지 않으면 안 될 것 같은 심정이 된다. 그 다음엔 어떻게 될까? 자신의 어깨에 일이 하나둘 늘어 가고 나중엔 일에 치이게 된다.

엄한 일에 또 팔을 뻗고 있는 자신을 발견하면, 또는 머릿속에서 일을 맡으라고 속삭이는 소리가 들리면, 섣불리 맡지 말고 다음의 행동수칙에 따르자.

1. 거절하는 연습을 한다.

거절하는 게 불편한 사람은 거절하는 연습을 한다. 예의와 상냥함

직업으로 출생순서 알아맞히기

마취과 의사	
일류 세일즈맨(사막에서 모래도 팔 사람)	
코미디언	
약사	
사회복지사	
인테리어 디자이너	
건축가	
수학교사	맏이
시계 제작자/보석 세공인	(또는 외동아이)
국어교사	
영업총괄이사	중간아이
지배인	
체육교사	막내
CEO	
외교관	
전기기술자	
레크리에이션요법 심리치료사	
간호사	
변호사	
사회학 교사	

답은 주(註)에 있음[6]

을 잃지 않고도 딱 잘라 거절하는 방법은 많다. 항상 온갖 잡일을 다 하는 사람이라면 제발 이번 기회에 본인을 수렁에서 구해 내자. 이렇게 말하면 된다.

- "해 주고 싶지만 어려울 것 같아. 도무지 시간을 뺄 수가 없어서 말이야."
- "나에게 부탁한 건 고맙지만 이번에는 힘들 것 같아."
- "어떡하죠? 지금으로서는 더 이상 일을 맡기가 불가능해서요."

길게 말할 것 없이 그냥 "말은 고맙지만 그건 힘들어."라고 해도 충분하다. 당신은 누구에게도 사과하거나 설명할 책임이 없다.

2. 하는 사람이 없어도 신경 끈다.

말이 쉽지 맏이들에게는 참으로 어려운 일이다. 맏이는 할 일이 보이면 해야 하는 성격이다. 그것도 당장 해야 직성이 풀린다. 가게에서 고단한 하루 일을 마치고 집에 들어서는 순간, 카펫 위의 얼룩 두 개가 눈에 들어온다. 그러면 맏이는 카펫을 걷어다 세탁할 생각밖에 안 난다.

다음에는 부엌 벽의 줄무늬 얼룩과 아이들 손때가 눈에 들어온다. 맏이는 벽에 페인트칠을 다시 해야겠다고 마음먹는다.

이번에는 창고에 발을 들였다가 남편이 몇 달 전부터 치우기로 했던 난장판이 그대로인 것을 보고 충격을 먹는다. 그리고 아무래도 자신이 직접 치워야지 안 되겠다고 작정한다.

맏이가 눈 돌리는 곳 어디나 할 일이, 아니 남들이 하지 않은 일이 널려 있다. 그때마다 맏이는 그 일이 결국 자기 차지가 되리란 걸 예감한다.

맏이들이여, 자신을 이 늪에서 구해 내자! 당신은 온종일 일했다.

카펫을 꼭 지금 당장 빨아야 하나? 식당 벽은? 창고 청소는?

맏이들은 삶의 대부분을 길고 긴 '할 일 목록'에 눌려 산다. 이제 그 무게에서 벗어나자.

3. 주도권 전쟁을 끝낸다.

직장생활을 하다 보면 어딜 가나 비위에 맞지 않는 사람들이 있기 마련이다. 인생이 그렇다. 하지만 가만히 생각해 보라. 그중에서도 가장 당신의 신경을 긁는 사람들은 누구인가? 그렇다. 바로 당신과 같은 출생순서를 가진 사람들이다. 맏이끼리 만나면 (큰일이든 작은 일이든) 주도권 경쟁을 벌이게 돼 있다. 둘은 목적도 방향도 없이 '단지 남보다 한 발 앞서가기 위한' 게임에 빠져든다. 상대가 이런 말을 하면 더한 말을 하고, 이런 행동을 하면 더 센 행동을 한다. 게임은 쉽사리 끝나지 않는다.

미친 짓이다. 그런 고생을 할 까닭이 없다. 일터에서 그런 사람과 얽히게 되면 사이좋게 협력하는 방법을 배우든가 일자리를 바꾸는 게 좋다.

4. 수락하기 전에 24시간 동안 뜸을 들인다.

일을 자원하는 손 하나가 올라간다. 누구의 손인가? 당신의 손이다! 맏이들은 천성적으로 사서 고생한다. 필요 없이 많은 책임을 진다는 뜻이다. 야근이 필수인 일? '내가 하겠어요!' 우리 지역 걸스카우트 단장 하실 분? '그러지 뭐!' 월차 내서 쉬는 날 이웃이 사정이 생겼다며 아이 봐줄 사람을 찾는다. '집에 아이 하나 더 있다고 큰 차이

있겠어?'

이때 최선의 처방은 일을 덥석 수락하기 전에 다음 날까지 생각할 시간을 갖는 것이다. 뭐든 즉석에서 수락하면 인생이 고역이 되고 일정표는 엉망진창이 된다.

하겠다고 나서는 사람이 없다고 당신이 해야 하나? 아무도 자원하지 않는 일이라면 당신도 할 의무가 없다.

5. 할 말은 한다.

당신이 일을 도맡아 하는데도 동료들은 남의 일처럼 보고만 있는가? 가만있지 말자. 이것은 불공평한 일이며 앞으로는 남이 할 일을 대신 해 줄 마음도 계획도 없다고 분명히 말하자. 동료들은 일인당 한두 가지 일만 할 때 당신만 네댓 가지 일을 끌어안고 고군분투하고 있다면, 상사에게 가서 상황을 설명하자. 그리고 좀 더 공정하고 합리적인 업무 할당을 요구하자. (상사가 업무를 조정해 줄 뜻이 없는 사람이라면 다른 일자리를 찾아보는 게 낫다.)

이 점을 기억하자. 닥치는 대로 일하는 사람으로 찍히면 사람들은 당신에게 닥치는 대로 일을 맡긴다.

> 이 점을 기억하자. 닥치는 대로 일하는 사람으로 찍히면 사람들은 당신에게 닥치는 대로 일을 맡긴다.

하지만 상사가 대뜸 이렇게 말할지도 모른다. "아, 그럼 그 일은 마티에게 넘기도록 해요. 마티가 수완도 좋고, 안 그래도 일 욕심을 내고 있으니까." 당사자가 나서서 솔직하게 말하지 않으면 상사는 직원이 과중한 업무로 스트레스를 받는지 어떤지 잘 모를 때가 많다. 사람들이 모두 당신처럼 분석적인 것은 아니다. 더구나 막내로 태어난 상사라면, 그의 생활신조는 "걱정 말고 행복하세(Don't worry, be happy)."일 것이고, 그런 사람은 막상 일이 터지기 전에는 상황 파악이 느리다.

6. 타인의 기준에 만족하는 법을 배운다.

동료가 작성한 보고서를 보니 당신이 생각하는 수준에 못 미친다. 그래서 뭐? 동료의 보고서 수준은 당신이 상관할 바가 아니다. 그러니 쓸데없는 곳에 시간과 에너지를 낭비하지 말자. 동료가 조언을 구한다면 그건 좀 다른 문제지만, 당신이 보기에 동료의 업무능력이 떨어진다 해서 당신이 그의 일을 대신 해 줄 필요는 없다. 당신 없다고 세상이 무너지지는 않는다. 기준에 미흡하면 미흡한 대로 인생은 계속 흐른다.

7. 쉬는 시간을 갖는다.

점심시간엔 일을 잊고 사무실을 벗어나자. 책을 읽는 게 어떨까? 회사에서 가까운 공원이나 도서관이나 커피숍에 가자. 재택근무를 하는 사람이라면 업무와 상관없는 방으로 가라. 날마다 일하는 중간에 쉬는 시간을 갖자. 그리고 적어도 그 시간에는 '오늘 처리해야 할 일'이 아니라 '오늘 하고 싶은 것'을 생각한다.

8. 일에 파묻히지 않는다.

목표를 설정하고 할 일 목록을 만들어 관리하는 것은 멋진 일이다. 하지만 인생이 할 일 목록에 좌지우지되는 것은 문제다. 그럴 때는 목록에 과감히 가위를 대야 한다. 일정에 할 일이 너무 많으면 융통과 즉흥이 개입할 자리가 없다. 휴식이 끼어들 공간도 없다. 목록과 일정표가 당신을 돕기 위해 있는 것이지 당신이 목록을 위해 존재하는 것이 아니다.

실패에 대처하는 자세

미국 메이저리그 시카고 화이트삭스 구단주였던 빌 베크Bill Veeck가 이런 말을 남겼다. "승리는 가장 중요한 것이 아니다. 승리만이 유일한 것이다."[7] 이 말은 유명해져서 종종 인용되다가 결국 격언의 반열에 올랐다. 특히 미식축구 역사에 길이 남을 위대한 코치 빈스 롬바르디Vince Lombardi가 이 말을 즐겨 썼다.

당신도 그렇게 믿는가? 과연 승리만이 유일한 길일까?

당신은 지체 없이 이렇게 대답할 것이다. "물론 아니죠. 그건 어리석은 생각입니다. 항상 이길 수는 없죠."

음, 말은 그렇게 해도 과연 마음속까지 같은 생각일까?

라켓볼 시합에서 동료에게 참패하면 당신 마음은 어떻게 반응하는가? 당신을 놔두고 엉뚱한 사람이 승진했을 때는? 2주 동안 밤낮 없이 준비한 일을 상사가 미흡하다며 퇴짜를 놓았다면? 당신이 일한 공을 상사가 가로챘을 때는? 애써 지역 행사를 조직했는데 막상 당일에 계획대로 되는 일이 하나도 없을 때는? 그럴 때 당신은 어떤 생각을 하는가?

사회생활을 하다 보면 누구나 겪는 일들이다. 물론 화가 나고 좌절감이 든다. 특히 완벽주의자 맏이라면 분노로 속이 부글부글 끓는다.

지는 것이 좋은 사람은 아무도 없다. 사람 간의 차이를 만드는 것은 위와 같은 상황에 대처하는 자세다. 스스로에게 다음의 질문을 던져 보자.

- 적정선보다 더 많은 일을 떠안지는 않았나?
- 두려움에 발목이 잡히지는 않았나?
- 일을 충실히 준비할 수 있었나?
- 실패가 오로지 당신의 잘못인가, 아니면 그 일에 관여했던 다른 사람의 잘못인가? (예를 들어 당신의 상사가 일을 준비할 시간을 제대로 주지도 않고 지금 와서 당신 탓으로 돌리고 있지는 않나?)
- 그리고 이 일이 당신의 전문분야는 맞나?

맏이들은 세상에 대한 책임감이 강해서 한꺼번에 많은 일을 떠맡는 경향이 있다. 일을 부탁받으면 다음을 고려해서 결정하자.

- 주어진 시간과 다른 할 일들을 생각할 때 이 일을 맡는 것이 과연 현실적일까?
- 당신이 이 일을 맡는 데 무리는 없는가? 이 일이 당신의 관심분야나 전문분야인가?
- 이 일을 하는 데 필요한 도움과 자원은 제공되는가?

이런 질문에 대한 답을 기반으로 최대한 합리적이고 타당한 결정을 내리기 바란다.

그리고 맡은 일이 실패로 돌아가도 세상에 끝이 오는 건 아님을 명심하기 바란다. 당시는 세상이 끝난 것처럼 괴로울지 몰라도, 그 정도로 심각한 일은 없다. 위대한 성과를 거둔 사람치고 실패의 위험을 무릅쓰지 않은 사람이 없다.

실패하더라도 자신에게 너그러워져라. 어떤 실패도 영원하지 않다. 실패는 전염병이 아니다. 실패했다고 당신의 됨됨이까지 죽은 것은 아니다. 실패는 한 번의 이벤트에 불과하다. 인간으로서 당신을 재는 척도는 될 수 없다.

긍정적으로 생각하자.

절이 싫으면 중이 떠나라?

맏이들은 분석적이고 논리적이고 투지에 넘친다. 그런데 오히려 그 점이 독이 되어서 인생과 인격을 망치는 일이 흔하다. 타고난 리더 자질을 적절히 사용하지 못했기 때문이다. 리더 자리에 있는 맏이 중에 이기주의자에 독재자로 낙인 찍히고 뒤에서 놀림감이 되는 경우가 많다.

일과 비즈니스 관계를 '절이 싫으면 중이 떠나라'는 태도로 바라보는 사람들이 있다. 특히 맏이 중에 이런 태도를 가진 사람이 꽤 있다.

과제가 생겼을 때, 맏이들은 무엇을 할지에 대한 판단과 결정이 빠르다. 하지만 당신의 방식이 절대적이고 유일무이한 방식일 수는 없다. 의사결정 과정에 참여할 기회만 주어진다면 다른 사람도 좋은 생각, 때로는 더 나은 생각을 해낼 수 있다. 어떤 천재가 놀라운 컴퓨터를 개발했다 해도, 그 물건을 시장에 홍보하고 팔아 줄 사람이 없으면 말짱 허사다.

기억할 점은 마케팅과 세일즈 분야에서 잘나가는 사람들은 맏이가 아닐 가능성이 높다는 거다. 인생 목표가 학교 성적보다는 폭넓은 대인관계였던 이들이 마케팅에서 두각을 나타낸다.

> 당신의 방식이 절대적이고 유일무이한 방식일 수는 없다.

결론을 말하자면, 세상은 온갖 종류의 사람들로 이루어져 있고 모든 출생순서를 필요로 한다는 것이다.

맏이들은 남에게 지기 싫어하는 성격 탓에 타인의 기분은 아랑곳하지 않는 성향이 있다. (예컨대 칭찬이나 격려에 인색하다.) 맏이들은 자신과 자신의 성과에 초점을 맞춰 세상을 바라본다. (어렸을 때 엄마아빠의 관심을 집중적으로 받은 영향이다.) 그 결과 남에 대한 배려가 없다. 일부러 그러는 것이 아니다. 그렇게 '생겨먹었을' 뿐이다. 맏이 중에는 남들을 필요에 따라 이리저리 옮겨 놓는 장기판 말처럼 생각하는 사람이 많다. 미식축구 코치를 예로 들면 이렇다. 이런 사람은 대학팀 코치로 있다가 출세해서 유명 프로팀 코치로 갈 때 동고동락하던 보조코치들은 데려가지 않는다. 세월이 흘러 다시 대학팀에서 모셔 갈 때도 그동안 신세진 프로팀 코치들은 나 몰라라 한다. 그런 행동이 말하는 바는 이것이다. "고마웠어, 친구들. 하지만 자네들은 내게 아무런 의미가 없어. 난 더 높은 자리로 가기 위해 자네들을 이용할 뿐이야. 그럼 다음에 또 봐."

세상에는 이런 이들이 많다. 이런 사람들은 만사가 비즈니스이고, 철저히 자기 본위다. 사람들이 이런 이들을 존경할까? 존경은 한다. 하지만 좋아서가 아니라 무서워서 존경하는 척한다. 이런 이들은 인정사정없고, 위협을 서슴지 않고, 사람들을 함부로 대한다. 이들의 행동은 이런 메시지를 내뿜는다. "내 일에 방해되지 않는 게 좋을 거야. 난 이 회사에 뭐가 최선인지 알아. 여기서 의사결정자는 나야. 그래, 회의를 하긴 하지. 하지만 결정을 내리는 건 나야. 여기서 사령관은 나고, 너희들은 그저 뛰라면 뛰는 보병에 불과해."

대기업의 잘나가는 중역들 얘기만이 아니다. 이런 권력지향형 맏이들은 어디나 있다. 고등학교 교장이나 슈퍼마켓 매니저 중에도, 극장 무대감독이나 교회 합창단 지휘자 중에도 있고, 심지어 도서관 사서 중에도 어린이 야구단 코치 중에도 있다. 이런 맏이의 주변에는 두려움이 팽배한다. 그도 그럴 것이 권력지향형 맏이들은 자기 목적을 위해 사람들을 단물만 쏙쏙 빨아먹고 버리기 일쑤다. 이들이 나가라고 하면 불쌍한 동료들은 영문도 모르고 쫓겨난다.

권력지향형 맏이들은 목적이 달성되고 돈이 벌리는 한 만사형통이라고 생각한다. 진짜 불행한 바보들은 바로 이런 사람들이다. 태도만 조금 바꾸면 훌륭한 사람이 될 수 있다는 것을 본인만 까맣게 모른다.

의견 개진은 한 템포 쉬었다가

맏이들은 천성적으로 남의 말을 잘 끊는다. 특유의 리더십과 조직화 능력 덕분에 중간이나 막내로 태어난 동료보다 두뇌회전이 빠르고 논리 전개에 능하기 때문이다. 과제가 주어졌을 때 맏이는 상대적으로 짧은 시간 안에 해결책을 찾는다. 답은 이미 나왔는데 얘기는 더 들어 무엇하겠는가?

그래서 당신은 기다리지 않는다. 당신은 이미 머릿속에 구축된 계획을 쫙 요약하고, 다른 직원들은 그저 입을 벌린 채 멍하니 바라볼 따름이다.

당신이 말을 끝냈을 때 동료들은 한눈에도 기분 상한 표정이다. 동료들은 생각한다. '젠장, 브레인스토밍하자고 해 놓고 저 혼자 잘난 척은 다 하네? 재수 없는 인간.'

자기 생각을 득달같이 내놓는 것은 협업 체제에 별로 도움 되지 않는다. 자칫하면 상사에게도 밉보일 수 있다. (예를 들어 회의를 주재하던 부사장은 부하직원에게 선수를 빼앗긴 것에 자존심이 상해서 당신을 미워할 수 있다.)

당신은 늘 먼저 해답을 찾는다. 당신은 맏이니까. 그것도 썩 훌륭한 답일 가능성이 크다. 아니, 어쩌면 최고의 해결책일지도 모른다. 하지만 브레인스토밍 회의에서는 생각나는 대로 빨리 발언하기보다 잠시 형세를 관망하며 기다릴 필요가 있다. 남들이 어떤 의견을 내는지 잠시 들어 보며 본인의 아이디어를 머릿속에서 좀 더 다듬어서 논리적이면서도 부드럽게 내놓는 게 바람직하다. 이런 표현들을 적극 권한다. "좀 생각해 봤는데요, 단언할 순 없지만 이 방법도 효과 있을 것 같아요. 제이크와 조앤의 의견이 훌륭한 것 같아요. 그 방법을 써 보고 이 방법도 써 보면 어떨까요?" 그러면 동료들의 말을 충분히 경청했으며 그들의 아이디어를 긍정적으로 평가한다는 것을 알림과 동시에 당신의 의견을 멋지게 덧붙일 수 있다.

당신이 보스라면 이렇게 말해 보자. "여러분 모두 좋은 의견 많이 내 주셨어요. 여러분 말을 듣다 보니 한 가지 떠오르는 생각이 있습니다. 내 생각이 틀릴지도 모르지만 일단 이런 측면으로 접근해 보면 어때요? 그 후에 메리와 엘렌의 제안을 시도해 보고, 다음 단계에서는……"

그러면 동료와 직원들이 당신의 마법에 빠져들고 만다. 당신은 사람들이 의견을 내기 전부터 어디로 갈지 알고 있다. 하지만 갱단 두목처럼 총을 휘두르며 초토화하는 것보다는, 사람들을 당신이 원하는 방향으로 몰아가는 것이 훨씬 아름답다. "말은 내가 할 테니 너희는 입 다물고 듣기나 해." 식 접근법은 피하자.

이것이 윈윈 전략이다. 동료들은 인정받아서 좋고, 당신은 동료의 신뢰와 충성을 얻어서 좋다. 심지어 승진의 기회까지 부른다. 남을 배려한다고 지는 것은 아니다. 창의적이고 유능한 해결자의 면모뿐 아니라 공평한 중재자 자질과 인간관계 스킬까지 보여 주는 일이다. 그리고 맏이 자질을 십분 활용하는 일이다. 사람들은 그런 당신에게 속수무책 넘어가면서도 왜 넘어가는지 모른다. 그저 당신의 아이디어에 홀린

> 사람들은 그런 당신에게 속수무책 넘어가면서도 왜 넘어가는지 모른다. 그저 당신의 아이디어에 홀린다.

다. 직원들은 자신을 인정해 준 보스를 실망시키지 않으려 더욱 노력한다.

맏이에게 요구되는 리더십은 남들을 먼저 인정하는 것이다. 본인 의견을 덥석 내놓기 전에 사람들의 말부터 차근히 들어 주는 것이다.

다른 사람의 아이디어가 당신의 생각을 바꿀 수도 있다.

관건은 인간관계

두세 명이 일하는 유아원의 원장이든, 25명이 일하는 자동차정비소 사장이든, 아니면 직원 수백 명을 거느린 기업체 대표든, 리더라면 함께 일하는 사람들에게 자신을 맞춰 나갈 줄 알아야 한다. 그러지 않으면 직원들고 좋은 관계를 유지할 수 없고, 사업이 번창하기도 어렵다. 최고의 사업 수완은 좋은 인간관계다.

오늘날은 무엇이나 인터넷에서 사고팔 수 있다. 그렇다고 세일즈맨이 필요 없을까? 하지만 영업직은 아직도 버젓이 존재하고 아직도 수많은 세일즈맨들이 개인과 기업에 상품과 서비스를 파는 일로 돈을 번다. 왜 그럴까? 이유는 간단하다. 비즈니스는 결국 인간관계이기 때문이다. 조직의 윗자리에 있을수록 다른 사람들의 눈으로 세상과 인생을 보는 힘을 길러야 한다. 타인의 입장과 관점에서 생각할 줄 알아야 진짜 리더다.

달라는 것을 정확히 주기

당신이 애리조나 주의 부동산중개인이라고 치자. 어느 날 고객이 말한다. "애리조나 투손에는 잔디 깔린 집이 흔치 않아요. 대신 마당에 알록달록한 자갈을 깔죠. 그건 나도 잘 압니다. 하지만 나는 마당이 사막 같은 집은 싫어요. 난 전통적 건축양식과 조경을 갖춘 집을 원해요. 풀이 자라고 꽃이 핀 집이 좋아요. 나무도 이미 심어 놨다면 금상첨화겠죠?" 당신이라면 이 고객에게 어떤 집을 보여 줄 것인가?

내 아내의 부동산중개인은 마당이 사막 같은 집을 보여 주었다.

여러분의 반응이 들리는 듯하다. "뭐라고요? 말도 안 돼. 그런 집은 싫다고 고객이 분명히 말했잖아요?"

바로 그거다. 아내가 일부러 당부를 했는데도 부동산중개인은 아내의 말을 건성으로 들었던 거다. 아내는 그 상황을 어떻게 받아들였을까? '이 남자는 내가 뭘 원하는지 관심이 없어.'

샌디는 그 부동산중개인과 연락을 끊었다. 그런 남자와는 더 말해 봐야 소용없다고 생각한 것이다.

고객이 바라는 것은 대단한 것이 아니다. 원하는 것을 얘기해 줄 테니 능력과 사정이 허락하는 한 원하는 것을 달라는 것뿐이다. 그런데 그것을 못하는 사람들이 많다.

직장 동료와 그리고 고객과 좋은 관계를 유지하는 비결은 타인의 관점에서 생각하는 능력이다.

성공한 맏이들은 이 능력을 가지고 있고, 또 제대로 활용하는 사람들이다.

고객을 대하는 옳은 방법

맏이들은 인간관계보다 일의 성공을 우선순위로 놓는 경향이 짙다. 그래서 맏이들은 인간관계 자질 향상에 주력해야 한다.

커스터머스 포 라이프컨설팅Customers for Life Consulting의 창립자이자 대표인 밥 섀프Bob Shaff는 그걸 잘 해낸 맏이다. 밥은 붙임성 있고, 역지사지의 덕을 알고, 서비스 정신이 투철하고, 체계적 지략가이면서 근면한 일꾼이다. 그는 미소와 성품과 태도에 이르기까지, 주위에 사람들 모으기에 필요한 자질을 두루 갖췄다. 그는 사업 성공은 결국 인간관계에 달려 있다는 것을 누구보다 잘 안다. 인간관계의 힘은 성격과 기질이 다르고 서로의 부족한 면을 보완해 줄 사람들을 모아 하나의 팀으로 묶는 힘이다. 그리고 고객이 다음에도 당신을 찾도록 고객을 끌어들이는 힘이다.

밥이 나에게 '기업이 고객 충성도를 높이는 14가지 행동수칙'을 알려 주었다. 업종을 불문하고 모든 비즈니스에 요긴하게 쓰일 값진 원칙들이었다. 밥의 너그러운 동의하에 그 원칙을 공개한다.

> 직장 동료와 그리고 고객과 좋은 관계를 유지하는 비결은 타인의 관점에서 생각하는 능력이다.

기업충성도를 높이는 14가지 행동수칙

1. 고객 프로파일 데이터베이스를 구축한다.

고객 접촉 정보를 수집해서 고객의 구매 행동을 추적하고 고객 접촉 기회를 강화한다.

2. 고객을 차별화한다.

회사 입장에서 어떤 고객이 바람직한지 파악하고 우수고객을 다르게, 즉 특별하게 대우한다.

3. 고객들과 상호작용한다.

고객과 대화할 혁신적인 방법을 연구하고 고안한다. 고객에게 당신을 알리고, 고객의 니즈와 선호사항을 파악한다. 일방적 정보 전달은 지양하고 고객과 쌍방향 대화를 지향한다. 이를 위해 면접, 회의, 전화, 자료 발송, 뉴스레터, 이메일, 점심 간담회나 행사 초대, 구매 사례 편지, 상품과 시장정보 공고, 웹사이트, SNS 등 상황과 목적에 맞는 방법을 다양하게 활용한다. 고객과 만남의 자리를 마련하자. 당신의 전문지식을 고객과 나누고 비즈니스에 재미 요소를 더하자.

4. 고객의 필요에 맞춰 제품에 가치를 더한다.

고객에게 원하는 제품과 선호하는 서비스 방법을 묻는다. 제품뿐 아니라 판매, 전달, 청구, A/S, 업그레이드까지 고객 접촉 과정 전반에서 고객의 의견을 듣는다. 또한 직원들에게도 아이디어를 적극 구한다.

5. 고객을 개인화한다.

고객을 불특정다수로 취급하지 말고 개개인의 이름을 사용한다. 구매 내역 등 고객이 원하는 정보를 고객이 원하는 방식대로 제공한다. 고객의 거래 성사와 개인적 기념일을 축하한다. 고객에게 공을 돌린다. 당신 회사의 제품이나 서비스 이용사례를 선전한다.

6. 감사의 말을 한다.

감사의 말은 자주 할수록 좋다. 특히 구매와 추천으로 매출에 도움을 준 고객에게 반드시 감사의 뜻을 전한다. 구매 실적이 좋거나 다른 고객을 소개했거나 제품을 추천한 고객을 위한 보상 제도를 마련한다. 고객에 대한 "감사합니다."는 연인이나 배우자에 대한 "사랑해."와 같다.

7. 고객에게 예기치 못한 시점에 예기치 못한 서비스를 한다.

감사의 말을 하고, 신경 쓰고 있다는 것을 보여 주고, 고객의 구매에 감사한다는 것을 알린다. 그래서 고객을 특별한 존재로 만들어 준다. 고객이 기분 좋게 놀랄 요소를 개발한다.

8. 고객 피드백 수집을 정례화/시스템화하고 비즈니스에 적극 반영한다.

매달 또는 분기별르 고객에게 제품/서비스에 대한 평가와 개선 필요 사항을 묻는다. 고객의 답변을 전체 직원과 공유한다.

9. 고객 불만을 기꺼이 수용한다.

고객이 쉽게 불만을 토로할 수 있는 (그리고 칭찬할 수 있는) 창구를 마련한다. 고객의 제안을 반영한다. 충분히 사과하고, 건의한 고객에게 작은 감사의 표시를 한다. 고객 건의에 따라 무엇이 어떻게 바뀌고 있는지 모두가 알게 한다.

10. 사소한 것도 중요하게 여긴다.

고객은 사방팔방어 서 당신을 평가한다. 100가지 면에서 1퍼센트씩 개선한다. 모든 고객접점에서 고객경험을 개선할 여지를 속속들이 찾아내서 개선한다.

11. 적절한 직원을 채용해서 고객 서비스 기술을 가르친다.

직원을 뽑을 때는 태도를 보고 뽑는다. 기술은 뽑고 나서 가르치면 된다. 그런 다음 직원에게 고객의 필요를 충족시키고 고객 불만을 처리할 '도구'와 '시스템'을 적극 제공한다.

12. 우수고객들로 고객 자문위원회를 구성한다.

분기별로 우수고객을 초청해 감사의 뜻을 전하고, 회사가 기존에 하고 있는 것과 염두에 두고 있는 것, 그리고 걱정스러운 부분에 대해 고객의 아이디어를 모은다.

13. 고객에게 더 좋은 서비스를 제공하는 데 도움이 될 회사들과 파트너십을 형성한다.

파트너 회사들을 활용해 고객에게 내놓을 특별한 '패'를 개발한다.

14. 직원에게 베풀면 직원이 고객에게 베풀고, 고객에게 베풀면 고객이 회사에 베푼다.

> 직원은 가장 중요하고 가장 기여도가 높은 고객이다. 직원을 소중하게 대한다.[8]
>
> ⓒ 2007 Customers for Life Consulting.
> All rights reserved.
> http://www.cflconsulting.com

위의 행동수칙은 기업체 직원과 자영업자 모두에게, 그리고 어떤 업종에나 적용된다. 또한 비즈니스 양상과 성과를 몰라보게 바꿔 놓고 당신의 비즈니스를 장안의 화제로 만들 수 있다.

그대 안의 리더

당신은 자원봉사자 조직을 진두지휘하는 사람인가? 그것이 불우이웃돕기 일일 피자가게든 선거운동본부든 상관없다. 또는 사업체를 운영하는 사람인가? 그것이 동네 패스트푸드 체인점이든 포춘 500대 기업이든 상관없다. 조직의 우두머리 자리에 있는 사람은 다음을 명심하자. 리더는 다른 사람의 눈으로 세상을 보는 데 능해야 한다. 이때의 '다른 사람'에는 고객은 물론이고 함께 일하는 사람들도 포함된다.

예를 들어 직원이 명확한 업무 지시를 필요로 하는 사람이면 그에게 앞으로 할 일을 조목조목 일러 준다. 그리고 직원이 잘하고 있는지 애로는 없는지 간간이 살피는 게 좋다. 상사가 직원을 팀의 소중한 일원으로 대하면 직원들도 상사가 업무 진행 상황을 점검하는 것을 부정적으로 받아들이지 않는다. 간섭이 아니라 관심으로 본다. "젠장, 또 감시하네."가 아니라 "내 업무에 신경 써 주는구나." 하고 생각한다. 부하직원의 반응은 전적으로 당신의 접근방식에 달려 있다.

> 직원을 뽑을 때는 태도(열의와 융통성)를 보고 뽑는다. 기술은 뽑고 나서 가르치면 된다.

유명 비즈니스작가 스티븐 코비Stephen Covey는 항상 끝을 염두에 두고 시작하라고 했다. 미래 이미지를 확실히 알라는 뜻이다. 미래 이미지를 정한 후 그것을 달성할 방법을 강구하는 게 순서다. 가장 먼저 할 일은 적당한 인력을 뽑거나 배치하는 것이다. 직원을 뽑을 때는 태도(열의와 융통성)를 보고 뽑는다. 기술은 뽑고 나서 가르치면 된다. 밥 섀프는 이렇게 말한다. "회사가 가르칠 수 없는 것들이 있다. 이런 말이 있다. '돼지에게 노래를 가르치려 들지 마라. 시간만 낭비하고 돼지의 성질만 돋울 뿐이다.' 돼지가 필요하면 돼지를 고용하라. 하지만 당신이 원하는 것이 가수라면 돼지를 고용하면 안 된다. 훌륭한 고객 서비스를 원한다면 행복하고 상냥하고 똑똑하고 혁신적인 사람을 채용한다. 자세한 업무수행 기술은 차차 훈련시키면 된다. 동종 업종 경력이 10년이나 되지만 마지막으로 웃은 적이 5년 전인 사람은 뽑지 않는 게 좋다."

구구절절 옳은 말이다.

자, 좋은 리더의 자질은 무엇일까? 내가 전국의 비즈니스맨에게 가르치고, 나 자신도 지침으로 삼는 원칙들을 공개한다.

1. 직원들의 SHAPE를 파악한다.

S = strength(장점)

H = heart(마음)

A = attitude(태도)

P = personality(성품)

E = experience(경험)

어떤 사람을 직원으로 선택하느냐에 따라 당신의 일이 쉬워질 수도 고달파질 수도 있다. 멀쩡한 사람을 만나면 괜찮지만 그렇지 못하면 남의 문제가 고스란히 당신의 문제가 된다.

추천서만 믿고 사람을 채용하는 것은 금물이다. 골칫덩이를 하루빨리 남에게 떠넘기고 자신은 손 털고 싶어서 근사한 추천서를 써 주는 보스들이 꽤 된다.

2. 동료들에게 동질감을 심어 준다.

어떤 CEO가 이렇게 말했다. "비즈니스에서 가장 중요한 것은 함께 일하는 사람들을 승자로 만드는 것이다. 회사가 얻은 엄청난 판매이익을 자신의 공으로 돌리지 마라. 성공에 기여한 모든 일꾼을 치하하라. 당신은 가장 늦게 박수 받는 사람이 되어야 한다. 동료들의 결속을 원한다면 당신 먼저 강직함을 보여 주어야 한다." 내가 아이들에게 늘 하는 말이 있다. "기억해. 너희들은 리먼이야." 기업체 직원들도 마찬가지다. 그들도 소속감을 원한다.

성공한 리더를 말할 때 둘째가라면 서러울 사람이 오프라 윈프리다. 오프라는 대중에게 엄청난 영향력을 발휘하고, 유머 넘치고, 불우한 어린 시절을 이겨 냈으며, 실천가이자 박애주의자고, 상대에게 자부심과 재미를 주는 화술의 대가다. 리더란 이런 것이다. 사람들은 이런 리더를 위해서라면 못할 일이 없다.

결국 중요한 것은 관계 관리 능력이다. 실수로 고객을 화나게 했더라도 훌륭히 만회한다면 그 고객은 당신 회사를 칭찬하고 다닐 것이다. 그보다 더한 광고가 어디 있겠는가?

높은 품질과 투명성과 강직함은 유행을 타는 법이 없다.

3. 모든 사람을 중요하게 대한다. 그게 사실이니까.

건물 관리인부터 사장에 이르기까지 어느 조직에나 직위고하를 막론하고 중요하지 않은 직책이 없다. 나는 다년간 교육 시스템 컨설팅에 몸담았다. 교사 연수 프로그램을 진행하면서, 똑똑한 교사는 학교 수위와 친하게 지내는 사람이라는 것을 알았다. 수위는 학교의 모든 열쇠를 쥐고 있는 사람이다. 직원들에게 그들이 조직에서 꼭 필요한 사람이며 회사가 그들의 공을 알고 있다는 것을 알게 해 주자.

기억할 것이 또 있다. 그것은 개인보다 그룹의 행복이 우선이라는 점이다.

영화 〈후지어Hoosiers〉를 본 적 있는가? 불미스러운 사건으로 농구계를 떠나야 했던 농구감독 노먼 데일이 고등학교 교장인 친구의 부탁으로 고향 인디애나에서 다시 농구팀을 맡아 팀을 주 대회 결승에 진출시키는 이야기다. 진 해크먼이 노먼 데일 역을 맡아 열연했다. 팀이 챔피언이 되는 과정은 쉽지 않았다. 노먼 데일은 스타플레이어지만 팀워크를 모르는 선수를 불러들여 벤치에 앉힌다. 그런데 주전으로 뛰던 다섯 명 중 하나가 반칙 누적으로 퇴장당한다. 그러자 스타플레이어는 웜업 재킷을 벗고 다시 코트로 나갈 준비를 한다.

"뭐 하는 거야?" 코치가 묻는다.

그때 심판이 다가와 말한다. "코치, 지금 네 명만 뛰고 있잖아요. 한 명 넣어요."

이때 노먼 데일이 뭐라고 했을까? "저대로 충분합니다." 그리고 그는 스타플레이어에게 다시 앉으라고 한다.

탄탄한 기업일수록 소수의 스타플레이어보다 팀워크를 중요시한다. 그래야 조직원 모두가 안정감과 자부심을 가질 수 있다.

4. 직장을 안전한 곳으로 만든다.

직원들에게 회사 돌아가는 사정을 알린다. 직원들 뒤통수를 치거나 눈속임을 하지 않는다. 일의 경계와 굴레를 혼동하지 않는다. 세세한 점까지 관리되는 것을 좋아할 사람은 아무도 없다. 참견하는 것은 싫어하지만, 자신이 하는 일의 가치를 인정받고 잘했을 때 격려받기를 원한다.

당신의 회사에서는 직원들이 반격이나 창피당할 걱정 없이 자유롭게 아이디어를 개진할 수 있는가? 불만을 털어놓을 수 있는가? 아니면 불만을 말하면 처벌이 따르기 때문에 무조건 쉬쉬하는가? 내가 한때 일했던 회사의 인사관리 담당자는 별명이 '대부'였다. 급여계좌 관련 문의사항부터 사내 성희롱 고민까지 직원들의 고충을 무엇이나 듣고 도와주기 때문에 그런 별명이 붙었다. 그는 어떤 얘기도 허심탄회하게 할 수 있는 사람이었다. 회사의 인사관리는 이 '대부' 같은 기능을 해야 한다.

팀에 위화감을 주거나 불안감을 조성하는 문제아가 있는가? 그런 사람은 팀의 행복을 위해서 방출되는 게 좋다. 직원 누구나 감정적, 신체적 위해로부터 안전한 곳에서 일할 권리가 있다. 누구나 법이나 사규 앞에서 평등해야 한다. 그래야 직원들 사이에 안정감과 동반성장과 상호존중의 분위기가 조성될 수 있다.

5. 문제가 곪아터질 때까지 기다리지 않는다.

직원들 간에 갈등이 불거졌을 때 양측 대표끼리 스스로 해결하게 한다. 그래도 해결이 안 나고 벼락이 화재로 번질 것 같으면, 그때 당신이 나서서 피뢰침 역할을 해야 한다. 의사진행과 소통을 거들면서 모두가 행복할 해결방안이 도출되도록 중재한다. (노력이 결실 없이 끝날 수도 있다. 하지만 해결 의지를 가지고 노력하자.)

직원 중에 어려움에 처했거나 업무를 따라오지 못하는 사람이 있다면 신속한 조치가 필요하다. 해당 직원을 위한 업무 계획을 짜서, 직원이 목표 업무를 무리 없이 소화하고 있는지 살핀다. 혼자 갈팡질팡하도록 내버려 두거나, 단박에 해고하고 다른 사람을 고용하는 것은 좋지 않다. 직원이 열심히 양심껏 일할 때는 보스를 인간적으로 좋아할 때다. 보스가 아량을 보였거나 나쁜 상황에서 구해 줬을 때는 두말할 필요도 없다.

직원을 혼내야 할 때는 동료들 앞에서 망신 주지 말고 혼자 조용히 불러서 부드럽게 말한다. 실수는 당신을 포함해 세상 누구나 한다는 것을 잊지 말자.

6. 자기발전의 기회를 준다.

적절한 업무 순환 제도는 발전 없이 반복되는 업무에서 오는 불만과 권태를 줄여 직원 사기 진작에 큰 도움을 준다. 똑똑한 고용주는 일상적 업무를 일상적이지 않게 만드는 사람이다. 전에 나와 일했던 밴텀델 출판사의 어떤 편집자는 문서 정리원으로 입사해 선임편집자 자리에 오른 사람이었다.

자기발전의 기회가 없는 직장은 실패를 재촉하는 직장이나 다름없다.

7. 직원들에게 동참 의지를 보인다.

사우스웨스트 항공의 전(前) 회장 허브 켈러허Herb Kelleher는 직접 비행기에 올라 승무원에게 땅콩 나눠 주는 일이 큰 낙이었다. 켈러허 회장의 유쾌한 동지애는 오늘날도 사우스웨스트 항공 서비스에 잘 살아 있다.

위의 경우와 반대되는 예도 있다. 옛날에 내가 병원에서 관리인으로 일할 때였다. 동료 관리인과 둘이서 복도를 걸어가는데, 인부들이 병원 원무과장의 사무실에 카펫을 새로 깔고 있었다. 그러자 동료 관리인이 내게 말했다. "흥, 월급 인상은 물 건너갔군." 원무과장이 새 카펫 깔고 자기 이익 챙기는 데 급급한데 밑에서 일하는 사람들 월급 올려 줄 돈이 남아 있겠냐는 뜻이었다.

하면 좋은 말

- "여러분 도움이 필요합니다."
- "확실한 건 아니지만, 이러면 어떨까……"
- "제 생각을 말씀드려도 될까요?"

피해야 할 말

- "네가 할 일을 말해 주지."
- "어이, 똑똑히 듣기나 해."
- "명령은 내가 해."

몇 명이라도 직원이 있는 회사라면 우두머리와 일꾼 사이에 선이 존재한다. 똑똑한 리더라면 이 선을 허물 줄 알아야 한다. 사내식당에 들어가서 조리팀에게 수프 맛을 칭찬해 주자. 조리팀은 이날 퇴근해서 가족에게 사장과 나눈 대화를 자랑할 것이다. "오늘 대표님이 식당 주방까지 들어와서 나한테 말을 걸었어. 어깨를 두드리면서 고맙다고 하더라."

모든 것은 접근법의 문제

맏이는 사람들을 성난 무리로 만들 수도 있고, 똘똘 뭉치게 할 수도 있다. 모두 맏이의 말과 행동에 달려 있다. 아무리 두꺼운 장벽도 상냥한 말 앞에서는 무너지게 돼 있다. 그리고 정당한 행동으로 열지 못할 문은 없다. 타고난 맏이 능력을 비즈니스에 멋지게 활용해 보

자. 여기 그 방법이 있다.

사람들에게 힘 실어 주기

맏이의 장점인 논리적 사고력을 발휘해서 문제해결에 힘을 보태되, 수고한 사람들에게 공을 돌리는 것을 잊지 않는다. 당신의 일에 시간과 노력을 바친 사람들에게 감사한다. 함께 일하는 사람들에게 지식과 통찰을 보태고, 잘못한 것은 부드럽게 지적하고, 다시 잘할 기회를 준다. 이것이 '직원들에게 힘을 실어 주는 일'이며, 요즘 비즈니스계가 열광하고 있는 성공전략이기도 하다. 직원들은 자신에게 힘을 실어 주는 리더를 진정한 리더로 생각한다. 인생에서 가장 큰 즐거움 중 하나는 남과 동지애를 나누고 그들의 승리에 함께 기뻐하는 것이다.

직원을 중히 여기는 기업은 직원복지에 힘쓴다. 요즈음 사내에 탁아시설을 운영하는 기업이 크게 늘었다. 회사가 직원을 소중히 생각하고 그들의 니즈를 이해하고 기꺼이 돕겠다는 마음을 보여 주는 일이다.

중간아이와 막내 끌어들이기

친구사이에나 유유상종이 먹히지, 직장에서 같은 부류끼리 모이는 것은 함께 망하는 지름길이다. 주위에 자신의 단점을 보완할 사람들을 모아야 한다. 신제품 가능성을 타진할 포커스그룹을 구성한다 치자. 당신처럼 맏이로 이루어진 그룹과 막내로 이루어진 그룹 중에서 어떤 그룹을 고르겠는가? 막내 그룹을 권한다. 기발한 아이디어와 변화를 추구하는 정신에서는 막내들을 따라가기 힘들다.

하지만 제품 개발이 결정되어서 생산 총괄 그룹을 꾸려야 한다면, 그때는 맏이 그룹을 권한다. 맏이들은 조직 구축과 장기 계획 수립을 위해 태어난 존재다.

그렇다면 중간아이들은? 중간아이들은 중간관리자가 되어 협업을 이끌고, 조직원이 고객과 충돌할 경우 평화유지군으로 활약한다.

그럼 막내들은? 막내들은 기업의 꽃인 세일즈조직을 이룬다.

모두가 각자 잘하는 것을 하며 조화를 이루는 것처럼 아름답고 위대한 것은 없다.

명령보다 부탁

간곡히 "절 좀 도와주시겠어요?"라고 하는데, 그걸 거절할 강심장은 흔치 않다. (적어도 "집어치워." 같은 반응은 보이지 않을 것이다.) 나아가 상대를 우쭐하게 만든다. "내게 이런 부탁을 하다니 나를 상당히 유능한 사람으로 보는구나." 상대에게 명령이 아닌 초대받는 느낌이 들게 하자. 그런 태도가 세상 어떤 문도 열 수 있는 열쇠다.

비판은 조용히

비판적인 부모 밑에서 자란 사람은 본인도 비판적인 사람이 되기 쉽다. 비판적인 사람은 공포와 분열의 분위기를 조성한다. 어릴 때 부모가 자신에게 그랬듯 동료들을 들들 볶는다. (직원들 사이에서는 '재수 없는 싸가지'로 불린다.) 왜 그럴까? 인생관이 현미경 잣대이기 때문이다. 그리고 자칫하면 그 피곤한 인생관을 자식에게 대물림한다.

쓸데없이 비판적인 말이는 누가 한 번이라도 실수하면 펄펄 뛰고, 같은 실수를 두 번 하면 제거해 버린다.

직원에게 프로젝트 일정을 잡으라고 해 놓고 그를 졸졸 따라다니며 채근한다. (어릴 적 숙제할 때 옆에 붙어 앉아 감시하던 게슈타포 부모의 전철을 그대로 밟고 있다.)

직원이 다소 빗나간 아이디어를 내면 당장 노발대발한다. "무슨 김밥 옆구리 터지는 소리야?" 그런 사람은 직원들을 의기소침하고 비참하게 만든다.

이것이 과연 똑똑한 사람이 할 짓일까? 이런 식으로 하면 장기적으로는 당신도 얻는 게 없다.

방법을 바꿔 보자. 직원의 실수를 발견했을 때 조용히 직원에게 다가가 이렇게 말하자. "어제 그 얘기를 들었네. 그 문제로 자네와 상의 좀 하고 싶어." 이렇게 하면 당신은 나쁜 사람이 되지 않고, 직원은 못난 사람이 되지 않는다. 하지만 용건은 정확히 전달된다.

비판 받아들이기

탁월함을 추구하는 사람은 건설적인 비판을 환영하는 사람이다. "최대한 솔직하게 말해 줘."라고 말하는 사람이고, 비판에 주눅 들지 않는 사람이다. 그런 사람의 목표는 가장 효과적인 방법으로 과제를 완수하는 것이다. 따라서 본인의 방법이 최선이 아니라는 생각이 들면 다른 사람의 제안을 수용한다.

비판을 받아들이는 것은 정서적 성숙을 요한다. 그걸 해내는 사람은 동료의 충성을 얻는다.

고마움 전하기

나는 감사편지의 힘을 믿는다. (여기엔 내 아내 샌디의 힘이 컸다.) 아는 사람에게 좋은 일이 생겼을 때 카드나 쪽지를 보내자. 착하고 상냥한 사람이 되는 것은 의외로 쉽다. 간단하게라도 축하와 감사의 뜻을 전하자. 쪽지 하나가 상상도 못한 결과를 가져다준다.

내 아들 케빈 주니어는 NBC 〈더 투나잇 쇼 The Tonight Show〉의 진행자 제이 레노의 조수로 방송 일을 시작했다. 어느 날 케빈은 일에 도움을 준 사람에게 감사의 쪽지를 보냈다. 케빈은 글을 쓸 때 간단한 그림을 그려 넣는 게 취미였다. 마침 이때가 NBC 개국 75주년 기념일 무렵이어서 케빈은 NBC의 로고인 공작새를 그렸다. 공작새 두 마리가 다른 공작새를 두고 수군대는 그림이었다. "그 여자가 75세라고? 공사 한번 제대로 했군."

케빈의 쪽지를 받은 사람은 그것을 다른 사람에게 보여 줬고, 결국 방송국에서 영향력 있는 자리에 있는 사람이 그림을 보게 됐다.

케빈은 감사의 쪽지 하나로 방송국 유력자의 눈에 들었다. 그 유력자는 케빈이 방송국 말단 직원에서 시작해 프로듀서 겸 코미디작가로 성장하고, 29세 나이에 에미상을 두 번이나 수상하기까지 강력한 조언자가 되어 주었다.

> 주위에 감사의 표현을 아끼지 말자. 매너는 유행을 타지 않는다.

케빈이 한 일이 뭘까? 맏이 성격을 발휘했을 뿐이다. 조직적으로 움직이고, 뚝심 있게 밀고 나가고, 쪽지 하나에도 유머와 예술가 기질과 통찰을 담는 기술, 그것이 맏이의 기술이다. 당신의 맏이 성격이 당신에게 어떤 가능성을 열어 줄지 그건 아무도 모른다.

주위에 감사의 표현을 아끼지 말자. 매너는 유행을 타지 않는다.

가까운 사람 되기

CEO가 값비싼 가죽의자와 으리으리한 사무실을 떠나 일선직원들과 함께 식사하고 담소하는 회사가 일류회사로 성장할 가능성이 높다. 왜냐고? 그것이 사람들의 마음을 흔들고, 사람들이 오래 기억하는 일이기 때문이다. 사업만 번창하는 게 아니라 그 안의 모든 사람이 행복해진다.

리더의 의리

많이는 타고난 리더다. 리더의 자리는 자릿값이 상당하다. 때로는 인심 잃을 결정을 내려야 하고, 때로는 대놓고 악역을 해야 한다. 하지만 중요한 것은 이것이다. 주위에서 당신은 강직한 사람으로 인정하는가? 공명정대하고 의리 있는 사람으로 인정하는가?

커다란 사무실을 차지하고, 고액 연봉을 받고, 엄청난 이권을 누리는 리더들은 넘쳐난다. 하지만 본인도 완벽하지 않음을 인정할 줄 아는 위대한 리더는 얼마 되지 않는다. 진정한 리더는 정직하고 겸손하다. 그들은 자신의 실수를 인정한다. 그리고 그 자리에 있기까지 자신을 도와준 사람들을 잊지 않는다.

케니 로저스Kenny Rogers의 노래 중에 〈그녀는 나를 믿어 줘요(She Believes in Me)〉가 있다. 당신을 믿어 주는 사람은 누구인가? 당신은 누구 덕에 지금의 자리에 있게 되었나?

내 친구이자 왕년의 메이저리거 제리 킨달Jerry Kindall은 미네소타 트윈스 시절 아메리칸리그 챔피언십 우승을 맛봤다. 그리고 우승팀 선수 각각에게 주어지는 거대한 다이아몬드 반지를 부상으로 받았다. 제리는 프로무대 은퇴 후 애리조나 대학교 야구팀 수석코치로 지내면서 칼리지 월드시리즈에서 팀을 세 번이나 우승으로 이끌었다.

그런데 제리가 그 반지로 무엇을 했는지 아는가?

어느 날 나는 제리의 아내 조지아와 마주쳤다. 조지아는 커다란 다이아몬드가 달린 목걸이를 하고 있었다. "우와, 멋진 목걸이네요." 내가 말했다.

"제가 이 목걸이 얘기 하지 않았던가요?" 조지아가 말했다.

"아뇨." 난 고개를 저었다.

"남편이 준 목걸이에요." 조지아가 미소를 지었다.

그 순간 나는 목걸이의 다이아몬드가 어떤 다이아몬드인지 알아챘다. 내가 아는 제리 킨달은 그러고도 남을 사람이었다.

나중에 제리를 만나 나는 "어쩌자고 그랬어?"라고 물었다. 제리는 대학코치로는 세 번이나 전국 챔피언이 됐다. 하지만 현역선수로 받은 챔피언 반지는 그 반지가 유일했다. 그런데 어떻게 그런 반지를 없앨 수 있단 말인가?

"내가 평생 했던 일 중에 가장 쉬운 일이었어. 어느 날 반지를 보고 있다가 그 자리에서 결심했지. 내가 가장 사랑하는 사람들과 이 자랑스럽고 의미 있는 반지를 나눠야겠다고 말이야."

제리는 보석상을 찾아가 반지를 녹여서 네 자녀에게 줄 핀을 만들었고, 다이아몬드로는 아내의 목에 걸어 줄 아름다운 펜던트를 만들었다. 성공의 반지를 사랑하는 사람들, 즉 현재의 자신을 있게 해 준 사람들과 말 그대로 함께 나눈 것이다.

이것이 위대한 리더의 자질이다. 그렇다. 제리도 맏이로 태어났다.

리더십은 단순히 직위를 말하는 것이 아니다. 인간적 됨됨이를 말하는 것이기도 하다. 함께 고생하는 사람들을 소중히 생각하고 성공을 함께 나누면, 사람들도 굳건히 그리고 영원히 당신 편이 되어 준다. 사람들은 의리 있는 리더를 끝까지 따른다.

리더십은 테크닉이 아니다. 연습으로 노련해질 수 있는 것이 아니다. 리더십은 리더의 마음을 가지는 것이고, 그 마음은 당신에게 노력을 제공하는 사람들을 귀하게 여기고 걱정하는 마음이다. 리더는 정직하고 성실한 사람이다. 사람들이 잠재력을 최대한 발휘할 수 있도록 영감과 도움을 주는 사람이다. 그것은 직원 개개인을 팀의 소중한 일원으로 대할 때만 가능하다. 훌륭한 리더가 이끄는 팀은 고객이 원하는 것을 가지도록 도와준다. 판매고를 올리기 위해 고객에게 필요 없는 물건을 꼼수를 써서 떠넘기지 않는다. 훌륭한 리더는 자신의 출세가 아니라 전체의 이익을 생각하는 사람이다.

> 그 대가를 치러야 할 사람이 있다면 그것은 오로지 당신 자신이다.

당신은 맏이로 태어나 리더가 되었다. 리더가 매일 스스로에게 물어야 하는 질문이 있다. "리더 자리에는 대가가 따른다. 누가 그 대가를 치러야 하는가?" 그 대가를 치러야 할 사람이 있다면 그것은 오로지 당신 자신이다. 실수했을 때 동료들 앞에 나가서 "아시다시피 이번에 저의 판단착오가 있었습니다. 이 문제를 재검토해서 다시 방향을 잡도록 합시다."라고 말할 줄 알아야 한다.

동료들은 실패를 인정하는 리더를 지지하고 신뢰한다. "인생의 승리자가 되고 싶다면 지는 법을 알아야 한다."라는 격언을 잊지 말자.

맏이 성격에는 잘못을 인정하고 패배를 인생의 일부로 받아들이기가 쉽지 않다. 하지만 중용을 갖춘 맏이는 실패를 승리를 위한 징검다리로 이용한다. 경험에서 배운다. 아등바등 완벽을 좇지 않고 탁월함을 추구한다.

당신은 리더다. 거기에는 의심의 여지가 없다. 하지만 어떤 종류의 리더가 될 것인가? 그것이 문제다.

맏이가 인간관계에서 잘나가는 법

> 사람은 끼리끼리 어울린다.
> 그런데 가끔은 그게 문제가 된다.

　　살면서 유난히 잊히지 않는 기억들이 있다. 졸업이나 결혼식 같은 대형 이벤트를 얘기하는 것이 아니다. 어느 평범한 오후의 일이 가슴에 남아 세월이 흘러도 지워지지 않는 경우가 있다.

　　나에게도 나이 들어서까지 어제 일처럼 생생한 추억이 있다. 주로 우리 집 맏딸이었던 샐리 누나와 관련된 것들이다.

　　특히 어렸을 때 누나와 뒷마당에서 파티를 열던 기억이 난다. 파티라고 해 봐야 손님은 나와 누나 둘뿐이었다. 누나가 25센트 동전을 하나 주면 나는 500미터 정도 떨어져 있는 가게에 가서 탄산음료 두 병과 프리첼 비스킷 한 봉지를 사 왔다. (옛날에는 그 돈으로 살 수 있었다!)

그런 다음 둘이서 테이블을 펴고 찻잔을 내놓고, 마땅히 축하할 일은 없었지만 축하파티를 벌였다. 함께 노는 것 자체가 축하할 일이었을까? 왜 그때가 유난히 생각날까? 그것은 샐리 누나가 그때나 지금이나 내 인생에서 지극히 중요한 인물이기 때문이다.

맏이들은 원래 그렇다. 맏이는 동생의 인생에 지극히 중요한 자리를 차지한다. 맏이 본인은 인식하지 못해도 사실이다. 맏이여, 동생들이 당신을 얼마나 다단하게 여기는지 당신은 모른다.

물론 동생들이 맏이를 질투할 때도 많다. 맏형은 늦게 자도 되고 용돈도 많이 받는 사실에 부아가 난다. 그래서 형이나 누나를 괴롭히고 짜증 나게 하는 일이라면 물불 안 가린다. 돌이켜 생각하면 누나 괴롭히기라면 나도 둘째가라면 서러운 사람이다. 아침에 자고 있는 누나 코에 탐스런 벌레를 가져다 대서 누나를 소스라치게 만들던 기억이 난다. 하지만 철딱서니없는 짓거리 이면에는 누나를 사랑하고 존경하는 마음이 깔려 있었다. 나도 누나처럼 되고 싶었다. (여자가 되고 싶었다는 뜻은 아니다.)

어릴 적 누나와 뒷마당에서 파티를 하던 생각이 나면 항상 신기한 게 있다. 지금까지 알다가도 모를 일은 왜 누나가 나 같은 꼬마를 상대해 줬을까 하는 점이다. 누나는 나를 성가신 어린애 취급한 적이 없었다. 누나는 나한테 속마음을 털어놓았고, 필요할 때마다 내게 아주 솔직하고 실질적인 조언을 해 주었다. 지금 생각하면 누나는 내가 훌륭한 사람이 되도록 끌어 주고 있었다.

어릴 적 샐리 누나와 나눴던 대화 중에는 이런 것도 있었다.

"너 여자애들 좋아?" 누나가 대뜸 물었다.

"우왝. 미쳤어? 내가 왜?" 나는 그때 스쿠터 만드는 데 정신이 팔려서 고개도 들지 않았다. 누나 말은 귀에 들어오지도 않았다. 누나는 왜 하필 이럴 때 귀찮게 하는 거야? 내 머릿속은 훨씬 중요한 생각들로 가득했다. '그래, 이 사과궤짝이면 스쿠터 몸체를 만들 수 있겠다. 이제 바퀴만 있으면 되는데…… 바퀴를 어디서 구한다? 음……. 샐리 누나의 낡은 롤러스케이트가 딱인데.'

그때 누나 목소리가 다시 내 생각을 흩어놓았다. "너 나 좋아해?"

누나의 롤러스케이트에 눈독 들이는 마당에, 누나가 싫어도 좋다고 할 판이었다. "당연하지."

"난 여자인데?"

순간 말문이 막혔다. 그러다 이렇게 둘러댔다. "그건 다르지. 누나는 누나잖아. 그리고 누나는 다른 여자애들과 달라. 근데 누나, 누나가 안 신는 롤러스케이트 있잖아?"

"너한테 여자애들에 관해 몇 가지 말해 줄 게 있어."

나는 그 몇 가지에 관심이 없었지만, 샐리 누나는 그러거나 말거나 말을 시작했다. (여느 맏이처럼 누나도 뚝심 하나는 끝내줬다.) 누나는 여자애들이 좋아하는 것, 여자애들을 대하는 방법, 그리고 여자애한테 환심 사는 방법을 설명했다.

그때는 누나가 어이없고 웃기기만 했다. 여자애들이 뭘 좋아하든 말든 내가 알게 뭔가? 남자 나이 일곱 살은 애견과 단둘이서 세상에 맞서는 독신남을 꿈꾸는 시기다.

그로부터 6년이 흘렀다. 여자들이 의미 없이 지구에 자리만 차지하는 존재가 아니란 것을 뼈저리게 깨닫는 나이가 된 거다. 그리고

6년 전 누나가 했던 말들이 떠올랐다. 그때 누나가 전수해 준 정보는 너무나 유용했다.

샐리 누나의 신세를 진 것이 단지 여자에 대한 정보만은 아니었다. 누나의 지혜와 조언과 기합이 나에게 큰 힘이 되었다. 누나는 나를 위해 희생도 했다. 내가 초등학교 1학년 때 누나는 나를 자기 자전거에 앉히고 자기는 학교까지 1킬로미터가 넘는 거리를 자전거 옆에서 걸어갔다. 나는 누나만 옆에 있으면 아무것도 무섭지 않았다.

내가 커서 누나처럼 든든한 맏이 여자와 결혼한 것도 무리는 아니다. 내가 누나가 쿵짝이 맞았던 것은, 그리고 지금도 가깝게 지내는 것은 누나와 내가 딴판이기 때문인지도 모른다.

의외의 우정

가장 가깝게 지내는 사람들을 떠올려 보라. 누구인가? 당신과 나이 차이는?

일반적으로 맏이들은 동갑보다 나이 차가 있는 사람들을 더 편하게 생각한다. 당신도 다르지 않을 것이다. 동생들이 태어나기 전 혼자 어른 세계에 살았던 경험 때문이다. 그러다 동생들이 태어나면 이번엔 동생들을 돌보며 많은 시간을 보낸다. 그러다 보니 자연스럽게 자기보다 나이가 많거나 적은 사람들을 친숙하게 느끼게 되었다.

맏이들은 아래위로 나이 차가 지는 친구들이 많다. 나이 차는 두세 살일 수도 있고 10년 이상일 수도 있다.

맏이인 내 친구 롭만 해도 제일 친한 친구 중에 학교동창은 한 사람도 없다. 모두 한두 살 어린 사람들이다.

고등학교 때 린다의 가장 친한 친구는 파스텔 풍경화를 가르치던 미술선생님이었다. "또래 친구 중에는 나처럼 미술에 관심 있는 친구가 없었어요. 미술 작업실에 가는 날이 가장 신났어요. 학교 파하고 작업실에 가면 선생님이 과자와 차를 준비해 놓고 기다리고 계셨고, 우리 둘은 그림 공부를 시작하기 전에 항상 수다를 떨었어요." 린다의 또 다른 친구는 남편과 목장을 운영하는 30대 여성이었다.

에릭은 작은 시골도시에서 자랐는데 당시 에릭의 가장 친한 친구는 수리점을 운영하던 아저씨였다. 에릭이 웃으며 말했다. "그때는 아저씨가 엄청 나이 든 사람으로 보였지만 사실은 40대의 젊은 분이었죠." 에릭은 학교 끝나고 근처 백화점으로 일하러 가기 전에 매일 수리점에 들러 30분가량 아저씨와 얘기를 나눴다. "또래 친구가 몇 명 있었지만 아저씨처럼 말이 잘 통하는 친구는 없었어요. 아저씨는 항상 화제가 넘쳤고, 친구 녀석들보다 훨씬 재미있었어요. 아저씨와 나는 주파수가 맞았다고나 할까요."

친구를 세어 보자

당신은 누구와 가장 친한가? 마음을 터놓고 가깝게 지내는 사람들을 모두 적어 보자.
당신보다 나이가 많은가, 적은가, 아니면 동갑인가?
당신과 어떤 공통점이 있는가?

롭, 린다, 에릭은 전형적인 맏이다. 맏이들은 자신보다 나이가 많거나 적은 사람들과 어울리는 것이 편하다. 그게 문제일까? 아니다. 우정은 모든 연령대에서 가능하고, 사랑처럼 우정에도 나이 차가 없다. 진짜 친구는 나이가 같은 사람이 아니라 함께 있는 게 편하고, 허물없이 마음을 나눌 수 있는 사람이다.

당신의 인생에서 그런 친구는 누구인가?

친구 사귀기

맏이는 본인보다 나이가 많거나 적은 사람들을 편하게 여기는 반면 학교나 또래집단에서는 외로움을 느끼는 경우가 종종 있다.

도시로 이사 왔을 때 샤론은 몹시 적적했다. 대학을 졸업하고 막 직장생활을 시작했는데, 마음에 맞는 친구를 만나기가 쉽지 않았다. 샤론의 직장동료들도 대부분 샤론처럼 대학을 갓 졸업한 젊은이들이었다. 하지만 어쩐지 그들과는 코드가 맞지 않았다. 동료들의 관심은 오로지 스타벅스와 쇼핑, 재즈바밖에 없었고, 샤론은 그런 것들엔 흥미가 없었다. 동료들도 그녀와 어울리는 것을 딱히 반기는 것 같지 않았다. 솔직히 동료들이 좀 쌀쌀맞았다.

샤론은 자신이 동료들을 불편해하기 때문에 그들도 자신을 불편하게 생각한다고는 꿈에도 생각하지 못했다. 샤론이 거북해하는 것이 동료들에게 감지됐고, 동료들은 그것을 "나는 너희들이 싫으니 내게 가까이 오지 마."라는 메시지로 인지했고, 그 명령에 따른 것뿐이었다.

그러다 몇 달 후 샤론은 같은 직장 회계부서에 근무하는 여자들을 알게 됐다. 세 명 모두 샤론처럼 골동품 애호가였다. 얼마 안 가 샤론(22세), 일라이자(37세), 태머라(44세), 토니(53세)는 토요일마다 뭉쳐서 창고세일과 골동품 시장을 누볐다. 주말여행으로 골동품 가게들로 유명한 일리노이 걸리나를 다녀오기도 했다. 샤론이 드디어 친구를 만난 것이다.

질이냐 양이냐

친한 친구들이 다섯 손가락 안에 들만큼 적은가? 맏이에게는 별로 이상한 일이 아니다. 맏이들은 친구들을 떼로 몰고 다니는 스타일이 아니다. 맏이는 친구들 패거리와 시끄럽게 몰려다니는 동생을 이해 못한다.

맏언니 리건과 막내 레이첼은 레이첼이 대학을 졸업한 후 3년 동안 아파트를 얻어 함께 살았다.

리건이 말한다. "전화벨이 울리지 않으면 초인종이 울렸어요. 모두 레이첼 친구들이었죠. 그 소리에 돌아 버리겠더라고요. 더 짜증 나는 건 나한테 전화하거나 찾아오는 사람은 아무도 없다는 거예요." 막내들은 원래 친구를 잘 사귄다. 중간아이들도 중간에 있는 것이 생활화 돼 있어서 친구를 쉽게 사귄다. 중간아이는 협상과 타협의 달인이어서 주위 사람들을 골고루 행복하게 하는 데 일가견이 있고, 어떤 성향의 사람들과도 두루두루 잘 지낸다. (같은 맥락으로 중간아이와 결혼하면 말썽 없이 해로할 가능성이 높아진다.)

한편 레이첼 같은 막내들은 매력과 애교로 사람들을 즐겁게 한다. 막내들의 인생은 사교가 9할이다.

리건이 말한다. "하지만 한편으로는 재미있더라고요. 가만히 보니 동생 친구들이 다 제각각인 거예요. 거기다 매달 패거리가 바뀌는 거 있죠."

그게 막내들이다. 막내들은 속옷 갈아입듯 친구들을 갈아치운다. 내가 아는 어떤 아가씨는 친구가 수십 명인데 당직배정표처럼 늘 멤버가 바뀐다. 그리고 놀랍게도 '절친'을 석 달 만에 셋이나 만든다.

반면 맏이들의 교우관계는 더 오래가고 더 끈끈하다. 오래도록 변치 않는 친구 한 명이 뜨내기 같은 친구 열보다 낫지 않을까?

유유상종?

친구관계에서는 유유상종 현상이 두드러진다. 맏이의 경우 친하게 지내는 사람들을 보면 자신과 출생순서가 같은 경우가 많다. '맏이로 태어난 여자들의 모임' 같은 단체가 잘나가는 것만 봐도 알 수 있다.

그렇지만 남자 맏이들은 여자들에 비해 진정성 있는 인간관계 구축에 서툴다. 사실 남자는 인생에서 속을 터놓는 친구가 한 명만 있어도 복 받은 축에 속한다. 대개의 남자 맏이들에게 의사소통이란 파티에서 칵테일 테이블을 사이에 두고 다음처럼 몇 마디 짧게 주고받는 게 전부다.

"어이."

"음."

"파티 좋네."

"그러게."

"시카고 베어스 경기 봤어?"

"음. 꽤 하던데."

그런 다음 두 남자는 등을 돌려 사라진다. 둘에게는 이 정도도 상당한 대화다. 더 이상의 교류는 필요치 않다.

외향적인 남자 맏이라면 친구라고 내세우는 사람이 몇 명은 된다. 하지만 엄밀히 따져 보자. 그 몇 명이 진짜 친구일까? 직장동료나 단순 지인은 아닐까? 정말로 마음을 나누는 친구들일까, 아니면 그저 정보만 교환하는 사이일까? 대화의 의미는 무엇일까? 특정 목적을 위한 수단은 아닐까? 그런 관계에 만족하느냐고 물으면 남자들은 대부분 만족한다고 대답한다. 그리고는 미식축구 시청으로, 인터넷 서핑으로, 머릿속에 있는 다음 할 일로 미련 없이 떠난다.

남자 맏이들은 속 터놓고 지내는 친구가 평생 한 명 정도에 불과하고, 그 한 명도 배우자일 가능성이 높다. 하지만 그런대로 만족하고 사는 이유는 자기 할 일에 집중할 뿐 다른 일엔 별 미련이 없기 때문이다.

그러나 여자의 경우는 설사 맏이라 해도 대화하고 정을 나누고 소통하는 데 능하다. 소통은 여자들이 천부적으로 타고난 분야다. 여자들은 정보교환이 아닌 친교를 위해서, 그리고 순수하게 재미를 위해서 대화한다. 마음을 나눌 친구를 찾는 일과 우정은 여자들에게 지극히 중요하다. 그럼 여자들은 어디서 친구를 찾을까? 자신과 비슷한 여자들이 모여 있을 법한 곳으로 간다.

맏이들이여, 내 미래의 친구들이 있을 만한 곳을 생각해 보자.

수학을 좋아하는가? 그렇다면 수학클럽에 가서 당신처럼 미래의 엔지니어를 꿈꾸는 소울메이트를 만나라. 그 클럽 사람들은 모였다 하면 늦는 사람 없이 정시에 착 모일 것이다. 그리고 보나마나 맏이들이 주축을 이루고 있을 것이다.

점토화분 만드는 것이 취미라면 도예 강습에 나가자. 시범까지 보이면 친구 만들기에 더 유리하다.

테니스를 좋아하면 토요일 오전에 모이는 테니스 동호회의 문을 두드려 보자.

맏이들이 인생을 바라보는 관점은 뚜렷하고 단호하다. 흑백이 분명하고 옳고 그름이 확실하다. 그 때문에 자기와 같은 것을 좋아하고 자기와 같은 관점을 지닌 사람과 어울려야 편하다.

비슷한 사람끼리 만나 친구가 되면 즐겁다. 적어도 한동안은 그렇다. 그런데 만약 당신이 비판적 성향의 맏이라면, 친구 중에도 비판적 성향을 가진 사람이 있을 확률이 높다.

내 말이 맞는지 확인해 보자. 288쪽의 [친구를 세어 보자]로 돌아가 당신이 적은 친구들 명단을 보라. 비판적인 성향이 있는 친구의

> 맏이인 당신에게 가장 껄끄러운 것이 있다면 그건 바로 허물을 지적하는 사람이다. 지적이라면 맏이로 크면서 이미 받을 만큼 받았다.

이름 옆에 별 표시를 하자.

평소 은근히 신경을 긁던 친구인가? 왜 그럴까? 걸핏하면 당신의 실수나 흠을 지적하기 때문일 거다. "그 수영복은 너한테는 별로다." "넌 다 좋은데 인내심이 부족해." "오늘따라 왜 그렇게 부루퉁해?"

맏이인 당신에게 가장 껄끄러운 것이 있다면 그건 바로 허물을 지적하는 사람이다. 지적이라면 맏이로 크면서 이미 받을 만큼 받았다.

스스로 벽을 쌓고 있지는 않나?

맏이는 친구를 사귈 때도 진지하고 성실하다. 그런데 가끔 자기 스스로 그런 노력을 깎아먹고 우정을 멍들게 한다. 그러면서도 그걸 인식하지 못한다. 다음의 태도들은 교우관계에 걸림돌이 된다.

독불장군

맏이들은 자기주장이 강하다. 종교관부터 정치문제에 이르기까지 모든 면에서 맏이는 의견이 확실하고, 또 자기 의견을 숨기지 않는다. 하지만 세상을 움직이는 힘은 '토론'이다. 토론은 양쪽 모두를 중요하고 박식한 존재로 만든다. 당신의 아이디어가 세상에 유일하게 존재하는 해법은 아니다.

친구들에게도 자유롭게 말하고 아이디어를 나눌 여지를 주어야

맏이를 미치게 하는 것

- 점심 약속에 늦어 놓고 그럴싸하게 변명도 못하는 사람
- 확실히 일정을 잡자고 했더니 수첩을 어디다 뒀는지 모르고 헤매는 친구
- 양말을 짝짝이로 신은 사람
- 이도 저도 아닌 회색지대

한다. 당신의 생각만 중요한 게 아니다. 친구들에게 의견을 묻고 조언을 구하면 관계가 돈독해진다. 맏이들은 이래라저래라는 끝내주게 하는 반면 관계를 돈독히 하는 데는 서툴다. 그래서 남들에게 대장 행세한다는 소리를 듣는 거다.

나 홀로 해결사

맏이들은 서둘러 결론을 내고 단박에 해결책을 내놓는다. 상황판단이 워낙 빨라서 다른 사람들보다 멀리멀리 앞서간다. 이미 답이 나왔는데 꾸물거릴 이유가 어디 있겠는가? 당신은 당장 세상에 알려야 직성이 풀린다.

하지만 자기 문제를 남이 해결하는 것이 유쾌할 사람은 없다. 누구나 적어도 가끔은 자기 일에 주도권을 가지고 스스로 해답을 찾기를 원한다.

포커게임을 상상해 보자. 에이스카드 넉 장이 모두 당신 손에 들어왔다. 어떻게 하겠는가? 두 팔을 치켜들고 만세를 부르며 당장 엄청난 돈을 걸겠는가? 그랬다가는 게임을 하던 사람들 모두 기겁해서 게임을 포기할 테고, 당신이 돈을 딸 기회는 영영 날아가고 만다. 하지

만 포커페이스를 유지하고 계속 게임을 즐기면 이득을 챙기게 된다. 좋은 패가 당신 손에 들어왔다는 것을 남에게 굳이 알릴 필요가 있을까? 당신도 카드 테이블에 둘러앉은 플레이어 중 한 사람일 뿐이다.

뒷주머니에 이미 엄청난 패를 숨겨 놓았더라도 가끔은 다른 사람에게 선수 칠 기회를 주는 것도 좋다. 그래야 다른 사람들을 '게임'에 끌어들일 수 있다. 청승맞게 혼자 카드 치는 것보다야 낫지 않은가.

주먹을 부르는 아는 척

그 아이의 이름은 맨디였다. 맨디는 다른 아이들보다 총명했다. 하지만 가장 두들겨 패 주고 싶은 아이이기도 했다. 나는 라틴어 수업 때마다 진땀 빼는 열등생이었고, 맨디는 교탁 앞에 딱 붙어 앉아 혼자 똑똑한 척하며 선생님에게 알랑방귀 떨던 애였다. 나도 교탁 앞줄 명당자리를 차지하긴 했지만 그 이유는 맨디와 반대였다. 나는 문제아로 찍혀서 선생님이 감시 목적으로 거기 앉혔다.

지금도 라틴어 선생님이 "그래, 그래, 우리 맨디가 한번 해 볼까." 하는 소리가 귀에 쟁쟁하다. 나는 그때마다 짜증이 치밀었다. 그리고 아무도 안 볼 때 맨디에게 한 방 먹이고 싶었다.

요점은 답을 알고 있다고 매번 그걸 광고할 필요는 없다는 거다.

특히 남자 맏이들이 유념할 부분이다. 남자들이여, 만일 여자의 물음에 그런 식으로 답을 툭 던졌다가는 당신 주위에 남아 있을 여자는 없다. 여자가 뭔가를 물을 때, 여자가 정말로 원하는 것은 해결책 제시가 아니다. 그저 당신이 자기 문제를 들어 주고 동감해 주기를 바랄 뿐이다. 모든 정보를 쥐고 있더라도 참을성을 가지고 상대가 스스로 해결책을 찾는 것을 지켜보자. (남자가 이것만 잘해도 지구상에서 연애 문제와 부부싸움이 엄청나게 줄어들 것이다.)

결정권 독식

친구들 사이에서 당신이 모든 결정을 도맡아 하지는 않는가? "금요일 저녁에 만나서 영화 보러 가자. 내가 보기엔 이 영화가 제일 좋아." 또는 "야, 들어 봐. 끝내주지 않나? 우리도 이제 그렇게 하는 거야."

당신이 원하는 것이 무엇인가? 친구인가, 아니면 하자는 대로 따르기만 하는 예스맨인가? 당신 혼자 다 결정하는 것은 친구의 참여를 차단시키는 것이나 다름없다.

과도한 깐깐함

맏이의 분석력과 꼼꼼함은 아무도 못 따라간다. 맏이는 매사 개선 기회와 개선방법을 찾는다. 교우관계에서도 마찬가지다. 하지만 친구의 생각은 당신과 다를 수 있다. 맏이의 열성은 때로 친구 퇴치제 역할을 한다.

분석력과 체계성과 목표를 향한 의지력은 직장에서는 칭찬을 부르고 보너스와 승진을 안겨 준다. 하지만 친구 사이에서는 독이 될 수 있다.

완벽주의자와 비판주의자

맏이들은 항상 더 좋은 것을 바란다. 사생활에서도 예외는 아니어서, 자기 친구와 우정이 완벽하기를 바란다. 그래서 친구들의 생각과 결정을 종종 트집 잡는다. 친구가 자신과 다른 관점을 가지고 있을 경우 독단적 비판 성향은 더욱 커진다. (그리고 독단적 비판 성향은 모든 것을 선과 악, 득과 실로 구분하고 중립을 인정하지 않는 흑백논리에서 비롯된 다.)

맏이 자질을 십분 활용하라!

기쁜 소식도 있다. 맏이들은 중간아이나 막내보다 변화에 능하다. 그것도 맘만 먹으면 신속하게 변한다. 분석적이고 의지력과 집중력이 강하기 때문에 문제를 명확히 인식한다. 그래서 인간관계에서 어떤 변화가 필요한지 깨닫는 데도 유리하다. 맏이들이여, 이런 통찰을 자신을 위해서 그리고 친구들을 위해서 써먹자.

들어 주는 사람이 되자.

본인 의견부터 던지지 말고 먼저 친구에게 묻자. "이 문제를 어떻게 생각해?" 그런 다음 당장 평가와 비판의 화염을 내뿜을 준비를 하는 대신, 느긋하게 뒤로 물러나 친구의 진심을 듣자. 친구의 말이 당신의 생각을 바꾸어 놓고, 새로운 깨달음을 줄 수도 있다.

친구 스스로 해결책을 찾을 기회를 주자.

사람들이 남에게 자기 문제를 얘기하는 목적이 꼭 상대에게 답을 구하기 위해서는 아니다. 스스로 상황을 정리하면서 해결책을 마련하기 위한 방법일 때가 더 많다. 친구가 말로 생각을 정리하도록 놔두자. 친구는 이미 문제해결 과정에 진입해 있다. 이때 친구의 결론이 당신 생각과 다르다면? 달라도 할 수 없다. 그건 친구의 문제고, 친구의 해결책이고, 친구의 인생이다. 친구의 생각이 항상 당신과 같을 수는 없다.

혼자만 아는 척하지 말자.

혼자 잘난 척하는 사람을 좋아하는 사람은 없다. 당신도 그런 사람은 싫을 거다. 때에 따라서는 입을 다물고 듣고만 있는 것이 가장 똑똑한 일이다.

친구를 평등한 파트너로 대하자.

가끔은 할 일과 행선지 결정을 친구에게 맡기면 어떨까? 친구에게도 말할 시간을 주자. 말하는 시간만 문제가 아니다. 대화 내용이 오로지 당신의 성과와 인생에만 집중돼 있다면 문제가 크다. 대화 내용의 50%는 친구가 주인공이어야 한다. 물론 어떤 날은 당신이 얘기를 더 많이 하고, 어떤 날은 친구가 주로 얘기할 것이다. 다만 전체적으로 공평한 점유율이 나와야 한다는 뜻이다. 우정은 공평하게 주고받는 관계다.

본인부터 분석하자.

친구의 고칠 점을 찾는 대신 이런 궁리를 하자. "어떡하면 내가 더 좋은 친구가 될 수 있을까? 어떡하면 여러 부류의 사람들과 두루 가까워질 수 있을까? 나는 어떤 방식으로 친구를 사귀고 친해지는가? 내가 사람들을 질리게 하고 정 떨어지게 하지는 않나?"

느긋해지자.

친구가 흉측한 수영복을 입고 나타났다. 그게 뭐 그리 대수인가. 친구가 갑작스레 공부할 게 생겨서 당신이 놀자고 정한 날에 나올 수 없게 됐다. 그럴 수도 있다. 친구가 은하계의 복잡한 신비를 당신처럼 신속히 이해하지 못한다 해서 하늘이 무너지는 것은 아니다.

세상이 원만하게 돌아가는 것은 갖가지 사람들이 골고루 존재하기 때문이다.

> 세상이 원만하게 돌아가는 것은 갖가지 사람들이 골고루 존재하기 때문이다.

천생연분의 비밀

인간관계를 논하는 장에서 반려자에 대한 언급이 없다면 안 될 일이다. 맏이들에게는 출생순서가 다른 사람들과 친해지는 것이 쉽지 않다. 자신과 너무나 다르기 때문이다. 하지만 인간관계란 타협의 과정이다.

사실 교우관계에서는 유유상종이 빛을 발하지만, 결혼에 있어서는 정반대다. 금슬이 좋은 부부들은 출생순서가 다른 사람끼리 만났을 때다. 기질이 같은 사람들이 만나면 친구로는 환상의 조합일지 몰라도, 부부로는 적과의 동침이 될 수 있다. 두 명의 완벽주의자 맏이가 충돌할 때처럼 후폭풍이 거센 충돌도 없다. 더 끔찍한 것은 외동 아이끼리 결혼했을 때다. 재앙이 닥칠 수도 있다.

물론 사랑의 힘이라면 극복하지 못할 게 없다. 다만 맏이나 외동아이끼리 결혼할 예정이라면, 상대를 사랑하고 아끼는 마음이 정말 엄청나야 한다는 점을 강조하고 싶다.

맏이들은 전반적으로 고집이 세고, 자기 확신이 강하다. 세상을 보는 관점이 뚜렷하고 잘 바뀌지 않는다. 그런 둘을 결혼이라는 관계로 붙여 놓으면, 움직일 수 없는 물체를 멈출 수 없는 물체가 들이받는 결과가 빚어질 가능성이 높다. 불꽃이 튀고 굉음이 나고 땅이 울린다. 그리고 치약의 어느 부분을 눌러 짜는지, 잔디 스프링클러를 어디에 설치하는지, 누가 더 어지르는지 같은 사소한 일로도 대폭발이 일어난다.

물론 맏이끼리 결혼해도 행복한 결합이 될 수 있다. 나는 가정생활과 가사분담에 대해 현실적이고 건설적인 비전을 가진 맏이들을 무수히 봤다. 다만 맏이끼리 결혼해서 행복하려면 타협과 양보와 이해와 관용의 덕이 대량으로 필요하다.

일반적으로 어떤 출생순서든 같은 출생순서끼리 결혼하는 것은 불리하다. 둘 다 같은 점에 취약하기 때문에, 취약한 부분에 직면하면 둘이 끌어안고 함께 몰락할 가능성이 높다. 나만 해도 그렇다. 내가 나처럼 놀기 좋아하고 즉흥적인 막내와 결혼했으면 어땠을까? 상상만 해도 아찔하다. 아마 시작해 놓고 제대로 끝내는 일이 하나도 없었을 거다.

> 사실 교우관계에서는 유유상종이 빛을 발하지만, 결혼에 있어서는 정반대다.

그렇다면 맏이에게 이상적인 결혼 파트너는 누구일까? 단연 막내다. 나와 샌디가 행복하게 산다고 해서 하는 말만은 아니다. 맏이와 막내 조합이 사실상 가장 잘 굴러간다. 부부의 강점과 약점이 겹치지 않고 서로를 보완하기 때문이다.

놀기 좋아하고 낙천적인 막내는 맏이가 삶의 여유를 가지고 세상을 느긋하게 바라보도록 유도한다. 한편 맏이는 막내에게 든든한 닻 노릇을 해서 막내가 정처 없이 무주공산을 떠돌지 않도록 붙잡아 준다. 막내는 맏이 배우자가 완벽주의의 블랙홀에 빠지지 않도록 도와주고, 맏이는 막내 배우자에게 가끔은 인생을 진중하게 바라볼 필요가 있다는 것을 일깨운다.

천생연분에 가장 근접한 조합을 물으면 맏이와 막내가 결혼한 경우라고 말하고 싶다.

새로운 색의 창조

화가의 팔레트를 상상하자. 파란색과 파란색을 섞으면 어떤 색이 나올까? 그냥 파란색이다.

하지만 파란색과 녹색을 섞으면? 청록색이 나온다.

새롭고 아름다운 색이 나올 때는 이처럼 서로 다른 색을 섞었을 때다.

인간관계도 마찬가지다. 서로 다른 사람들이 만나 친해지면 인생에 새로운 색을 불러온다.

맏이의 진짜 잠재력

> 맏이여 인생에서 정말로 이루고 싶은 것이 무엇인가?
> 당신은 자신과 주변사람들의 기대가 만든
> 틀을 깨고 훨훨 비상할 수 있다.

경기는 끝났다. 맏이여, 승자는 당신이다. 맏이는 우월하다. 맏이가 하는 일들에 도전할 자는 없다.

맏이로 태어나는 순간 당신에게는 위대한 재능이 주어졌다. 맏이는 체계를 세우는 사람이고 비전을 수립하는 사람이며 행동가이자 계획자다. 부모는 맏이를 규율과 존중으로 키운다. 맏이는 책임회피나 게으름을 모른다. 맏이는 사람들이 우러르는 사람이다. 리더의 자질을 타고났다. 이미 답을 알고 있으며 무리보다 앞서 나간다.

맏이의 성격 특성을 다시 정리해 보자.

타고난 리더

세상은 당신처럼 무리를 이끌 용기와 의지를 가진 사람을 필요로 한다. 그러니 스스로에게 기회를 주고 타고난 리더십 자질을 발휘하자. 꼬마 적부터 동생들은 당신을 리더로 따랐다. 당신이 훌륭한 리더가 되는 것은 정해진 이치다. 당신이 해낼 일을 생각만 해도 가슴이 벅차다!

위대한 분석가

맏이는 질문이 많기로 유명하다. 무엇이든 두루뭉수리가 없고 세세히 알기를 원한다. 참을성 없거나 대충 하는 사람들은 가끔 그런 당신을 갑갑해하고 역정을 내기도 한다.

하지만 그렇다고 기죽을 필요는 없다. 지적 호기심은 잘못이 아니다. 내용을 충실히 파악해서 상황에 제대로 대처하려는 것은 잘못이 아니다. 이는 맏이 특유의 성격이다. 맏이는 일단 상황판단이 되면 문제해결을 위한 단계별 과정을 수립한다.

깐깐한 맏이들이 없다면 인간은 영원히 이리 뛰고 저리 뛰거나 제자리에서 맴돌기만 할 것이다.

나는 한 번도 차분히 앉아 루빅스큐브 맞추기를 해 본 적이 없다. 시도했다가도 몇 분 이리저리 돌려 보다가 해결이 안 나면 그냥 던져 버린다. 기술과 논리와 분석이 필요한 일을 잘 견디지 못하고 매사 즉흥적인 것은 전형적인 막내 성격이다. 그런데 시간 가는 줄 모르고 궁리에 궁리를 거듭하며 초인적인 인내력으로 루빅스큐브와 씨름하는 사람들이 있다. 진득하게 앉아 퍼즐에 몰두하는 사람들은 십중팔구 맏이다.

맏이의 분석하고 심사숙고하는 접근법은 여러 분야에서 귀하게 쓰일 자질이다. 당신에게는 자연스럽고 일상적인 사고력이 다른 사람에겐 돈 주고도 못 사는 자산이다.

> 신중한 결정으로 인생 망쳤다는 사람은 아직까지 한 명도 못 봤다.

참을성 없고 충동적인 사람들이 뒤에서 압박을 가한다 해서 성급하고 덜 여문 결정을 내릴 필요는 없다.

당신은 일자리 제안을 받으면 종이를 반으로 나눠 장단점 명단을 만들고 득실을 따지고 상황을 면밀히 검토한다. 사람들은 이런 당신을 답답해할 수도 있다. 하지만 신중한 결정으로 인생 망쳤다는 사람은 아직까지 한 명도 못 봤다.

똑똑한 학구파

맏이는 항상 생각하고 항상 배운다. 책과 잡지를 닥치는 대로 읽는다. 맏이는 한 발 앞서 갈 수밖에 없다.

맏이가 태어나면 엄마아빠는 그림책 동화책 할 것 없이 책을 사다 안기고, 밤마다 침대 옆에서 책을 읽어 준다. 이 때문에 맏이는 일찍부터 책과 독서에 대한 애정과 열심을 키운다.

그러다 동생들이 태어나면 부모는 더 이상 맏이에게 책 읽어 줄 시간이 나지 않는다. 그러면 맏이는 혼자서 간단한 책을 읽기 시작한다. 이런 선행학습 효과로 유치원 들어갈 무렵이면 이미 다른 아이들을 크게 앞선다.

교수나 과학자처럼 진득한 학문 탐구를 필요로 하는 직업군에 맏이들이 유난히 많은 것은 결코 우연이 아니다.

맏이여, 자신의 능력을 과소평가하지 말자. 세상 모든 질문의 답을 알아야 할 필요는 없지만, 그렇다고 남에게 위화감을 주지 않으려고 일부러 바보인 척할 필요도 없다. 총명한 사람은 총명한 사람을 알아보게 돼 있다.

> 세상 모든 질문의 답을 알아야 할 필요는 없지만, 그렇다고 남에게 위화감을 주지 않으려고 일부러 바보인 척할 필요도 없다.

체계화의 **달인**

맏이는 어릴 때 엄마에게서 "모든 것엔 자리가 있고, 모두 제자리에 있어야 한다."는 말을 귀에 못이 박히게 듣는다. 그리고 그 말의 열렬한 신봉자가 된다.

사람들은 정리정돈에 목숨 거는 맏이들을 조롱하기도 한다. 하지만 사실은 질투다. 다른 사람들은 '분명히 여기 놓았던' 물건을 찾아 헤맨다. 하지만 '분명히 여기서 보았던' 물건들은 끝내 나타나지 않는다. 나중에야 엉뚱한 곳에서 발견된다.

체계적인 맏이로서는 상상하기 힘든 일이다. 맏이에게는 일어나지 않는 일이다. 맏이는 건망증이나 기억력 감퇴를 겪지 않는다는 얘기가 아니다. 다만 맏이는 중간아이와 막내에 비해 전반적인 위치추적 능력이 뛰어나다는 뜻이다.

꼼꼼한 것은 저주가 아니라 축복이다.

맏이들은 가계 경영에 능하고 가족여행 계획을 짜는 데 선수다. 맏이에게는 조직하고 준비하는 일이 식은 죽 먹기 같다. 그래서 변호사와 기자, 회계사와 도서관사서 중에 맏이가 유난히 많다. 조직력과 창의성을 결합해야 하는 쇼비즈니스 분야에서도 맏이는 두각을 나타낸다. 스티븐 스필버그Steven Spielberg와 조지 루커스George Lucas가 그 대표적인 예다.

맏이의 책상이라고 항상 깔끔하지는 않다. 오히려 항상 어질러져 있는 경우가 많다. 하지만 맏이는 그 안에 뭐가 어디 있는지 훤히 안다. 맏이는 정리의 달인이다.

맏이는 체계적으로 생각하고 자신의 인생도 체계적으로 굴러가기를 바란다. 맏이가 걸핏하면 할 일 목록을 만든다고 웃을 일이 아니다. 그들이 해 놓은 무수한 일들을 한번 보라.

앞서 나가는 **솔선수범형**

맏이는 항상 남보다 한 걸음 앞서 나간다. 필요한 일이 무엇인지 신속히 파악하고 추진력 있게 뛰어든다. 자기주도와 자립성이 강하다. 따라서 맏이에게는 감독과 지휘가 필요 없다.

한 가지 부작용이 있다면 모든 것을 혼자 처리하려는 경향이 강하다. 맏이는 권한과 책임을 남과 나누는 데 애를 먹는다. 맏이인 지미 카터 전 미국 대통령이 자주 듣던 비판은 일을 나눠 주는 요령이 없이 지쳐 쓰러질 때까지 혼자 무리한다는 것이었다. 권한이임의 묘를 깨치면 당신은 훨씬 더 많은 것을 성취할 수 있다. 물론 당신이 직접 할 때처럼 모든 일이 완벽하고 깔끔하게 처리되지는 않을 것이다. 하지만 어쩌겠는가? 당신은 신이 아니기 때문에 모든 곳에 동시에 존재할 수는 없다.

맏이들이여, 반드시 기억하자. 혼자 다 할 수 없다. 위임은 불가피하다. 일이 떨어질 때 '아니오(No)'라고 대답하는 능력을 키워야 한다. 누구도 세상일을 혼자 다 돌볼 수 없고, 사람들이 해 달라는 것을 다 해 줄 수도 없다. 자신의 한계를 받아들이고 그 한계점을 넘지 말자. 일에 있어서는 자기 몫을 의식적으로 적게 잘라 가지자. 그러지 않으면 당신은 어느새 수많은 과제에 발을 담그고 있고, 자신이나 가족에게 쓸 시간은 씨가 마른다.

맏이 자질을 잘 활용하면, 당신이 가진 잠재력을 최대로 발휘하는 것은 물론이고 당신을 둘러싼 세상에 의미 있는 기여를 할 수 있다. 다만 그러기 위해서는 한 걸음 물러나서 다른 사람들이 보는 시각으로 세상을 바라볼 필요가 있다. 내 친구이자 성공한 CEO가 이런 말을 했다. "다른 사람들이 이기는 것도 보아야 한다. 그들이 성공한 것이지 당신이 실패한 것이 아니다. 그리고 남들의 성공에 함께 즐거워할 수 있다면 금상첨화다."

맏이여, 당신이 배우자와 자녀와 동료에게 하는 말들이 그들을 다치게도 하고 치유하기도 한다. 도움이 될 수도 있고 해가 될 수도 있다. 용기를 주기도 하고 창피를 주기도 한다. 우쭐하게도 하고 우울하게도 한다. 맏이의 말은 사람들의 마음에 지워지지 않는 흔적을 남긴다.

얼마나 큰 힘인가! 하지만 이 힘은 핵에너지와 비슷해서, 신중히 유지, 관리되고 세심하게 활용되지 않으면 엄청난 폭발력으로 본인과 주변에 큰 피해를 입힐 수 있다.

맏이가 균형을 잡을 줄 모르면 직업에서는 크게 출세해도 인간관계에서 비참하게 실패할 수 있다. 그리고 그 대가는 본인과 주변사람들이 고스란히 지불하게 돼 있다.

로즈 장학금까지 받은 맏이 빌 클린턴이 좋은 예다. 클린턴은 정치가로서는 최고의 자리에 올랐다. 미국 대통령을 두 번 연임했고 특유의 카리스마와 인간적 매력으로 국민의 지지를 받았다. 하지만 결국 사생활에서 보여 준 도덕적 해이로 국민의 공분을 사고 세계적으로 놀림거리가 되었다.

맏이들이여, 당신은 최고가 되기 위해 태어났다. 하지만 허물 없는 사람은 없다. 나는 이 책을 통해 맏이들이 타고난 자질을 온전히 살려 인생에서 성공하는 법을 제시하고자 노력했다. 비판적인 부모 밑에서 자란 부작용으로 실패가 두려워 머뭇거리거나 자기회의에 시달리는 맏이라면 『당신에 대한 거짓말을 믿지 마세요(When Your Best Isn't Good Enough)』와 『예스맨의 심리(Pleasers)』도 함께 읽어 보기를 권한다.[1] 본인이 보이는 행동패턴의 원인을 파악하는 데 도움이 되리라 생각한다.

당신은 맏이만의 특별하고 위대한 장점을 가지고 있다. 다음을 실천해서 그 장점을 최대한 살리자.

- 맏이 특성을 적극 활용하라.
- 전진의 발목을 잡는 완벽주의를 극복하라.
- 실패했을 때 오뚝이처럼 일어나라.
- 일과 인간관계에서 균형을 잡으라.
- 원칙과 소신을 지키라.
- 인생에서 진실로 원하는 것이 무엇인지 찾으라.
- 거절하는 법을 배우라.
- 쌍방향 소통을 토대로 인간관계를 구축하라.
- 의무감에서 선택하지 말고 원하는 것을 선택하라.
- 스스로를 뿌듯해하라.
- 스스로에게 시간을 쓰라.

맏이여, 성공은 당신의 것이다.

주

들어가는 글: 맏이는 티가 난다?
1. 참고: Kevin Leman 저, "Appendix A: U.S. Presidents and Their Birth Order," 『The Birth Order Book: Why You Are the Way You Are』 (Grand Rapids: Revell, 1998).
2. 참고: Kevin Leman 저, "Appendix B: A Review of Born to Rebel by Frank Sulloway," 『The Birth Order Book』.
3. Laura Carter ('First Born Girls Social Club' 창립자)와 대화한 내용 중. 2007년 10월 26일.

1장: 출생순서가 뭐길래
1. 원전: Alfred Adler 인용: Bruce Bohle 저, 『The Home Book of American Quotations』 (New York: Dodd, Mead, and Co., 1967), 386쪽.
2. 참고: Jeffrey Kluger, "The Power of Birth Order," 「Time」, 2007년 10월 17일자, http://www.time.com/time/health/article/0,8599,1672715,00.html.
3. 위와 동일.

2장: 맏이의 정체
1. Scott Fornek 저, 『Half Siblings: A Complicated Family』, 「Chicago Sun Times」, 2007년 9월 9일자, http://www.suntimes.com/news/politics/obama/familytree/545462,BSX-NEWS-wotrees09.stng.
2. Harold Bloomfield 저, 『Making Peace in Your Stepfamily』 (NewYork: Hyperion, 1993), 43쪽.
3. 원전: Karl Konig 인용: Carol Hyatt, Linda Gottlieg 공저, 『When Smart People Fail』 (New York: Simon and Schuster, 1987), 232~36쪽.

3장: 맏이 성격은 따로 있다
1. Laura Carter와 대화한 내용 중.
2. 위와 동일.

4장: 맏이 성격은 어디서 왔나
1. 2005년 11월 첫 'First Born Girls Friends' 행사에 연사로 초청받았을 때 Laura Cater의 초대장에서 발췌. ⓒ Laura Cater. 저작권자 허락 하에 사용.
2. Joseph Price 저, 『Birth Order Study: It's About Time』 BYU News Release, Brigham Young University, http://byunews.byu.edu/archive08-feb-brithorder.aspx.
3. 원전: Leonardo da Vinci 인용: Jane Goodsell 저, 『Not a Good Word About Anybody』

(New York: Ballantine Books, 1988), 50쪽.
4. Miriam Adderholdt-Elliott 저, 『Perfectionism: What's Bad About Being Too Good?』 (Minneapolis: Free Spirit Publishing, 1987), 18~20쪽. 개념 적용.

5장: 맏이를 사려면 어디로 가야 하나요?
1. Laura Carter와 대화한 내용 중.
2. First Born Girls Social Club Newsletter, 2005년 11월호. ⓒ Laura Cater. 저작권자 허락 하에 사용.
3. Laura Carter와 대화한 내용 중.
4. 위와 동일.
5. 참고: www.firstborngirls.com
6. Laura Carter와 대화한 내용 중.
7. 위와 동일.
8. 위와 동일.
9. 위와 동일.
10. 위와 동일.

6장: 비판적 시선이 맏이에게 미치는 영향
1. Kevin Leman, 『What Your Childhood Memories Say About You』 (Wheaton: Tyndale, 2007).
2. John Culhane, "Gene Hackman's Winning Wave," 「Reader's Digest」, 1993년 9월호, 88~89쪽.
3. 원전: Gene Hackman 인용: Ellen Hawkes 저, "The Day His Father Drove Away," 「Parade」, 1989년 2월 26일자, 10~12쪽.
4. Nathaniel Branden, 『How to Raise Your Self-Esteem』 (New York: Bantam Books, 1987), 22~23쪽.

7장: 맏이가 가정에서 잘 나가는 법
1. 참고: Kevin Leman, 『The Birth Order Book』, 12장. '예스맨' 성향의 독자들에게는 다음의 책도 특별히 권한다. Kevin Leman 저, 『Pleasers』 (Grand Rapids: Revell, 2006).
2. Kevin Leman, 『Be Your Own Shrink』 (Grand Rapids: Revell, 2006).
3. 출생순서 알아맞히기
   집 전화가 울린다. 누구에게 걸려온 전화일까? 막내.
   아들아이가 셔츠에 구김이 한 줄 갔다고 걱정한다. 이 아이는? 맏이.
   "지금 당장 하라면 못해. 하려면 연습하고 해야지." 누가 한 말일까? 맏이(비판적인 부모의 자녀인 경우 중간아이일 수도 있음).
4. 성격으로 출생순서 알아맞히기

고집이 장사	맏이
보스 기질	맏이
중재의 달인	중간아이
주로 애칭으로 불림	막내
남 탓하기 좋아함	막내
있는 건 친구뿐	중간아이 또는 막내
맘에 들지 않아도 "난 상관없어."라고 함	중간아이
애교라면 호랑이 줄무늬도 벗겨갈 정도	막내
웬만해서는 감정을 드러내지 않음	중간아이
비밀이 많음	중간아이
허세를 잘 부림	막내

8장: 맏이가 학교에서 잘나가는 법

1. Benedict Carey, "Research Finds Firstborns Gain the Higher I.Q.," 「New York Times」, 2007년 6월 22일자, http://www.nytimes.com/2007/06/22/science/22sibling.html?_r=1&st=cse&sq=Research+Finds+Firstborn+Gain+the+Higher+I.Q.&scp=1oref=slogin.
2. 위와 동일.
3. 위와 동일.
4. "1986: Seven Dead in Space Shuttle Disaster," BBC, 2008년 1월 28일자, http://news.bbc.co.uk/onthisday/hi/dates/stories/january/28/newsid_2506000/2506161.stm.
5. Time Russert가 진행하는 Meet the Press, 2007년 10월 21일 방영, http://www.christonium.com/politicalmusings/ItemID=11929826957353.
6. Miriam Adderholdt-Elliott, 『Perfectionism』, 16쪽.
7. Jane Goodsell, 『Not a Good Word About Anybody』, 21쪽.

9장: 맏이가 직장에서 잘나가는 법

1. "Firstborn Children Often Grow into CEOs," 「USA Today」, 2007년 9월 4일자.
2. Benedict Carey, "Research Finds Firstborns Gain the Higher I.Q."
3. Kevin Leman, 『The Birth Order Book』, 352쪽.
4. 위와 동일, 354~355쪽.
5. "Firstborn Children Often Grow into CEOs."
6. 직업으로 출생순서 알아맞히기

마취과 의사	맏이
일류 세일즈맨 (사막에서 모래도 팔 사람)	막내
코미디언	막내
약사	맏이
사회복지사	중간아이

인테리어 디자이너	맏이
건축가	맏이
수학교사	맏이
시계 제작자/보석 세공인	맏이
국어 교사	맏이
영업총괄 이사	맏이
지배인	중간아이
체육 교사	막내
CEO	맏이
외교관	중간아이
전기기술자	맏이
레크리에이션 요법 심리치료사	막내
간호사	맏이
변호사	맏이
사회학 교사	중간아이

7. 원전: Bill Veeck 인용: Brainy Quote(명언 사이트), 2008, http://www.brainyquote.com/quotes/quotes/b/billveeck173996.html.

8. Bob Shaff, "14 Actions Your Company Can Take to Earn Customer Loyalty." ⓒ 2007 Customer for Life Consulting. All rights reserved. 참고: http://www.cflconsulting.com

11장: 맏이의 진짜 잠재력

1. Kevin Leman 저, 『When Your Best Isn't Good Enough』 (Grand Rapids: Revell, 2007); 동일 저자, 『Pleasers』 (Grand Rapids: Revell, 2006)

첫째는 어떻게 세상의 리더로 키워지는가
첫째아이 심리백과

| 펴낸날 | 초판 1쇄 2012년 5월 30일 |

지은이	케빈 리먼
옮긴이	이재경
펴낸이	심만수
펴낸곳	(주)살림출판사
출판등록	1989년 11월 1일 제9-210호

경기도 파주시 문발동 522-1
전화 031)955-1350   팩스 031)955-1355
기획·편집 031)955-1399
http://www.sallimbooks.com
book@sallimbooks.com

ISBN 978-89-522-1799-8   13370

※ 값은 뒤표지에 있습니다.
※ 잘못 만들어진 책은 구입하신 서점에서 바꾸어 드립니다.

책임편집 최은하